高职高专"十四五"规划教材

冶金工业出版社

大学生安全教育

主　编　牛亚尊　张海涛　贾志军
副主编　张　敏

北　京
冶 金 工 业 出 版 社
2024

内 容 提 要

本书以项目形式对大学生安全教育的相关知识进行了详细阐述，主要内容包括国家安全、人身财产安全、公共卫生安全、电信网络安全、心理健康安全、消防安全、实验室安全、紧急自救、生产安全和安全管理及其概念介绍、注意事项和案例讲解等。

本书可作为大专院校安全教育课程的教材，也可供从事安全生产和管理的相关人员学习参考。

图书在版编目(CIP)数据

大学生安全教育／牛亚尊，张海涛，贾志军主编.—北京：冶金工业出版社，2024.2

高职高专“十四五”规划教材

ISBN 978-7-5024-9694-4

Ⅰ.①大…　Ⅱ.①牛…　②张…　③贾…　Ⅲ.①大学生—安全教育—高等职业教育—教材　Ⅳ.①G641

中国国家版本馆 CIP 数据核字(2023)第 233894 号

大学生安全教育

出版发行　冶金工业出版社　　**电　话**　(010)64027926
地　址　北京市东城区嵩祝院北巷 39 号　　**邮　编**　100009
网　址　www.mip1953.com　　**电子信箱**　service@mip1953.com

责任编辑　杨　敏　美术编辑　吕欣童　版式设计　郑小利
责任校对　葛新霞　责任印制　窦　唯
北京印刷集团有限责任公司印刷
2024 年 2 月第 1 版，2024 年 2 月第 1 次印刷
787mm×1092mm　1/16；15.75 印张；380 千字；238 页
定价 45.00 元

投稿电话　(010)64027932　投稿信箱　tougao@cnmip.com.cn
营销中心电话　(010)64044283
冶金工业出版社天猫旗舰店　yjgycbs.tmall.com
（本书如有印装质量问题，本社营销中心负责退换）

前　言

党的十八大以来，党中央坚持以人民为中心的发展思想，从各方面加强安全教育和建设，尤其是安全生产形势整体好转，但是安全生产事故仍时有发生，给人民群众的生命财产安全带来巨大损失。为此，企业应加强安全生产与管理，为员工创造安全良好的工作环境，助力社会健康稳定发展。

国家高度重视各类院校的安全教育，提出要构建平安校园。高职院校是专门培养应用型人才的机构，安全教育对于高职学生的成长和发展至关重要。因此，如何构建高职安全教育体系，使学生具备安全防范和应急处置的知识与技能，增强自我保护能力和责任意识，实现学生的全面发展与个人价值，为社会提供更多高素质的技能人才值得深入研究与探讨，这样既可提高学校的安全管理水平，也可促进学校的长治久安。

本书根据高职高专教育人才培养方案要求，结合高职高专学生行为习惯特点组织编写，内容涵盖学生校园安全的方方面面，包括人身财产、公共卫生、电信网络、心理健康、消防、实验室与紧急自救项目等。为了深入贯彻党的二十大精神和习近平总书记关于总体国家安全观重要论述，增强国家安全意识，共筑国家安全防线，本书增加了国家安全项目。此外，本书还有生产安全和安全管理项目，综述企业安全生产与管理，这部分内容较为简略，可为企业提供一定的参考，同时也能提高学生对企业安全生产的认知。这些项目后均附有实际案例，学生可通过对案例的学习，切实加强自身安全防范意识，减少安全事件的发生。部分项目中包含了相关法律条文，可增强学生的法治观念。本书语言朴实，内容通俗易懂，注重针对性和实用性，突出职业教育的特点。

本书由牛亚尊、张海涛、贾志军担任主编，张敏担任副主编。编写分工为：牛亚尊编写项目一、项目二、项目五；张海涛编写项目四、项目六、项目七、项目八；贾志军编写项目九、项目十；张敏编写项目三；韩淑芬、高嫚淑参与了部分内容的编写。全书由牛亚尊统稿。

本书在编写过程中，参考了同行业的研究成果及相关文献资料，在此对相关作者表示衷心的感谢。

由于编者水平所限，书中不足和疏漏之处，敬请广大读者批评指正。

编　者
2023 年 7 月

目　录

项目一 国家安全

实现中华民族伟大复兴，保证人民安居乐业，国家安全是头等大事。没有国家安全，将失去稳定的秩序，更别提人民群众所渴望的理想信念了。习近平总书记指出："增强忧患意识，做到居安思危，是我们治党治国必须始终坚持的一个重大原则。我们党要巩固执政地位，要团结带领人民坚持和发展中国特色社会主义，保证国家安全是头等大事。"

如今，虽然我们已经处于和平年代，但国家安全问题仍然很严峻，我们必须充分认识维护国家安全的重要性。国家安全不仅关乎国家的兴亡，还关乎每个公民的切身利益。维护好国家安全，既能保护国家利益，也能保护个体利益，而一旦国家安全受损，我们就有可能付出巨大的代价。大学生作为中国特色社会主义事业的建设者和接班人，更应成为国家安全和利益的自觉维护者。

《中华人民共和国国家安全法》第二条对国家安全的定义："国家安全是指国家政权、主权、统一和领土完整、人民福祉、经济社会可持续发展和国家其他重大利益相对处于没有危险和不受内外威胁的状态，以及保障持续安全状态的能力。"与传统的安全观不同，新的国家安全观的目标是构建集政治安全、国土安全、军事安全、经济安全、文化安全、社会安全、科技安全、网络安全、生态安全、资源安全、核安全等于一体的国家安全体系，涵盖了国家安全的方方面面。

任务一 政治安全

法条链接

《中华人民共和国国家安全法》第十五条　国家坚持中国共产党的领导，维护中国特色社会主义制度，发展社会主义民主政治，健全社会主义法治，强化权力运行制约和监督机制，保障人民当家作主的各项权利。国家防范、制止和依法惩治任何叛国、分裂国家、煽动叛乱、颠覆或者煽动颠覆人民民主专政政权的行为；防范、制止和依法惩治窃取、泄露国家秘密等危害国家安全的行为；防范、制止和依法惩治境外势力的渗透、破坏、颠覆、分裂活动。

一、政治安全概念阐释

政治安全通常可以从两个角度来理解：从对外的角度来讲，指的是一个国家主权独立和领土完整；从对内的角度讲，指的是政权和政治制度、意识形态免受干涉和破坏，政治生活保持稳定。定义是指国家的主权和政权、领土完整、政治制度、政治秩序以及意识形态等方面免受威胁、侵犯、颠覆、破坏的客观状态。一个国家的政治体系是否处于安全状态，通常可以从国家主权独立、政权稳定、领土完整、主流意识形态彰显、政治制度恰适、执政党地位巩固、政治秩序良好等方面来衡量。其中，主权独立和领土完整是国家生存发展的前提和基础，是国家安全的政治基础；最核心的是政权安全和制度安全，体现为中国共产党在国家政治生活中的组织领导和执政地位；最现实的是维护国家政治秩序稳定和主流意识形态巩固，国家政治秩序稳定是保证国家政权运行和政治活动开展的社会基础，主流意识形态巩固是维护国家政治秩序稳定的保障。

在当代中国，从我国总体国家安全的角度看，维护政治安全的主要任务包括：坚持中国共产党的领导，维护中国特色社会主义制度，坚持马克思主义的指导地位，发展社会主义民主政治，健全社会主义法治，强化权力运行制约和监督机制，保障人民当家作主的各项权利。

二、维护国家政治安全意义重大

（1）政治安全是国家赖以生存和发展的政治基础。政治安全涉及国家主权、政权、制度和意识形态的稳固，是一个国家赖以生存和发展的最根本的要求和基础。政治安全不仅关系到国家的长治久安，更与民族复兴和人民福祉休戚相关。一个国家经济、社会、网络、军事等领域安全的维系，最终都需要以政治安全为前提条件。而且，政治安全对其他领域国家安全起决定性作用，为其他领域国家安全提供政权保证和制度保证。没有政治安全的保障，其他领域国家安全就无从谈起。

（2）政治安全事关我们党和国家的生死存亡。政治安全的核心是政权安全和制度安全。世界社会主义运动的发展历史表明，政治安全关系到党和国家事业发展前途。苏联解体、东欧剧变、西亚北非的“阿拉伯之春”的教训表明，政治安全是国家安全这一肌体的心脏，心脏停止了跳动，再强壮的肌体也会失去生机。因此，欲保卫国家安全，必先求政治安全。对于我国来说，维护政治安全就是维护中国共产党的领导和执政地位，维护中国特色社会主义制度。以政治安全为根本，就是要坚持党的领导和中国特色社会主义制度不动摇，把制度安全、政权安全放在首要位置，为国家安全提供根本政治保证。

（3）政治安全是维护国家利益的根本保证。维护政治安全是国家安全的根本，对于保障人民安全、维护国家利益，不断提高全体国民的获得感、幸福感和安全感，实现国家长治久安，具有根本性、全局性的重大意义。没有政治安全，就没有国家安全，更没有人民安全。因此，必须紧紧抓住政治安全这个国家安全的根本，坚持人民安全、政治安全、国家利益至上的有机统一，以保证党的长期执政、国家长治久安，为人民安居乐业、幸福安康提供有力的政治保证。

（4）维护国家政治安全是实现“两个一百年”奋斗目标的重要保障。“两个一百年”奋斗目标，是中国共产党对当前和今后一段时间内实现中华民族伟大复兴的战略部署。维护国家政治安全，就是要为实现“两个一百年”奋斗目标创造良好的内外部环境，特别是创造和谐稳定的国内政治环境，保障我国经济社会健康有序发展，同时为应对外部安全挑战提供坚强有力支撑。习近平总书记多次在重要讲话、重要批示中强调，要坚决维护国家政治安全，增强总体国家安全观。根据新的形势和任务，设立了中央国家安全委员会，实现了对国家安全工作的集中统一领导。习近平总书记一系列重要指示，采取的各项重要举措，都是站在实现“两个一百年”奋斗目标的时代高度来认识和做好政治安全工作的。

三、维护政治安全的主要内容

维护国家的政治安全，最基础的是维护主权独立和领土完整，最核心的是政权安全和制度安全，最现实的是维护国家政治秩序稳定和主流意识形态巩固。因此，维护国家政治安全主要是维护国家主权、领土完整、政治制度、意识形态、执政党执政地位。

（1）国家主权是维护政治安全的核心。国家主权是指国家区别于其他社会集团的最重要属性，是一个国家固有的在国内的最高权力和在国际上的独立自主权利。国家主权是国家利益的最高体现，对内是最高的，对外是独立的，是国家利益、民族尊严的集中体现。主权独立是国家政治安全的第一标志要素，是国家生存和发展的前提和保障，是国家最高利益中最根本的安全利益。任何国家都有权按照自己的意愿，根据本国的情况，选择自己的社会制度、国家形式，组织自己的政府，独立自主地决定、处理本国的内部和外部事务，其他国家无权进行任何形式的侵犯或干涉。因此，对一个国家而言，国家主权安全始终是第一位的安全问题，必须坚决维护。

（2）领土完整是维护政治安全的主要内容。领土完整是国家生存发展的基础。理解领土完整，需要分别理解“领土”和“完整”的含义。首先要理解“领土”的意思。领土是指国家行使主权的空间，包括一个国家的陆地、河流、湖泊、内海、领海以及它们的底床、底土和上空。其次还要理解“完整”的意思，完整就是完美、完全、无缺。将以上的意思延伸到“领土完整”的理解，就是一个国家领土须完整无缺、不得缺失、少有、断离或被他国侵犯、分割、占有。这是一个主权国家的象征与国格和民族精神的体现，也是我们国家一直捍卫的国际态度与立场。维护国家政治安全最基础的就是维护国家主权独立与领土完整，确保中华人民共和国主权和领土不受侵犯、国家不被分裂。如今，中国的领土并不完整，维护国家领土完整仍然任重道远。

（3）维护政治安全必须保持政权安全和制度稳定。政治安全的目标就是维护一定的政治制度原有的基本结构和基本性质，及时有效地解决社会张力，消除不安定因素，防止政治动乱，保证政治运作的秩序性、规范性和连续性；或者说维护国体、政体和政局的稳定，不受外部势力的破坏和颠覆。政权是指掌握国家主权的政治组织及其所掌握的政治权力，以维护对社会的统治和管理。当代中国国家政权体现为中国共产党在国家政治生活中的组织领导和执政地位。政治制度是国家权力的性质、组织、分配、运作等方面的规范法度。中国共产党在中华人民共和国的领导地位和社会主义政治制度的确立是中国社会发展的历史选择和人民的选择，中国的历史发展和现实国情决定了必须坚持中国共产党的领导，坚持社会主义制度，这是维护国家政治安全的核心。

（4）政治秩序稳定是维护政治安全的重要保障。国家政治秩序是保证国家政权运行和政治活动开展的社会基础，维护国家政治秩序就是确保国家政权正常运转、政治制度不受干扰破坏，保持基本的安全状态，为政权运转和政治制度稳固提供安定有序的社会环境。维护我国政治秩序稳定就必须始终坚持中国共产党在各项工作中的领导地位，始终坚持马克思主义在意识形态领域的主导地位，坚持人民民主专政，坚持社会主义道路，为中国共产党执政活动和社会主义政治制度依法落实创造和谐有序、安全稳定的社会环境。维护国家政治秩序稳定应以人民群众的支持和拥护为根本，如果失去了群众基础，国家政治秩序稳定就会受到严重危害，进而影响到国家政治安全。

（5）意识形态安全是政治安全的重要组成部分，意识形态安全是实现国家利益的重要手段和维护国家安全的重要屏障。意识形态安全作为政治安全的核心，它是一个国家政治的灵魂，其对于培养国民政治认同感、维系社会控制力、维护国家政治安全的作用显而易见。如今，意识形态领域斗争形势更加隐蔽复杂严峻。当代世界思想文化领域交流交融频繁、斗争深刻复杂，尤其是外部势力把我国崛起视为对其价值观和制度模式的挑战，加紧通过互联网等各种渠道进行渗透分化。

（6）执政安全问题是关系执政党生存与发展的基本问题。执政地位主要考虑国家内部对政权合法性的挑战，即要确保国家的政治体制的合法性受到民众的认同和拥护。中国是中国共产党领导的社会主义国家，这一基本规定确立了我国执政党安全问题，即中国共产党执政安全问题，是国家安全的核心安全问题。随着中国融入全球一体化进程加速，我国对全球化的主动参与，必将深刻地影响国际国内大局，对执政党执政安全既是机遇也是挑战。同时，当前党的建设还存在着许多同新形势新任务不相适应的地方，特别是如何不断提高党的执政能力和领导水平、不断增强拒腐防变和抵御风险的能力，还有不少问题需要研究和解决。为此，要从党和国家长治久安的高度，以强烈的执政安邦的忧患意识，洞察危机，未雨绸缪，锐意进取，勇于开拓，知难而进，一往无前，艰苦奋斗，不断克服前进道路上的困难，经受任何风浪的考验。

案例：2014 年 9 月 17 日，乌鲁木齐市中级人民法院依法公开开庭审理了原中央民族大学经济学院讲师伊力哈木·土赫提涉嫌犯分裂国家罪一案。经审理查明，被告人伊力哈木·土赫提利用其中央民族大学老师身份，以“维吾尔在线”网站为平台，传播民族分裂思想，大肆污蔑攻击我国民族宗教政策。

伊力哈木·土赫提杜撰社会问卷调查报告，以虚假数据伪造支持新疆独立和高度自治的虚假民意，大肆污蔑攻击我国民族宗教政策。通过授课活动传播民族分裂思想，蛊惑、拉拢、胁迫部分少数民族学生加入该网站。与境外有关机构和个人相勾连，恶意杜撰、歪曲事实真相，炒作涉疆问题，攻击国家和政府，煽动民族仇视，鼓动维吾尔族群众对抗政府，为暴力恐怖活动制造借口，图谋使新疆问题国际化，以实现分裂国家的目的。

新疆维吾尔自治区乌鲁木齐市中级人民法院 2014 年 9 月 23 日对伊力哈木·土赫提分裂国家案作出一审判决，以分裂国家罪判处被告人伊力哈木·土赫提无期徒刑，剥夺政治权利终身，并处没收个人全部财产。

任务二　国 土 安 全

法条链接

《中华人民共和国国家安全法》第十七条　国家加强边防、海防和空防建设，采取一切必要的防卫和管控措施，保卫领陆、内水、领海和领空安全，维护国家领土主权和海洋权益。

一、国土安全概念阐释

国土安全是指领土完整、国家统一、海洋权益及边疆边境不受侵犯或免受威胁的客观状态，以及持续保持这种状态的能力。国土既是国家主权的对象，又是国家行使一切权力的空间范围。在传统的国家理论和国家安全理论中，国土主要由领陆、领水、领空和底土四部分组成。领土是国家构成的基本要素之一，是国家主权行使的地理空间，是国家行使主权的对象。国际法承认国家在其领土上行使排他的管辖权，是国际法的客体。

国土安全是立国之基，是国家生存和发展的基本条件。国家对其领土的所有权，即国家对其领土范围内的一切土地和资源享有占有、使用和处分的权利，具体体现为领土管辖权、所有权和不可侵犯权，以及对其领土范围内的人、事、物的排他性最高权力。没有领土主权，国家在政治上不会拥有真正的独立自主权，也不可能得到独立平等的国际地位。因此，领土主权是国家的根本利益所在。

作为中华民族的子孙，任何时候都要牢记：五千年的优秀文化不要搞丢了，老前辈确立的正确政治制度不要搞坏了，老祖宗留下的地盘不要搞小了。正如习近平主席 2018 年 6 月在会见来访的美国国防部长时指出的："在涉及中国主权和领土完整问题上，我们的态度是坚定的也是明确的，老祖宗留下来的领土一寸也不能丢，别人的东西我们一分一毫也不要。"如何有效维护以主权利益、安全利益、发展利益为主要内容的核心利益，尤其不要把"地盘搞小了"，将是我们在推进中华民族伟大复兴的过程中始终相伴的重大现实考验。

二、国土安全是国家安全的重要载体

国家拥有的领土是不可分割、不可侵犯的。国家在其领土上有完全的主权，且其他国家理论上无权干涉。国土安全作为赖以生存的最基本安全，是当代国家安全战略高度重视的安全，在维护国家安全中具有十分重要的地位。在新时代，强大稳固的国土安全，是国家安全的前提和基础，是国家总体安全的重要地理防线和重要屏障。

（1）国土安全是国家生存与安全的必要前提。国土安全对于国家安全的重要性，是由国土本身固有的性质所决定的。从政治学的角度看，一个国家的存在必须具备领土、居民、政权组织和主权四个要素。其中领土是国家存在的首要因素，其他要素的存在均以领土范围为前提。只有拥有确定的领土，才能使居民有生存和发展的场所，才能提供组织政权和国家行使主权的空间。因为国家领土是国家生存和发展的基石，是国家主权的物质载体，所以国土安全与否直接关系到国家的生死存亡。

（2）国土安全是国家政治安全的重要标志。国土安全的一个主要内容和重要体现，是国土主权不受侵犯和威胁。领土主权是国家主权的核心，是国家政治安全和建立独立平等国际关系的基础。国家对领土的所有权，规定了国家在国际关系中是其全部领土的所有者，国家对其领土拥有独立的专属占有、支配、使用及处理的权利。基于国家的领土管辖权，国家在其领土上（除国际法另有规定外）可以充分地、独立地和不受干扰地行使国家统治权，排除一切外来的参与、竞争和干涉。一国有权决定本国的各项社会、政治、经济制度及方针政策，采取立法、司法和行政措施，以在领土范围内行使其最高统治权。

（3）国土安全是国家经济发展的基本保障。国家领土是国家物质财富的主要源泉，是国家经济发展的基础。一个国家如果没有领土安全作保证，国家经济活动就难以正常进行，国家经济的发展就更难以实现。只有确保国土安全，才能独立自主地管理和调控本国经济，有力地抵御国际市场和外国资本的冲击，有效地保护国家财富和资源以及生态环境，为国民经济得到持续有效的发展提供基本保障。此外，国土安全与其他领域安全息息相关。国土安全作为国家安全最敏感的要素，具有很强的联动性。如果国土安全能够得到切实有效维护，国家的政治、经济、文化等安全就有保障。一旦国土安全遭受破坏，将很快波及其他领域安全，进而引发国家安全的总体危机。同时，其他领域的安全对国土安全也具有重要影响。任何一个领域的安全出现问题，都将直接或间接对国土安全造成威胁。比如，在政治安全中讲到的“台独”“东突”“藏独”“港独”等分裂势力，不仅对我国政治安全造成严重威胁，而且对国家统一、领土完整造成严重威胁。

三、维护国土安全的主要内容

国土安全涵盖领土、自然资源、基础设施等要素。维护国土安全就是维护国家主权范围内的领陆、领水、领空和底土四个方面的安全，这是传统的国家生存空间范围的安全。

（1）领陆安全。领陆是指国家国界范围内的陆地及其底土，是国家领土组成的基本部分。领陆是确定领水、领空和底土的根基，国家对领陆行使完全的主权。未经一国同意，任何其他国家或国际组织的人员、船舶、航空器等都不得入内。一国对其领陆范围内的一切人、物和事件行使管辖权，除非后者依据国际法享有豁免权。

（2）领水安全。领水是国家陆地疆界以内的水域和与陆地疆界邻接的一带海域，即内水和领海两大部分。内水可分为内陆水和内海水。凡在一国领陆范围内的水域，如河流、湖泊、运河及水库等都可称为内陆水。而海港、内海湾、内海峡、河口湾及领海基线向海岸一面的海域可称为内海水。领海是连接国家陆地领土及内水或群岛水域的一定宽度的海水带，是沿海国领土的重要组成部分。国家对领水行使完全的主权。

（3）领空安全。领空是指一个主权国家领陆、领水上空垂直向上 100km 之内的全部空气空间的空域。它是一个主权国家领土不可分割的组成部分。主权国家对其具有完全的、排他的主权，对其实行完全的管辖和管制。主权国家可以在其领空划分禁飞区，甚至禁止任何他国飞机进入领空。1919 年的《巴黎公约》和 1944 年的《芝加哥公约》都确定了“空中主权”原则，即缔约国对其领土之上的空气空间拥有主权。1979 年中国民用航空总局颁布的《外国民用航空器飞行管理规则》（2019 年 3 月 2 日修订）第二条规定：“外国民用航空器只有根据中华人民共和国政府同该国政府签订的航空运输协定或者其他有关文件，或者通过外交途径向中华人民共和国政府申请，在得到答复接受后，才准飞入或者飞出中华人民共和国国界和在中华人民共和国境内飞行。”如果擅自进入，就是侵犯中华人民共和国的主权。

（4）底土安全。底土是指表土层和心土层下面的第三层土壤，底土包括领陆的底土和领水的底土。因所处部位较深，受耕作、施肥等措施的影响很小，土质紧密，物质的转化缓慢而平稳，一般将其称为生土或死土。主权国家对底土具有绝对操控权，能自由地开发底土的地下资源，如煤、石油等。

案例：2007 年 3 月与 2009 年 8 月，两位日本公民佐藤正光、水上和则未经我国测绘行政主管部门批准，先后两次分别以考古、学术交流为名，一起携带高精度手持卫星定位仪到江西省南丰、鹰潭、上饶、铅山等地进行非法测绘活动。

江西省国家安全机关联合测绘部门对其审查，发现对象采集的坐标点位数据中有 2 个绝密级、4 个机密级、1 个秘密级，一旦外泄，将对我国国土和军事安全构成严重威胁。

佐藤正光、水上和则的行为违反了《中华人民共和国测绘法》第七条规定，江西省铅山县国土资源局于2009年3月28日依据《中华人民共和国测绘法》第五十一条规定，对佐藤正光等人作出没收测绘工具和成果、罚款人民币2万元的行政处罚。

任务三　军事安全

法条链接

《中华人民共和国国家安全法》第十八条　国家加强武装力量革命化、现代化、正规化建设，建设与保卫国家安全和发展利益需要相适应的武装力量；实施积极防御军事战略方针，防备和抵御侵略，制止武装颠覆和分裂；开展国际军事安全合作，实施联合国维和、国际救援、海上护航和维护国家海外利益的军事行动，维护国家主权、安全、领土完整、发展利益和世界和平。

一、军事安全概念阐释

军事安全是指一个国家免于军事入侵和战争威胁的状态以及保持这一持续状态的能力。军事安全既是国家安全体系的重要领域，也是国家其他领域安全的重要保障。军事安全属于传统安全领域。

军事安全直接关系到国家领土和主权完整，关系到国家生死存亡，是其他安全的基本保障。一个国家的军事是否安全，主要表现在三个方面：一是指国家在客观上是否存在军事威胁。一个国家所面临的军事威胁，可分为外敌入侵和内部利益截然不同的集团武装纷争。二是指国家在主观上是否具有军事安全感。国家在不同时期、不同军事力量对比环境下，安全感各不相同。三是指一个国家是否拥有维护国家安全的军事手段和军事能力。在国际社会中，弱国与强国为邻，即使强国无威胁弱国的意识，弱国也有一种不安全感。我国经济社会发展取得重大成就，维护国家安全的手段和选择增多了，但军事手段始终是维护国家安全，有效遏制、抵御外来侵略和颠覆的保底手段。

军事安全的目标是以武力保卫国家利益免遭敌对国家的威胁和侵犯。维护军事安全，就是国家运用军事力量捍卫国家安全，维护国家的主权完整和长治久安，保卫人民的生命财产，为国家的发展和人民生活提供一个相对稳定的内部和外部环境。从国家本质和国际关系体系的特点上看，军事安全始终是国家安全的核心内容，也是世界各国安全问题的关注焦点。从历史上看，任何国家特别是大国，其国际地位的确立和国家利益的发展，都离不开军事上的支撑和保障。进入21世纪以来，军事因素在国际事务、国家安全特别是反恐战争中的地位作用仍然不可替代，军事安全问题更加突出。

二、维护军事安全的主要内容

维护军事安全的主要内容包括国防力量建设、军事斗争准备、维护国家海外利益和开展国际军事安全合作。

（1）加强国防力量建设。国防力量是抵御外来侵略、维护国家安全的各种力量的总称。国防力量包括军事力量和非军事力量、物质力量和非物质力量、现实力量和潜在力量。军事力量是国防力量的主体，表现为现实力量的通常包括：武装力量（主要指常备军）数量、政治素质、文化水平、军事素养、技术水平及其部署状况；武器装备的数量和质量；指挥、控制、情报、通信能力；战场建设和战略物资储备状况；国防科技和国防工业的规模及水平；联合勤务保障能力；军事理论状况以及战争准备程度等。非军事力量通常指国家在政治、经济、外事、科技、教育、文化等领域内的力量用于国防目的的投入水平及其效应，它们既是现实国防力量的组成部分，也是国防潜力的组成部分。国防和军队建设是国家安全的坚强后盾，军事上的落后对国家安全的影响是致命的，军事斗争是进行国家博弈的重要方面，打赢能力是维护国家安全的战略能力。

（2）做好军事斗争准备。军事斗争准备是为赢得战争胜利而在相对和平时期进行的组织、物质和精神等各项工作的总称。军事斗争的预先筹划与安排，是贯彻落实军事战略方针的中心环节，是和平时期加强军队现代化建设的主要任务。根据国家安全和发展战略，适应新的历史时期形势的任务要求，实行新形势下积极防御军事战略方针，注重经远谋略，塑造有利态势，综合管控危机，坚决遏制和打赢战争。根据战争形态演变和国家安全形势，将军事斗争准备基点放在打赢信息化局部战争上。捍卫国家利益及其发展，保障国家不受外来的侵略，是军事安全的目的，是国防和军队的价值所在，是军队的使命所在。

（3）全面维护国家海外利益。国家海外利益是一国的国家利益在境外的延伸，是国家发展到一定阶段之后、在与外部世界交流互动的过程中的必然产物，关乎国家发展和安全大局。在现代国际体系之中，国家的成长必然伴随着海外利益的延伸与拓展。对于正走在中华民族伟大复兴道路上的中国来说，海外利益是国家战略筹划的重要内容之一。依托于国家崛起与全球化的推进，近年来中国海外利益的内容不断丰富，范围持续扩展，地位显著提升。但利益的扩展同步于风险的增长，如何化解风险、维护海外利益实现，就成为摆在当前维护中国军事安全方面的重大课题。

（4）积极参与国际军事安全合作。国际军事安全合作是维护国家安全特别是军事安全的重要方面，因而《中华人民共和国国家安全法》要求“开展国际军事安全合作”。20世纪末以来，我国开展国际军事安全合作有了长足的发展，在国际维和、远洋护航、国际反恐、国际救援、联合军演、军事互信等许多领域都取得了丰硕成果。今后，根据实施维护国家安全的海外军事行动的需要，我国开展国际军事安全合作只会更多，不会减少。

案例：2014年4月，23岁的张某在微信上添加了一个自称“记者”的人。此人以需要新闻报道材料为由，请张某为其提供军舰照片。张某被优厚条件吸引，想方设法进行拍摄。

在境外间谍机构的指使下，张某设法进入某军工企业。到2014年8月被采取强制措施时，张某已向对方提供“辽宁舰”等目标照片500余张，其他敏感照片200余张。

2015年2月12日，张某因“为境外刺探、非法提供国家秘密罪”被判处有期徒刑6年，剥夺政治权利3年。

任务四 经济安全

法条链接

《中华人民共和国国家安全法》第十九条 国家维护国家基本经济制度和社会主义市

场经济秩序，健全预防和化解经济安全风险的制度机制，保障关系国民经济命脉的重要行业和关键领域、重点产业、重大基础设施和重大建设项目以及其他重大经济利益安全。

《中华人民共和国国家安全法》第二十条　国家健全金融宏观审慎管理和金融风险防范、处置机制，加强金融基础设施和基础能力建设，防范和化解系统性、区域性金融风险，防范和抵御外部金融风险的冲击。

一、经济安全概念阐释

经济安全作为非传统安全的重要领域，随着"冷战"结束越来越受到世界各国的重视。目前，关于经济安全的概念，大致可以有两种观点：一种是将经济安全视为抵御经济冲击的一种能力或在外部冲击下稳定状态的维持；另一种是将经济安全与某个国民经济基本概念相联系，将经济安全定义为一国的基本经济制度与经济主权不受损害、经济危机可控的状态。

国家经济安全是指一国的国民经济发展和经济实力处于不受根本威胁的状态。经济安全是在把握经济发展阶段性特征、适应经济发展新常态的过程中，通过主动作为、积极调控来实现的。国家经济安全不仅体现在微观方面的国民、企业与中观行业的竞争力，更反映在政府的宏观调控与治理能力，集中体现在货币与财政政策独立有效运用。在经济全球化时代，一国要保持其经济安全，就需要保持其经济存在和发展所需资源有效供给、经济体系独立稳定运行、整体经济福利不受恶意侵害和非可抗力损害。

二、维护经济安全意义特别重大

在全球化背景下，国家经济安全不仅关系到国家的战略利益，而且直接影响每个大众的切身利益。因此，无论发达国家还是发展中国家，都将维护国家经济安全提升到国家安全的战略层面进行思考与维护。

(1) 经济安全是国家安全的核心内容。国家的政治、军事乃至环境政策在很大程度上都是以经济建设为中心的，保证经济安全是一切安全工作的出发点和落脚点，维护国家安全必须以经济安全为基础。"冷战"结束后，随着世界范围的竞争从军事实力转向以经济实力和高科技为基础的综合国力的较量，经济因素在国际关系中的地位不断上升。"热战"和"冷战"逐渐转化为经济战和贸易战，经济安全在国家安全中的地位凸显，成为国家安全的核心内容。经济全球化加速全球贸易、投资和金融自由化，各国之间经济依存度加深，一个国家和地区的经济问题可能很快演变为世界范围的经济风险。肇始于美国的金融危机对国际经济的巨大冲击，就是明显一例。在经济全球化中如何维护国家经济安全显得尤为重要，因为在各国经济的相互依存和竞争中，一国经济的生存和发展更易受到别国的威胁和伤害。经济安全的内涵和侧重点对具有不同发展水平和价值观的国家而言是有差别的，但也有共同之处。在当今时代，国家维护安全，从根本上来说，是为了发展经济，提高人民的生活水平。从党的执政基础看，经济安全是赢得民心、巩固政权、稳定社会的物质条件。没有经济安全，文化、教育、社会等领域的安全也就无从谈起。

(2) 经济安全是实现和确保国家安全的基本前提。经济安全是实现和确保国家政治安全、军事安全、科技安全、文化安全、生态安全和社会安全的物质前提。随着经济全球化的发展和国际经济竞争的加剧，经济安全已经成为国家安全中极为重要的因素。正如习近平总书记所指出的那样："当前我国国家安全内涵和外延比历史上任何时候都要丰富，时空领域比历史上任何时候都要宽广，内外因素比历史上任何时候都要复杂，必须坚持总体国家安全观，以人民安全为宗旨，以政治安全为根本，以经济安全为基础，以军事、文化、社会安全为保障，以促进国际安全为依托，走出一条中国特色国家安全道路。"可见，走中国特色国家安全道路就是以经济安全为基础，夯实国家安全根基。经济发展是国家发展之基，经济安全同样也是国家安全之基。

（3）经济安全是国家安全的物质保障。随着和平与发展成为时代主题，特别是"冷战"结束后，经济全球化迅速扩展，经济互动日益增多，经济竞争成为大国竞争的主战场，频频出现的经济领域危机、摩擦和制裁成为世界各国面对的突出问题。这就使得经济安全在国家安全体系中的基础地位越来越突出。一般而言，一国的经济安全取决于该国政府是否有驾驭全局的宏观决策和调控能力，该国商品和服务在国际市场上是否具有公平竞争的机会和有力的竞争能力，在世界性资源短缺的情况下是否能有效地获得所需的资源，是否有抵御全球性金融危机冲击的能力，是否有和平稳定的国际、国内环境等。以经济安全为基础，不仅要保障我国自身的经济制度安全、国民经济安全、金融体系安全、国家能源资源安全等，而且要对可能的外部经济冲击有应对之策，确保国家经济发展不受侵害，促进经济持续稳定健康发展，提高国家经济实力，为国家安全提供坚实的物质保障。

三、维护经济安全的主要内容

在经济全球化对国家经济安全的具体影响方面，经济全球化提高了国家经济安全的地位，扩展了其内涵与外延，并使得经济安全环境、经济安全态势更加复杂多变。在国家经济安全的内涵方面，一般认为，它主要包括金融安全、资源安全、产业安全、财政安全等。

随着经济全球化和信息化的加剧，以及可持续发展压力的加大，国家经济安全越来越像传统的军事安全一样受到各主权国家和社会的广泛重视。国家经济安全中既有积极参与国际经济竞争带来的问题，如信息安全、金融风险、贸易问题、引进外资与保护民族工业问题等；也有可持续发展中存在的问题，如石油供应、重要矿产资源保障、粮食供应、淡水资源保障等；又有体制层面上存在的问题，如经济体制转轨时期的就业保障、中央财政调控能力等。从总体上来看，国家经济安全内容主要包括国内、国际两个方面。

（1）国内经济安全。国内经济安全即一国经济处于稳定、均衡和持续发展的正常状态。从目前我国发展状况来看，贸易安全、产业安全、金融安全、粮食安全是国家经济安全关注的重点。

（2）国际经济安全。国际经济安全即一国经济发展所依赖的国外资源和市场的稳定与持续，免于供给中断或价格剧烈波动而产生的突然打击，散布于世界各地的市场和投资等商业利益不受威胁。为了达到这种状态，国家既要保护、调节和控制国内市场，又要维护全球化的民族利益，参与国际经济谈判，实现国际经济合作。

案例：2003~2009 年，利用职务上的便利，在对华铁矿石贸易中，胡士泰、王勇、葛民强、刘才魁采取利诱等不正当手段，获取中国钢铁企业商业秘密，严重影响和损害了中国钢铁企业的利益，给中国有关钢铁企业造成巨大经济损失。按照进口量估算，短短 6 年时间，因为每年的涨价因素，中国钢企多支出 7000 多亿元人民币。其中，胡士泰收受人民币 646 万余元，王勇收受人民币 7514 万余元，葛民强收受人民币 694 万余元，刘才魁收受人民币 378 万余元。2009 年被捕，2010 年 3 月 29 日，上海市第一中级人民法院对力拓案作出一审判决，认定胡士泰犯有非国家工作人员受贿罪、侵犯商业秘密罪，数罪并罚判处被告人胡士泰有期徒刑 10 年，并处没收财产和罚金人民币 100 万元；王勇有期徒刑 14 年，并处没收财产和罚金人民币 520 万元；葛民强有期徒刑 8 年，并处没收财产和罚金人民币 80 万元；刘才魁有期徒刑 7 年，并处没收财产和罚金人民币 70 万元；违法所得均予以追缴。

任务五　文化安全

法条链接

《中华人民共和国国家安全法》第二十三条　国家坚持社会主义先进文化前进方向，继承和弘扬中华民族优秀传统文化，培育和践行社会主义核心价值观，防范和抵制不良文化的影响，掌握意识形态领域主导权，增强文化整体实力和竞争力。

一、文化安全概念阐释

文化是一个国家和民族的精神和灵魂。所谓文化，包含的不仅仅是语言、文字、文学、艺术等领域，它表述并支撑着一个国家与民族的文明体系。在特定的经济基础之上，文化诠释和界定人们的行为规范、道德准则、价值理念、政治信仰，为建立一个国家所必需的民族认同和政治认同提供了思想和精神基础。国家文化安全离不开国民的民族认同和政治认同。任何一个现代国家，只要其国民具备了强烈的民族认同和政治认同，国家安全就有了最根本的保证。

文化安全是指一个主权国家文化相对处于没有危险和不受内外威胁的状态，以及保障持续安全状态的能力。在经济全球化不断推进的当今世界，文化与政治经济互为表征、相互交融，在综合国力发展、国际合作与竞争中的地位和作用越发突出。文化安全关乎国家稳固、民族团结、精神传承，是国家安全的重要保障。文化安全日益凸显其国家安全的战略意义，它与政治安全、经济安全、社会安全、信息安全连接得也越发紧密。

国家文化安全问题以不同国家之间文化差异的存在为前提。国家文化安全根源于不同国家之间的差异文化，是随着不同国家之间的文化冲突而出现的，不同国家之间的文化差异与冲突是国家文化安全形成的前提条件。近现代以来，伴随殖民化扩张运动，文化侵略等现象屡见不鲜，文化安全问题逐渐显现。“冷战”结束以后，一些发达的资本主义国家凭借其先进的生产力和强大的经济基础、政治军事优势，不仅对相对落后的国家进行军事侵略和政治压迫，而且同时也进行文化侵略、文化渗透，搞文化霸权，因而文化安全问题变得更为突出和明显。

国家文化安全的状态随着条件的变化而不断辩证运动。当威胁文化的不良因素增多，威胁到国家观念性的文化存在，影响到文化健康发展趋势之时，文化就会处于危险的状态；反之亦然。因此要用动态、战略的眼光看待国家文化安全，既要立足于当前危险，维护文化的生存安全；又要着眼于威胁文化健康发展的隐性因素，确保文化的长治久安。

二、维护文化安全的重要战略意义

在国家安全总体布局中，文化安全具有不可替代的重要地位。当今世界，文化与政治、经济相互交融，在综合国力发展、国际合作与竞争中的地位和作用越来越突出；文化安全与政治安全、经济安全、社会安全也越来越紧密相连，直接关系国家、民族的前途命运。随着文化在综合国力竞争中的地位和作用不断凸显，尤其信息社会多元文化相互激荡、相互交融，文化安全在国家安全的战略地位日益提高。

（1）文化安全是确保一个民族、一个国家独立和尊严的重要精神支撑。文化是民族生存和发展的重要力量，是一个民族的精神家园，是一个国家生存和发展的重要内生力量，文化安全作为国家安全的深层内容，是一个国家社会制度、政权组织、意识形态得以建立和维护的重要基础。文化安全是国家安全的深层次内容，是社会制度、国家政权得以建立和维护的重要保障。没有文化的安全，就没有国家制度的安全，就没有政治、经济、社会秩序的正常存在与运转。“冷战”结束后，人们意识到一国的安危不仅要依靠经济、科技、军事等“硬实力”，还离不开文化这一“软实力”。当今世界各国的激烈竞争，不仅包括经济实力、科技实力、国防实力等方面“硬实力”的竞争，也包括文化方面“软实力”的竞争，而且文化还广泛渗透于上述各种力量之中，成为与经济、政治相互交融、相互影响、相互促进的重要因素。

（2）维护文化安全是发展巩固民族认同和政治认同的保障。任何一个国家的长治久安，都离不开其国民的民族认同和政治认同。民族认同，是国民对其民族及其文明体系的认同。民族认同为一个国家的发展和安全提供了必不可少的国民凝聚力。政治认同，是国民对国家政治体制的认同，亦即公民认同，是国家政治体制合法性和政府治理有效性的根基所在。显而易见，任何一个现代国家，只要其国民具备了强烈并相互重合的民族认同和政治认同，国家安全就有了最根本的保证。不论是面临外敌或内患，都能举国上下同仇敌忾，克服挑战，保持国家的安全与稳定。反之，如果民族认同和政治认同脆弱，或两者之间出现裂痕，国家安全便危机四伏甚至倾塌。在今天的世界上，通过文化理念上的潜移默化而改变人们的意识形态和价值观，进而分化瓦解一个国家的民族认同和政治认同，挑战国家体制和政府治理的合法性，最终导致国家垮台的事例屡见不鲜。从苏联的解体到今天世界各地延绵不绝的“颜色革命”，文化理念和意识形态上的混乱以至崩溃是根本的原因。从这个意义上看，如何确保文化安全，为中国的国家政治稳定和经济持续发展奠定牢靠的文化和价值认同基础，是确保国家总体安全的当务之急。

（3）维护文化安全是协调推进“四个全面”战略布局的重要支撑。全面建设社会主义现代化国家、全面深化改革、全面依法治国、全面从严治党的“四个全面”战略布局是新时代党中央治国理政的战略方针，为中国的发展提供了战略指引。文化安全直接关系到全党全国人民共同奋斗的思想基础，关系到广大人民群众的文化权益，不仅是全面建设社会主义现代化国家“文化软实力显著增强”的重要标志，而且是全面依法治国“加快国家安全法治建设”的题中应有之义。维护文化安全，既能为改革发展稳定大局提供文化条件，又能为国家调整经济结构转变发展方式贡献力量，对增强全社会的凝聚力和向心力具有重要意义，是协调推进“四个全面”战略布局、实现国家长治久安的重要保障和支撑。

（4）维护文化安全是建设社会主义文化强国的重要基础。当今世界，各种思想文化交流交融交锋更加频繁，文化在综合国力竞争中的地位和作用更加凸显。推动社会主义文化大发展大繁荣，建设社会主义文化强国，是一项极为重要的任务。文化强国的“强”，既强在文化产品文化服务丰富多样、文化事业文化产业繁荣壮大，又强在民族共有精神家园不被破坏、广大人民群众的文化权益不受侵害。没有文化安全，文化强国就难以建成；建不成文化强国，文化安全基础也不牢固。只有坚守文化安全底线，减少和消除威胁文化安全的内外因素，才能促进社会主义先进文化健康发展，不断推进社会主义文化强国建设。

总之，文化安全是国家安全的重要组成部分，它与政治、经济、军事安全等构成了国家安全的基本结构，必须高度重视。而且，我们要将文化价值观、文化体系、文化资源、文化技艺、文化人才、文化市场、文化基因、文化品牌等安全统筹考虑、整体布局，确保中华文化安全，确保社会主义文化性质，以促进社会主义文化的大发展、大繁荣，实现中华民族的伟大复兴。

三、维护文化安全的主要内容

文化安全与政治安全、国土安全、军事安全等传统意义上的国家安全以立法的形式共同进入总体国家安全体系。《中华人民共和国国家安全法》第二十三条规定，国家坚持社会主义先进文化前进方向，继承和弘扬中华民族优秀传统文化，培育和践行社会主义核心价值观，防范和抵制不良文化的影响，掌握意识形态领域主导权，增强文化整体实力和竞争力。因此，维护国家文化安全的主要内容，包括核心价值观安全、优秀传统文化安全和语言文字安全（文化传播和文化交流的自主权）等方面。

（1）核心价值观安全。价值观是指对价值的本质、价值的结构、价值的类型、价值的表现以及社会应有的价值取向等有关价值问题的认识和观点的总和。价值观念是广大国民对各种各样的社会现象甚至自然现象的是非判断和基本态度，以及他们对自己将欲采用的行为目标、方式、手段等方面该与不该的价值定向。核心价值观念安全问题，正是广大国民对一个国家传统的和现在的价值观念采取什么态度的问题。核心价值观安全是相对的，它并不是说一个国家传统的和现存的价值观念完全不变就是安全，更没有要求任何国家都必须保持传统的价值观念不变，而是强调保持一个国家基本价值观念的连续性，同时又不否认价值观念与时俱进地发展变化的必然性和必要性。

（2）优秀传统文化安全。中国优秀传统文化是指中华传统文化中历经沧桑而积淀传承下来的精华部分，是中华民族上下五千年文明智慧的基本元素和珍贵结晶。在文化全球化冲击下，中国优秀传统文化安全遭遇到风险。这种风险表现在两个方面：一是中国优秀传统文化的现代化转换中原创力薄弱；二是中国优秀传统文化资源的“世界共享”不强。中国共产党人正在以高度的理论自觉和文化自信，重视培育中国人的民族精神和中华民族的“身份认同”感，重视文化生态的维护，以应对和解决中国优秀传统文化面临的挑战。

（3）语言文字安全。语言文字是在一个民族、一个国家历史演进过程中逐渐形成的符号系统，它既是一切文化和文明的载体，也是全部文化和文明中最基本、最稳定、最持久的构成部分。自从人类有了语言，创造了文字之后，语言安全和文字安全对于一个民族和国家来说就有了十分重要的意义。

案例：新疆维吾尔自治区教育工委副书记、自治区教育厅党组副书记、厅长沙塔尔·沙吾提，自2002年起，利用其兼任自治区基础教育课程改革领导小组组长身份，以分裂国家为目的，多次采取单独授意和召集会议等方式，组织阿力木江·买买提明（时任自治区教育厅副厅长，已判刑）、阿布都热扎克·沙依木（时任新疆教育出版社社长、副总编，已判刑）、塔依尔·那斯尔（时任新疆教育出版社社长、副总编，已判刑），专门挑选具有民族分裂思想的牙里坤·肉孜（时任新疆教育出版社维吾尔文教材编辑部编辑，已判刑）、瓦依提江·吾斯曼（时任新疆教育出版社维吾尔文教材编辑部编辑，已判刑）等人进入教材编写组，以突出所谓的“地方特色、本民族特色、体现本民族历史文化”为幌子，极力要求在教材中编入宣扬民族分裂、暴力恐怖、宗教极端等思想的内容，以达到“去中国化”的分裂国家目的。

经审查，该教材中具有民族分裂、暴力恐怖、宗教极端等内容的问题课文共计 84 篇，在全区印发 2500 余万册，时间长达 13 年之久，232 万名维吾尔族在校学生及数万名教育工作者使用该教材，造成极其严重的危害后果。

法院审理认为，被告人沙塔尔·沙吾提以分裂国家为目的，利用组织、编写教材的职务便利，直接任用、安排与其同样具有分裂国家思想的阿力木江·买买提明、塔依尔·那斯尔、牙里坤·肉孜、瓦依提江·吾斯曼等人员在编写“问题教材”中分工负责，形成以沙塔尔·沙吾提为首的分裂国家犯罪集团。其行为已构成分裂国家罪。其系该犯罪集团的组织者、领导者，系首要分子，应依法严惩。依照《中华人民共和国刑法》《中华人民共和国刑事诉讼法》的相关规定，决定判处被告人沙塔尔·沙吾提死刑，缓期 2 年执行，剥夺政治权利终身，并处没收个人全部财产。

任务六　社 会 安 全

法条链接

《中华人民共和国国家安全法》第二十八条　国家反对一切形式的恐怖主义和极端主义，加强防范和处置恐怖主义的能力建设，依法开展情报、调查、防范、处置以及资金监管等工作，依法取缔恐怖活动组织和严厉惩治暴力恐怖活动。

《中华人民共和国国家安全法》第二十九条　国家健全有效预防和化解社会矛盾的体制机制，健全公共安全体系，积极预防、减少和化解社会矛盾，妥善处置公共卫生、社会安全等影响国家安全和社会稳定的突发事件，促进社会和谐，维护公共安全和社会安定。

一、社会安全概念阐释

社会安全即社会公共安全，是指针对社会事件的安全措施、对策、知识等的总和。从广义上讲，社会安全是指社会有序的运行状态，强调协调的社会群体结构和有序的社会状态的统一。从狭义上讲，它包括对违法犯罪、突发事件和灾害（人为灾害和自然灾害）的有效控制。

社会安全主要取决于政府执行的国内政策。政府决策失误、政府腐败、贫富悬殊、社会不公、高失业率和高犯罪率，以及各种自然灾害等都会危害社会安全。中国社会安全问题的讨论随着国际社会新安全问题、大规模社会传染病、生产安全、食品卫生安全等社会风险问题的凸显渐渐引起了国家、社会和一般民众的普遍关注。社会整体安全程度取决于国家的社会发展程度。经济发展速度、社会公平程度、政治体制、历史文化等都有可能对社会安全程度产生影响。

维护社会安全，就是维持整个社会系统能够保持良性运行和协调发展，把妨碍社会良性运行与协调发展的因素及其作用控制在最小范围内。从系统论的角度分析，社会安全受到密切相关的环境因素和社会内部结构因素的稳定制约。因此，社会安全还受到许多更为具体的社会与环境风险因素的影响，如自然灾害、失业、贫富差距、犯罪、宗教信仰、生产事故、传染病、劳资冲突、恐怖主义、人口结构、社会信任等。社会不安全在很大程度上体现为社会矛盾的积累、社会关系的失调以及社会冲突、社会失序。从社会安全的主体看，可以区分出个体、群体、国家和国际社会等层次。

二、社会安全是国家安全的“晴雨表”

维护国家安全，离不开社会的和谐稳定和长治久安。社会安全既事关每个社会成员的切身利益，也事关国家经济发展和社会稳定，对于保障人民安居乐业、社会安定有序、国家长治久安意义重大。

（1）社会安全是国家安全的社会基础。社会安全直接影响着人们的生活质量和生活水平，涉及国家安全稳定。相对于经济安全、政治安全而言，社会安全对整个社会系统及统治集团的威胁具有非直接性和模糊性的特点，所以，往往没有受到足够的重视。事实上，社会安全状况的持续恶化，最终也会导致经济、政治的不安全。特别是在现代社会，社会子系统发展较快，社会安全与经济安全、政治安全的关系已经越来越密切。在社会生活中，影响公众安全感的因素有很多，包括社会治安、交通安全、生活安全、生产安全和群体事件等各种人为的灾害，台风、海啸、雪灾、地震等自然灾害。这些要素有的看起来微不足道，但如果出了问题，经过一些因素对它的放大，往往就会扩大或发展为国家安全的大问题。很多社会性风险会加剧经济、政治系统的压力，导致经济危机和政治不稳定。可见，社会安全是最基本的安全问题，是国家安全的基础保障。

（2）社会安全是改革发展的前提条件。改革开放以来，我国经济发展进入加速转型的关键阶段，社会安全稳定面临严峻威胁。党中央始终高度重视正确处理改革发展稳定的关系，始终把维护国家安全和社会安定作为党和国家的一项基础性工作。目前，我国公共服务体系基本建立、覆盖面持续扩大，常住人口城镇化率突破65%，新增就业持续增加，贫困人口大幅减少，人民生活水平和质量不断提高。同时，必须清醒地看到，新形势下我国社会安定面临的威胁和挑战增多，特别是各种威胁和挑战联动效应明显。如今，影响社会安全的事件主要包括恐怖袭击事件、民族宗教事件、安全生产事件、公共安全事件、涉外突发事件和群体性事件等。随着我国改革进入攻坚期和深水区，统筹协调各方面利益关系的难度加大，社会矛盾不仅多样多发，而且关联性、复杂性、敏感性增强，极易引发影响社会稳定的重大群体性事件。随着社会开放性日益增强，人员、物资、资金、信息的流动加快，刑事犯罪高位运行，重大安全事故时有发生，加之受社会心态、网络炒作等因素影响，一地问题有可能演变成多地问题，治安问题有可能演变成社会问题，内政问题有可能演变成外事问题。

（3）社会安全是人民群众的幸福感和满意度的重要标志。社会安全与人民群众生命财产安全等切身利益关系最密切，是人民群众安全感的晴雨表，是社会安定的风向标。随着经济发展、社会进步，人民群众对过上美好生活有更高的期待，对社会安全有更高的标准。人民群众不仅关注人身安全，而且关注吃得放不放心、住得安不安心、出行是否平安；不仅关注打击犯罪、维护稳定成效如何，而且关注社会治理、公共服务的水平高不高；不仅关注自身合法权益能不能得到有效保障，而且关注执法司法是否严格公正，社会公平正义能否以看得见的方式得到充分体现。只有自觉把群众对社会安全的需求作为努力方向，始终把重点放在化解社会矛盾、打击违法犯罪，维护人民群众的人身安全、财产安全、食品安全、网络安全、环境安全，预防和减少社会安全事故的发生，努力让群众过上更平安的生活，才能不断提升群众的安全感和满意度。

三、维护社会安全的主要内容

社会安全是国家安全的重要内容，包括防范、消除、控制直接威胁社会公共秩序和人民群众生命财产安全的治安、刑事、暴力恐怖事件，以及规模较大的群体性事件等。可见，社会安全工作涉及打击犯罪、维护稳定、社会治理、公共服务等各个方面，涉及生产、工作、生活各个环节，与人民群众切身利益息息相关。

（1）社会公共安全。社会公共安全主要包含信息安全、社会治安、食品安全、公共卫生安全、公众出行安全、避难者行为安全、人员疏散的场地安全、建筑安全、城市生命线安全等。这些人为灾害的杀伤力给生存者造成难以磨灭的痛苦记忆和心理压迫。社会公共安全从来没有像今天这样遭受到残酷的考验和严峻的挑战，人们对公共安全的现在和未来充满沉沉的顾虑和重重的担忧。老百姓既要秩序井然和安全保障，又要方便快捷的公共社会生活活动，公共场所的安全力和防范力受到老百姓的高度重视和普遍质疑，对系统措施的完善和先进设备的采用呼声日高。

（2）突发社会安全事件。突发社会安全事件是指突然发生，造成或者可能造成重大人员伤亡、重大财产损失和对地区经济社会稳定、政治安定构成重大威胁或损害，有重大社会影响的涉及社会安全的紧急事件。其主要包括重大刑事案件、重特大火灾事件、民族宗教事件、经济安全事件、恐怖袭击事件、涉外突发事件、规模较大的群体性事件以及其他社会影响严重的突发性社会安全事件。社会安全具体事件多种多样，如遇到抢劫、小偷、骗子、他人遇险等，意外走失，人员密集的公共场所发生踩踏事件等。

案例：2014 年 5 月 22 日 7 时 50 分许，乌鲁木齐市沙依巴克区公园北街早市发生一起爆炸案。案件共造成 39 名无辜群众遇难，94 人受伤。

2014 年 5 月 23 日，案件告破。实施此案暴恐团伙共有 5 名成员，4 名现场实施犯罪的暴恐分子当场被炸死，参与策划的另一名暴恐团伙成员于 5 月 22 日晚在新疆巴州被抓获。2014 年 12 月 9 日，乌鲁木齐市中级人民法院对“5 · 22”暴恐案一审宣判，被告人阿卜力孜 · 达伍提等共 8 人判死刑。

任务七　科 技 安 全

法条链接

《中华人民共和国国家安全法》第二十四条　国家加强自主创新能力建设，加快发展自主可控的战略高新技术和重要领域核心关键技术，加强知识产权的运用、保护和科技保密能力建设，保障重大技术和工程的安全。

一、科技安全概念阐释

科技安全是一个比较新的概念，国内外还没有一个较为权威的阐释。根据现有的文献来看，科技安全得到普遍认可的定义有狭义说和广义说。至于使用哪种定义，完全取决于问题研究的具体需要。

狭义的科技安全，是指在一定的社会环境下，一个国家的科学技术体系完整有效，系统运行良好并不断完善，国家重点领域核心技术安全可控并健康发展，科学技术能够有力地支撑和保障国家综合安全，能够有效地应对来自内部和外部的威胁，以及保障持续安全状态的能力。狭义的科技安全立足于科学技术系统的安全性，表示国家科学技术发展的一种态势，这种态势体现了在国际大环境下，国家通过政治、军事、外交、经济、科技等手段，使国家科学技术系统既通过与国际环境的开放式作用和系统内部的协调运行达到功能优化，又保证该系统不招致来自内部和外部的威胁，并以此维护国家利益。

广义的科技安全，是指在一定的社会环境条件下，特别是国际大环境中，以国家价值准则为依据的对科技系统与相关系统相互作用所决定的国家安全态势的一种动态描述。广义的科技安全是从国家利益的高度给出的一种定义，表示由科学技术因素以及科学技术与国家安全因素的相关性所构成的国家安全的一种状态，这种状态描述了国家利益免受国外科技优势（因素）威胁的能力、国家发展科学技术和依靠科学技术提高整体竞争力的能力、国家以科学技术手段维护国家综合安全的能力，以及健全高效的科技安全预警与防范系统。

综合考察狭义和广义的科技安全概念不难看出，科技安全既是科技的问题，也是国家的问题，而且还是个动态的问题。国家科技安全涉及两个范围：一个是科技；另一个是国家。科技是一个领域，国家是一个层级。一个国家科技是否安全，要看这个国家的科学技术基础是否稳固、是否健康发展，科技水平是否居于世界前列，在国际科技活动中是否具有较强的自主性、自卫力和竞争力，是否能够促进国家经济发展，保障国家安全，使国家利益免受来自内部和外部威胁的状态。

科技安全是一个动态的概念，不同时代赋予其不同的内涵。首先，所谓安全在主观上是指不存在对外在威胁的恐惧感，在客观上是指不存在外来威胁或能够有效抵御外来威胁的状态。上述科技安全的定义主要是从安全的客观含义出发来定义的。其次，科技安全主要体现在科学技术系统安全、科技健康发展和科技对国家综合安全的有效支撑三个方面。科学技术系统是由科学技术活动的主体、科技基础设施，以及相关的制度、体制等构成的，这个系统运行的稳定性和效率是衡量科技安全的首要指标。科技能否健康发展包括国家能否提供或创造条件促进科技发展，以及科技进步所致结果反过来对科技发展的积极或消极影响；科技能否对国家综合安全提供有效的支撑和保障，是在一个更大的范围内衡量科技安全的指标。

良好的国家科技安全状态，体现在国家科学技术事业不受外部科技优势的干扰、侵害、破坏、威胁、控制和制约，科学技术健康发展，具有较强的自主性和竞争力，科技水平居于世界前列，国家科技利益得到保护；科学技术能够有效支撑国家经济建设，提高综合国力，维护国家安全，防范科技滥用和科技的负面影响。

二、科技安全是国家安全的关键要素

进入21世纪，科学技术发展的水平及其竞争能力，在相当程度上决定了国家在世界竞争格局中的地位，成为影响国家安全的重要因素。现代科学技术知识已成为国家经济发展和社会进步的最重要的智力资源，也是国家安全最重要的智力因素。随着科学技术日新月异地迅猛发展，科技安全对经济发展、社会进步产生着极其重要的推动作用，已成为社会各领域的技术支撑。科技安全是国家其他领域安全的技术基础，在国家安全中的地位日益重要。

（1）科技安全直接影响国家其他领域安全。科技和科技安全广泛渗透于国家安全的各种领域、各个要素和各个因素之中。国家安全体系及其任何部分都有科技安全问题存在。由于科技安全直接渗透到国家安全的各个领域，科技安全直接影响着军事安全、经济安全、生态安全、文化安全乃至政治安全、社会安全等国家安全的各个方面。毫无疑问，没有科技安全的保障，就不可能有真正的经济安全、军事安全乃至政治安全。谁掌握了高新科技的主控权，谁就拥有综合国力竞争的优势和主动权。丧失了在科学技术方面的优势和竞争力，也就意味着丧失了国家安全的基本保障。

（2）科技安全是国家安全体系的重要组成部分。科技安全是影响国家安全的重要因素，与其他领域的安全共同构成国家安全体系。随着科学技术作用的日益增强，其影响范围早已超越科学技术体系自身，对经济、政治、军事、文化等各领域都产生着前所未有的渗透、促进作用。可见，科技实力在一定程度上决定着国家的政治、军事、经济等力量对比的变化，也决定着各国各民族的前途命运。科技和新科技安全不仅对当代国家安全在整体上起决定作用，而且对当代国家安全其他领域和内容都起决定性作用。因此，西方发达国家都非常注意维护本国的科技安全，对包括我国在内的广大发展中国家实行技术封锁与遏制，对我国科技安全构成现实威胁。

（3）科技安全是支撑国家安全的技术基础。科技安全既是支撑国家安全的重要力量和技术基础，也是实现其他相关领域安全的关键要素，更是实施创新驱动发展战略的基本保障。科技不安全，国家安全各领域都将受到重大威胁。科技与科技安全的丧失，对国家安全的打击将是毁灭性的。保障国家重点领域的安全，必须维护各领域的科技安全，改变重点领域核心技术受制于人的局面。科技安全已成为国家安全系统中的独立要素，是国家安全的重要组分，同时也成为维护国家利益的重要手段。2020年，新冠疫情在全球暴发，各国围绕药物研发、疫苗研制等生物科技领域的竞争日趋激烈，谁能够率先在这一领域取得突破性进展，谁就有望取得这次抗疫的主动权，在人民生命安全、经济社会发展、国防实力支撑、国际地位提升等安全体系的塑造上产生关键性影响。

（4）科技安全事关国防和军队建设发展。国防科技代表着科技发展最前沿、最敏感的方向，引领军队武器装备发展，决定军事力量建设与运用方略，牵引战争形态演变和作战样式变化。近年来，世界各主要军事强国加快人工智能等技术的军事应用，力图取得智能化科技超越和军事竞争优势，对我国维护科技安全、推进国防和军队建设提出新的更高要求。实践证明，谁掌握了国防科技关键技术创新发展的先机和优势，谁就更容易取得军事竞争和军事安全的主动权。我们应树牢国防科技安全事关军事安全和国家安全的理念，加强对国防科技的战略管理，提高国防科技发展水平。

三、维护科技安全的主要内容

随着科学技术自身发展的日益完善以及应用范围的不断扩展，科技已成为社会各领域的技术支撑，科技安全在国家安全中的地位作用日益重要。从国家安全角度思考，维护科技安全就要重点把握以下几方面的问题。

（1）科技基础安全。科技基础是国家科学技术发展的基本依靠，体现为由国家的科技实力、科技潜力和科技发展方向构成的科技情势，如国家的总体科研水平、技术创新能力以及科研基础设施状况等。显然，科技核心力量安全的国家，其科技安全状态就好；反之，如果一个国家的科技核心力量薄弱，则无法依靠科技手段应对外来威胁，其科技安全状态就不容乐观。根据瑞士洛桑管理发展学院2002年度的《国际竞争力报告》，中国的技术基础设施和科学基础设施分别排在世界第42位和第24位，而国际竞争力（包括经济表现、政府效率、企业效率、基础设施四大指标）总体排名则为第31位。

（2）科技体制安全。科技体制是科技活动的组织体系和管理制度的总称，包括组织结构、运行机制、管理原则等内容。科技体制是科技安全的制度保障，是影响科技安全的最重要因素，在一定程度上决定了国家科技安全的状态。先进和合理的科技体制能促进国家科学技术的发展，促进科技成果及时转化为生产力，而不合理的科技体制则会阻碍国家科学技术和国民经济的发展。国家的科技系统结构、科技制度、科技政策法规的完善与先进性等因素，在体制层面上决定了国家科技安全的状态。因此，必须根据科学技术和国民经济发展的需要不断地改革和完善国家的科技体制。

（3）科技活动安全。科技活动是所有与各科学技术领域中科技知识的产生、发展、传播和应用密切相关的系统的活动，按其性质可分为研究与发展、科技教育与培训、科技服务三类。在科技全球化的今天，科技活动是当今世界各国科技安全面临的最大挑战，无论是国际科技合作、技术引进、高技术手段犯罪的防范，还是知识产权保护、专利保护、科技信息保密、提高国家安全工作中的科技含量等，都有科技安全的具体表现。如发达国家在国际科技交流与合作中制定有利于自身的游戏规则，对敏感科技输出建立管理机制，限制对发展中国家的高技术出口，加紧对他国的科技情报活动等。

（4）科技环境安全。科技发展的内部环境是指科学研究和技术发展工作的环境，包括学术交流的良好条件和环境、丰富的图书资料、先进的仪器设备，以及科技工作者安逸舒适的生活条件。科技发展的外部环境是指国家和社会为科技发展创造的环境，包括诸如政府对科学技术事业的支持程度、民众对科技工作的认同，以及诸如国际关系的变化、国际局势的动荡、国家的国际地位的升降等国际环境。美国之所以能在世界科技领域具有举足轻重的地位，其中非常重要的一点就是创造了良好的科技环境，吸引了大批的人才。

（5）国防科技安全。谁掌握了国防科技关键技术创新发展的先机和优势，谁就更容易取得军事竞争和军事安全的主动权。国防科技体现着一个国家军队战斗力和国防现代化水平，是武器装备发展的重要基础，是武器装备的灵魂、核心和最重要的军事要素。国防科技是国家科学技术水平的集中体现和突出标志，代表着国家科学技术最前沿、最敏感、最重要的领域和方向。因此，国防科技作为国家科技安全的重要内容，其中对国防科技安全全局具有重大影响的突击方向、领域、目标或行动等国防科技安全的战略重点，成为国家科技安全的重中之重。

(6) 科技智力资源安全。科技人才尤其是专门的科技安全人才是科技活动的主体，也是最重要的科技智力资源，是维护科技安全最重要的保障。

案例：黄宇，生于1974年7月28日，四川省自贡市人，计算机专业，曾在某涉密科研单位工作。为了泄私愤和满足物质上的欲望，黄宇竟然主动向境外间谍机关提供15万余份资料，其中绝密级国家秘密90项，机密级国家秘密292项，秘密级国家秘密1674项，对我国党、政、军、金融等多个部门的密码通信安全造成难以估量的损失。

黄宇因“间谍罪”被依法判处死刑，剥夺政治权利终身，并收缴间谍经费。

任务八 网络安全

法条链接

《中华人民共和国国家安全法》第二十五条 国家建设网络与信息安全保障体系，提升网络与信息安全保护能力，加强网络和信息技术的创新研究和开发应用，实现网络和信息核心技术、关键基础设施和重要领域信息系统及数据的安全可控；加强网络管理，防范、制止和依法惩治网络攻击、网络入侵、网络窃密、散布违法有害信息等网络违法犯罪行为，维护国家网络空间主权、安全和发展利益。

一、网络安全概念阐释

随着信息网络系统的迅速发展和普及，人与计算机的关系发生了质的变化，人类社会与计算机及其网络组成了一个巨大系统，出现了一个全新的世界——网络社会。在网络社会，人类对网络空间的依赖越来越强，不仅政治经济文化生活依赖于网络空间，而且个人、企业、民族、国家乃至全人类的安全也建立在计算机网络之上。在总体国家安全观指导下，引申出当今的网络安全，应该说是对国家安全理念的一次重要完善。

网络空间安全，是指国家的网络环境的可信性、安全与稳定，网络活动的合法、有序与可控的状态，即国家运用各种国家资源，维护有利于经济发展繁荣、社会政治稳定和国防安全的网络环境，防止国内和跨国网络活动对国家安全造成威胁。网络空间安全的核心内容就是网络上的信息安全，涉及的领域很广，主要包括网络运行系统安全、网络上系统信息的安全、网络上信息传播的安全、网络上信息内容的安全。可见，网络安全既包含了多个层面的概念，其中计算机硬件可以看作是物理网络层面，软件可以看作是逻辑网络层面，再就是数据层面即网络信息层面，又包含了属性的概念，其中破坏涉及的是可用性，更改涉及的是完整性，显露涉及的是机密性。

对网络安全的理解和掌握，实际上是对信息安全更深层次的全新领悟。因此，对于网络安全可以从三个方面的安全来理解：一是物理网络安全，指网络系统中各通信、计算机设备及相关设施等有形物品的保护，使它们不因物理性因素影响导致物理网络系统受到破坏，进而使网络瘫痪；二是通常所说的逻辑网络安全，网络病毒造成的危害；三是网络信息层面安全，它包含信息完整性、保密性以及可用性等。物理网络安全、逻辑网络安全和网络信息安全都非常重要，任何一方面在没有受到保护的情况下，网络安全就会受到影响。因此，在进行网络安全保护时必须合理安排，同时顾及这些方面。

网络环境的可信性、安全与稳定，网络活动的合法、有序与可控，成为国家安全的关注对象。防止源于网络空间的安全威胁或通过网络空间发起的攻击，影响经济、政治、军事等其他领域的稳定，也成为国家安全重点关注的领域。

二、没有网络安全就没有国家安全

网络与信息安全与国家的安危紧密相连，没有网络与信息安全，就没有真正的政治安全、军事安全和经济安全，也没有完全意义上的国家安全。网络与信息安全特别是网络安全，事关我国国家安全和社会稳定，事关人民群众切身利益。

（1）网络与信息安全事关国家安全与发展。网络与信息安全已成为信息时代国家安全的战略基石。信息化与全球化的快速发展，正在塑造一个“一切皆由网络控制”的未来世界；网络空间的快速成长，正在催生“谁控制网络空间谁就能控制一切”的法则。政治、经济、社会、军事、科技等各个领域的安全问题，都与网络与信息安全问题紧密关联。政治领域的“颜色革命”暗流涌动，经济领域的网络犯罪频繁发生，社会领域的网络攻击日益猖獗，军事领域的信息作战方式加速转型，科技领域的网络窃密，都是网络空间对传统领域安全问题的催化与变异。从国家安全的战略高度认识网络与信息安全，把网络与信息安全作为国家安全的战略基石去捍卫，是维护国家安全的时代诉求。

（2）维护网络与信息安全是促进国家发展的前提和条件。20 世纪 80 年代以来，随着信息技术的迅速发展，信息革命对国家主权关系提出了挑战。在信息穿透各国边界的情况下，包括金融、能源、交通、电信、水利在内的国家关键基础设施、对于网络的依赖程度越来越高，在网络受到攻击的情况下，整个社会可能陷入瘫痪，从而产生严重的政治后果。要以改革的精神、开放的理念、创新的机制，科学治理和化解信息化发展中出现的问题与风险，掌握国家网络与信息安全战略主动权，维护网络与信息安全，确保国家信息安全。

（3）网络与信息安全事关广大人民群众利益。维护网络安全就是维护每个公民自身的安全，清理整治网络有害信息和打击不法行为迫在眉睫、刻不容缓，广大人民群众对此呼声非常强烈。根据《2023 年中国互联网络发展状况统计报告》，截至 2023 年 6 月，我国网民规模达 10.79 亿，较 2022 年 12 月增长 1109 万，互联网普及率达到 76.4%。中国是一个名副其实的网络大国，但还不是一个网络强国，在网络安全上仍然是较薄弱、损失较大的发展中国家。2000—2015 年，“方程式”对全球 43 个国家和地区的上万台主机实施了 APT 攻击，中国受攻击数量列于全球首位。另据国家计算机网络应急技术处理协调中心（CNCERT）发布的《2020 年我国互联网网络安全态势综述》显示，来自美国的网络攻击数量呈现越演越烈之势。如位于美国的 1.9 万余台木马或僵尸网络控制服务器，控制了中国境内约 446 万余台主机，这两个数字较 2019 年分别增长了 10.2%和 4.1%。我国个人互联网使用的安全状况也不容乐观。

（4）网络空间成为信息化战争的新战场。由于计算机网络无处不在、无时不有、无所不用，它已成为不法分子牟取暴利、从事犯罪活动的新工具，成为不同利益集团之间利益对抗、权利分配的新领域，成为国家和民族之间军事对抗、战略威胁和信息战争的新战场，成为不同意识形态之间宣传与反宣传、殖民与反殖民的新阵地。网络空间信息安全问题不仅是一个技术问题或个人行为，而且是一个普遍的和共同的社会问题，成为信息时代中最基本、最核心、最重大的综合安全问题之一。因此，要从国家安全的全局来认识和做好网络和信息安全的保障工作。

三、网络安全的威胁特点与类型

随着经济和社会发展向信息化迈进，网络安全已经成为一个全球性的重大现实问题，成了国家安全系统中的一个全新领域，引起世界各主要国家的高度关注。由于网络空间与传统的物理空间有所不同，因此其具有自身的安全威胁特点与类型。

（一）网络安全的威胁特点

与海洋、陆地、天空、太空等其他领域相比，网络空间的安全威胁有其不同于传统信息安全的新特点。(1) 它可以无视跨越高山、海洋和传统国家的边界，从遥远的地方对目标瞬时发动攻击，而不必与敌人战场对峙。(2) 互联网具有极强的隐蔽性，发动者可以藏身在地球上一个无人知晓的地方发动网络攻击，而不留下任何可被追踪的痕迹。(3) 它的打击目标更广，一国的基础设施、金融和银行业、物流和运输系统、国家数据中心等这些传统军事打击很难奏效的目标都在网络攻击的“火力”之下。(4) 网络空间中军用和民用设施安全相互融合，很难将二者完全区分开来。此外，网络武器（如病毒）一旦被发明，极容易扩散和复制，发动网络攻击的门槛相对于发动武装冲突要低得多。

如今，互联网已经成为西方国家推行“颜色革命”的重要工具和舞台。过去十多年，但凡“颜色革命”的爆发，都有互联网如影随形。“颜色革命”从来不是个别人一时心血来潮搞起来的，而是有预谋、有计划、有组织地实施的，互联网工具在其中发挥了巨大的联动和推波助澜作用。互联网的深入发展使偌大的世界成为一个彼此联系、协同互动的“地球村”。当世界各国人民在享受信息网络带来的发展红利的同时，一系列现实问题也相伴而生。西方发达资本主义国家凭借自身先进的互联网技术，借助网络强权对世界网络话语权进行操纵，向全世界输出其经济、政治、文化，同时也压制别国优秀文化的发展，对别国主流意识形态进行政治绑架。另外，发达国家还通过资本输入、技术渗透、市场占有等方式控制全球网络。这些无疑会影响我国建设网络强国目标的顺利实现。

（二）网络空间的威胁类型

按照行为主体的不同，网络空间对国家安全的威胁可划分为黑客攻击、有组织的网络犯罪、网络恐怖主义以及国家参与的网络战四种类型。一般来说，从个人到非国家行为体，再到国家行为体，它们对国家安全的威胁程度是逐渐增加的，但无论是哪一种网络安全威胁，对国家的网络与信息安全的潜在危害都不容低估。

(1) 黑客攻击。黑客攻击是网络空间最常见的安全威胁。黑客利用计算机系统、网络协议及数据库等方面的漏洞和缺陷，采用后门程序、信息炸弹、拒绝服务、网络监听、密码破解等手段侵入计算机系统，盗窃系统保密信息，进行信息破坏或占用系统资源。攻击手段可分为非破坏性攻击和破坏性攻击两类，前者的目标通常是为了扰乱系统的运行，并不盗窃系统资料；后者是以侵入他人电脑系统、盗窃系统保密信息、破坏目标系统的数据为目的的。

（2）有组织的网络犯罪。有组织的网络犯罪是指犯罪分子借助计算机技术，在互联网平台上所进行的有组织的犯罪活动。与传统的有组织犯罪有所不同，有组织的网络犯罪活动既包含了借助互联网而进行的传统犯罪活动（如洗钱、贩卖人口、贩毒），也包含了互联网所独有的犯罪行为，如窃取信息、金融诈骗等。此外，互联网被广泛用于人口贩卖、濒危物种走私等非法交易，成为犯罪人员洗钱的通信工具。如今，网络犯罪已经成为一个全球性问题，其跨国性、高科技和隐蔽性特征都给国家安全带来了前所未有的挑战，这些威胁主要集中在非传统安全领域。鉴于网络犯罪可能给国家带来的巨大潜在损失，打击网络犯罪应该被纳入国家安全战略统筹考虑。

（3）网络恐怖主义。网络恐怖主义通过黑客攻击和低级别犯罪等手段，借助互联网组织发起恐怖主义活动，互联网已经成为恐怖主义分子互通有无、相互交流的最重要场所。除了将网络空间作为通信和交流的媒介之外，恐怖组织还利用网络空间进行理念宣讲、人员招募和激进化培训。如今，网络空间已经成为国际社会恐怖活动与反恐怖活动的新战场。

（4）国家参与的网络战。国家参与的网络战对国家安全威胁程度最高，涉及传统的军事安全领域，它既可以独立存在，也可以是当代战争中的一部分。在网络战中，攻击目标既可以是军事、工业或民用设施，也可以是机房里的某一台服务器。根据网络战对国家安全的威胁程度由高至低，它主要表现为直接军事威胁、间接军事威胁、网络间谍和信息战。网络战对国家安全最大的威胁是对军事设施的直接打击。

案例：名为“海莲花”（OceanLotus）的境外黑客组织，自2012年4月起针对中国海事机构、海域建设部门、科研院所和航运企业展开精密组织的网络攻击。这很明显是一个有国外政府支持的APT（高级持续性威胁）行动。

“海莲花”使用木马病毒攻陷、控制政府人员、外包商、行业专家等目标人群的电脑，意图获取受害者电脑中的机密资料，截获受害电脑与外界传递的情报，甚至操纵该电脑自动发送相关情报，从而达到掌握中方动向的目的。

习　题

1-1　维护国家政治安全的重大意义有哪些？

1-2　简述维护政治安全的主要内容。

1-3　阐述国土安全的概念。

1-4　国家经济安全主要包括哪两方面的内容？

1-5　阐释维护文化安全的重要战略意义。

1-6　为什么说社会安全是国家安全的“晴雨表”？

1-7　广义的科技安全是指哪些方面？

项目二　人身财产安全

近年来，在大学校园内外发生了许多涉及学生人身与财产安全的意外伤害事件，究其原因虽然各不相同，但有一个共同点，就是不少当事学生对事故的发生没有任何心理准备和自我保护意识，面对突发情况不知所措，就目前而言，不少青年学生一是缺乏社会经验，思想比较单纯，自我防范能力相对比较薄弱；二是缺乏安全防范意识，对可能发生的各种安全问题，缺乏必要的重视和警惕，给一些不法分子可乘之机是重要的主观原因。

任务一　盗窃犯罪的防范与应急处理

法条链接

《中华人民共和国刑法》第二百六十四条　盗窃公私财物，数额较大或者多次盗窃的，处3年以下有期徒刑、拘役或者管制，并处或者单处罚金；数额巨大或者有其他严重情节的，处3年以上10年以下有期徒刑，并处罚金；数额特别巨大或者有其他特别严重情节的，处10年以上有期徒刑或者无期徒刑，并处罚金或者没收财产；有下列情形之一的，处无期徒刑或者死刑，并处没收财产：（1）盗窃金融机构，数额特别巨大的；（2）盗窃珍贵文物，情节严重的。

一、盗窃犯罪的概念及其特征

（一）盗窃犯罪的概念

盗窃犯罪是指以非法占有为目的，多次秘密窃取或窃取数额较大的公私财物的行为。盗窃的基本特征是其侵犯的客体是公私财物的所有权。侵犯的对象是国家、集体或公民合法所有的财物。盗窃罪指向的财物一般是有形的，也包括具有经济价值的某些无形物，如电力、煤气、天然气、重要的技术成果、长途电话账号、电信号码等。其客观方面表现为，行为人实施了秘密窃取数额较大的公私财物的行为或窃取的数额不是较大，但曾多次实施盗窃。

（二）学校盗窃犯罪的特点

一般盗窃案件都有以下共同点：实施盗窃前有预谋准备的窥测过程，盗窃现场通常遗留痕迹、指纹、脚印、物证等；盗窃手段和方法常带有习惯性；有被盗窃的赃款、赃物可查。学校盗窃案件因作案主体和场所的特殊性，还有以下一系列特点：

（1）时间上的选择。作案主体在有人的情况下是不会行窃的，作案人必然选择作案地点无人的空隙实施盗窃。例如，上课和晚自习期间，同学们都在教室上课了，作案人便入室行窃；周末或节假日期间，实验室、办公室、计算机室通常处于无人状态，作案人便会乘隙而入。另外每学期开学和临放假期间，人员混杂，同学们疏于防范，也容易发生盗窃案件。

（2）目标上的准确性。学校中内盗案件比较多，哪个同学有钱或贵重物品，常放在什么地方，有没有锁在箱子中或柜子里，钥匙放在何处，作案分子都基本上了解。不动手便罢，一旦动手目标十分准确，通常能够很快得手。

（3）技术上的智能性。在学校中盗窃案件的作案主体，一般以高学历、高智商的人为多，有的本身就是学生。他们智力与盗窃技能多高于一般盗窃作案人员。

（4）作案上的连续性。正是由于作案人比较“聪明”，所以其第一次作案容易得手。“首战告捷”后，作案人员往往产生侥幸心理，加之报案的滞后性或破案的延迟性，作案人员极易屡屡作案而形成一定的连续性。

二、常见的校园盗窃案件的行窃方式

发生在校园的盗窃案件主要有以下行窃方式：

（1）顺手牵羊。顺手牵羊是指作案分子乘人不备偷窃放在桌子、床上、走廊、阳台、球场、图书馆等处的钱物。

（2）翻窗入室。翻窗入室是指作案分子趁主人不在时翻窗而入，将贵重物品盗走。

（3）撬门扭锁。撬门扭锁是指作案分子使用工具撬开门锁而入室行窃。这种犯罪分子手段毒辣，入室后还会继续撬抽屉或箱子上的锁，翻箱倒柜，从而盗走现金和各类贵重物品。采用这种方式的犯罪分子基本都是外盗。

（4）隔窗钓鱼。隔窗钓鱼是指作案分子用竹竿或者其他器材将室内的衣服或财物钩走，公寓一楼以及有窗户靠走廊的房间要当心此类盗窃。

（5）偷配钥匙。偷配钥匙是指作案分子用当事人随手乱丢的钥匙偷配好钥匙，趁当事人不在宿舍时打开当事人房间的锁，包括门锁、抽屉锁、箱子上的锁，从而盗走现金和贵重物品等。这类作案人大多是与当事人比较熟悉的人。

（6）蒙混入室。蒙混入室是指作案分子用推销、传销和兼职等名义混入宿舍，骗取同学信任，然后伺机行窃。

三、防范盗窃的基本方法

防盗的基本方法有人防、物防和技防3种。其中，人防是预防和制止盗窃犯罪唯一可靠的方法。物防，是一种应用最为广泛的基础防护措施。而技术防范，则是可即时发现入侵、能够替代人员守护且不会疲劳和懈怠，可长时间处于戒备状态的更加隐蔽可靠的一种防范措施。对于学生来说，最重要的是做好教室和学生宿舍的防盗工作，保护好自己和同学的财物。这不仅是个人的事，而且也是全宿舍、全班乃至全校同学共同关心的大事。

学生宿舍和教室的防盗工作，要注意做到以下几点：

（1）最后离开教室或宿舍的同学，要关好窗户锁好门，养成随手关灯、随手关窗、随手锁门的习惯，以防盗窃犯罪分子乘隙而入。

（2）不要留宿外来人员。学生应该文明礼貌，热情好客，但决不能只讲义气、讲感情而不讲原则、不讲纪律。如果违反学校学生公寓管理规定，随便留宿不知底细的人，就等于引狼入室而将会后悔莫及。

（3）对进入公寓的陌生人应保持警惕，注意盘问，使犯罪分子无机可乘。

（4）注意保管好自己的钥匙，不要随意外借，若钥匙丢失，应及时通知其他同学，必要时换锁。

（5）现金多时最好立刻存入银行，贵重物品不用时最好锁入抽屉和柜子里，节假日离校时，应将贵重物品带走或托付给可靠的人帮助保管。

（6）团结友爱，互相帮助。室友间的团结友爱，宿舍间的互相照应在一定程度上可以积极预防盗窃犯罪。

四、发生盗窃案件的应对办法

如果发现自己的宿舍门、抽屉、柜子被撬，室内物品被翻动，则可能是发生了盗窃案件。一旦发生盗窃案件，同学们一定要冷静应对，其处置方式如下：

（1）立即报告学校保卫部门，同时拨打“110”报警。

（2）封锁和保护现场，不准任何人进入。不得翻动现场的物品，切不可冒失查看自己的物品是否丢失，以免破坏现场。这对公安人员准确分析、正确判断侦察范围和收集罪证，有十分重要的意义。

（3）如果发现嫌疑人，在保证安全的前提下，应立即组织同学进行堵截捉拿，同时向保卫部门和公安机关报告并积极配合。

（4）配合调查，实事求是地回答公安部门和保卫人员提出的问题。积极主动地提供线索，不隐瞒情况，学校保卫部门和公安机关有义务、有责任为提供情况的同学保密。

（5）如果发现存折、信用卡、银行卡、手机卡被窃，应当尽快办理电话挂失。

案例：1999 年下半年，南京某高校连续发生多起盗用他人存折、ATM 卡冒领存款的案件。某日，学生陈某在放寒假前锁在抽屉里的存折不翼而飞，1400 元存款被人冒领。经保卫人员缜密调查了解，陈某平时比较懒惰，经常让其好朋友顾某（同班同学）帮其到银行取款，存折密码也直接告诉了顾某。当日陈某离校时将存折随手放在自己床上，被顾某伺机盗走并冒领了存款。存折、ATM 卡被盗，存款被冒领的原因何在？细析陈某被盗一案，不难发现，陈某被盗的主要原因是其安全防范意识淡薄，对自己的财物保管不善。陈某对自己的朋友、同学过分信任，经常将存折交给这些“哥们儿”帮忙取款，存折密码也就失去了其应有的作用；陈某存放物品时又从不避讳他人，经常随手乱放，给作案人行窃提供了方便；部分大学生法制观念淡薄，好贪小便宜，为了达到自己不可告人的目的，利用同学对自己的信任，铤而走险。从查处的多起案件情况看，此类案件的作案人一般都深得失主的信任，均是被盗学生的同学、朋友或熟人，有很多机会接触到失主的存折、ATM 卡，一旦生贪念，很容易盗取失主存折、ATM 卡冒领存款。

任务二 诈骗犯罪的防范与应急处理

法条链接

《中华人民共和国刑法》第二百六十六条 诈骗公私财物，数额较大的，处 3 年以下有期徒刑、拘役或者管制，并处或者单处罚金；数额巨大或者有其他严重情节的，处 3 年以上 10 年以下有期徒刑，并处罚金；数额特别巨大或者有其他特别严重情节的，处 10 年以上有期徒刑或者无期徒刑，并处罚金或者没收财产。

一、诈骗犯罪的概念及其特点

诈骗罪是指以非法占有为目的，用虚构事实或者隐瞒真相的方法，骗取数额较大的公私财物的行为。由于它一般不使用暴力，似乎是在一派平静甚至“愉快”的气氛中进行的，受害者往往被表面假象蒙蔽，容易上当，其突出特点就是行为人设法使被害人在认识上产生错觉，将自己所有或持有的财物交付给行为人或者放弃自己的所有权，或者免除行为人交还财物的义务。在犯罪形式上，犯罪分子多以编造假情况或隐瞒事实真相，诱使受害者陷于一种错误认识，信以为真，仿佛“自愿地”将财物交与犯罪嫌疑人。通常存有以下几种心理意识容易被诈骗分子利用：

（1）虚荣心理。

（2）幼稚、不做分析的同情、怜悯心理。

（3）贪占小便宜的心理。

（4）轻率、轻信、麻痹、缺乏责任感。

（5）贪求美色、想入非非的不良意识。

（6）易受暗示、易受诱惑的心理。

二、常见诈骗方式

（1）借熟人关系进行诈骗。此类骗子往往是冒名顶替或者以老乡、朋友的身份进行诈骗，而受害人往往碍于面子，容易坠入圈套。

（2）借中介、兼职、招聘为名进行诈骗。骗子就是利用同学们急于找到工作的心理，以招工点、兼职家教介绍等名义进行诈骗，骗取介绍费、押金、报名费。或者利用同学们作为其廉价劳动力，从中获得非法利益。

（3）以特殊身份进行诈骗。此类骗子多以社会上的“能人”“名流”的名义进行诈骗，例如谎称自己是导演、星探、经纪人、记者、老板、军人等，抬高身价，以帮助同学解决各类困难为由进行诈骗。

（4）以遇到某种困难或者不幸急需帮助进行诈骗。骗子多以走失或者丢失财物的学生、灾区群众、落难者等名义寻求帮助，进行诈骗。一些高校发生的诈骗案，多是以“借用银行卡打钱”等名义进行诈骗。一些不法分子选择入校新生尤其是女生为目标，先是以学生身份取得受害人的信任，再取得对方的同情、然后实施诈骗。

（5）以小利取信，进行诈骗为实。采取欲擒故纵的方法，先将曾许诺的利益予以兑现，取得信任后，就狠狠地敲一把、让受骗者在绝对信任和不知不觉中蒙受重大的损失。

（6）以电话、手机短信诈骗。冒充电信局、公安局、银行等单位工作人员实施的新型电信诈骗手段，犯罪分子使用“任意显号”软件等技术，随机拨打手机、固定电话或发送手机短信，显示国家机关的热线号码或总机号码进行诈骗。

三、常见街头陷阱

（1）丢包陷阱。一人“无意”丢下一包东西，被丢的包里往往装满假钞、假金银首饰，另一人上前，装作是与你一起发现的，要求平分拾到的东西，并花言巧语让你得大部分，但要你拿出身上的钱或佩戴的首饰做抵押，半诱半逼进行诈骗。

（2）利用假贵重物品。诈骗骗子以假的古董、名贵药材或笔记本电脑等为诱饵，谎称家里急需要用钱，希望低价出售，并安排一些“托儿”假装对货物很感兴趣，以此来诱惑你购买。

（3）购票、手机充值卡陷阱。充值卡零售时基本上是全额出售，不会出现打折或是低价销售现象。只有那些从不正规渠道流入市场的充值卡才会有很低的折扣，而这些卡很可能是已经用过的废卡，不法分子将已刮开的密码涂层重新覆盖后再出售。购卡时不要轻易相信折扣很低的充值卡，避免因一时贪小便宜而上了不法分子的当，造成自身经济损失。

（4）吃喝陷阱。不要随便接受陌生人的食物、香烟和饮料，不要被他人盛情迷惑。

四、防范新型诈骗

为防范新型诈骗，避免损失，以下几点需要引起注意：

（1）告诉亲人不要轻信陌生人的电话和手机短信，以防有人以编造你在外发生意外为由，将你的亲人骗出，或以你的名义骗取财物。

（2）犯罪分子使用任意显号软件等技术，冒充电信局、公安局等单位工作人员随机拨打手机、固定电话，显示国家机关的热线号码、总机号码，以受害人电话欠费、被他人盗用身份涉嫌经济犯罪或以没收受害人所有银行存款进行恫吓威胁，骗取受害人汇转资金。当接到来自自称是公安机关、电信局、银行等或者号码为110、95598等热线短号的电话或短信时，一定要提高警惕。可根据任意显号软件不支持回拨的特点，利用回拨的方式及时予以核实确认。

（3）犯罪分子通过建立炒股交流群和相关网站或者通过媒体广告、电话（短信）推销等形式，精心策划陷阱，以委托理财，收取服务费、咨询费、顾问费、会员费等名义，骗取股民的大量钱财。当你投资时，首先要查询此类机构和人员的业务资格；其次要小心授权，不要盲目支付会员费或授权他人代理操作账户管理及交易事项；也可亲自去投资公司现场了解情况，通过一系列措施有效地避免财物损失。

（4）如有人要问及个人隐私，要务必谨慎。根据我国法律规定，公安、检察院、法院等机关在侦办案件时，不会通过电话询问个人家中存款账户、密码等隐私情况，如果涉及案件必须查询时，办案人员必须出示工作证件及有关法律文书，到相关金融机构查询或者与可能涉案的群众当面进行询问。

说到底，虽然新型诈骗方式依靠科技手段让人真假难辨，变得更加扑朔迷离，但只要在面对种种骗局的时候能够冷静下来，克服自己内心的贪念，谨慎辨识，就能够将骗局戳穿，避免遭受损失。

案例：2010年5月13日傍晚，深圳某高校一赵姓同学的父母到学校反映，下午该名同学的母亲接到自称是赵同学的辅导员的手机短信，称赵同学出了车祸，现正在学校附近某医院救治，要求家长火速把钱汇入其指定的银行账户内，以便支付赵同学的手术费用。

家长非常焦急，马上拨打自己孩子的手机却无法接通。其母亲信以为真准备汇钱。好在赵同学的父亲多留了一个心眼，给赵同学平时要好的朋友打电话，确认赵同学正在学校上课，一切无恙，才没有上当受骗。

任务三　抢劫、抢夺犯罪的防范与应急处理

法条链接

《中华人民共和国刑法》第二百六十三条　以暴力、胁迫或者其他方法抢劫公私财物的，处3年以上10年以下有期徒刑，并处罚金；有下列情形之一的，处10年以上有期徒刑，无期徒刑或者死刑，并处罚金或者没收财产：

（1）入户抢劫的；

（2）在公共交通工具上抢劫的；

（3）抢劫银行或者其他金融机构的；

（4）多次抢劫或者抢劫数额巨大的；

（5）抢劫致人重伤、死亡的；

（6）冒充军警人员抢劫的；

（7）持枪抢劫的；

（8）抢劫军用物资或者抢险、救灾、救济物资的。

《中华人民共和国刑法》第二百六十七条　抢夺公私财物，数额较大的，处3年以下有期徒刑、拘役或者管制，并处或者单处罚金；数额巨大或者有其他严重情节的，处3年以上10年以下有期徒刑，并处罚金；数额特别巨大或者有其他特别严重情节的，处10年以上有期徒刑或者无期徒刑，并处罚金或者没收财产，携带凶器抢夺的，依照本法第二百六十三条的规定定罪处罚。

一、抢劫、抢夺犯罪的概念及其特点

（一）概念

抢劫是以非法占有为目的，对财物的所有人、保管人当面使用暴力、胁迫或其他方法，强行将公私财物抢走的行为。抢夺是指以非法占有为目的，乘人不备，实施夺取他人财物的行为，属于介于盗窃罪与抢劫罪之间的一种犯罪形态。这两种不法行为严重侵害他人的人身权利，而且容易转化为凶杀、伤害、强奸等恶性案件，比盗窃和诈骗犯罪更具现实危害性。

（二）特点

（1）案发时间多为晚上，特别是校园内夜深人静、行人稀少时。

（2）案发地点多为校园内比较偏僻、人少的地段。比如树林中、远离宿舍区的教学楼周围、无灯少人的小路，正在建设中的建筑物附近。

（3）抢劫的对象多为携带贵重物品的同学或深夜在僻静处疏于防范的恋爱男女，特别

是女同学。

（4）犯罪分子抢夺的目标多为现金、钱包、银行卡、手袋、首饰、手机、笔记本电脑、数码相机等贵重物品。

（5）犯罪分子对作案现场的地形通常都非常熟悉，并多携带凶器。

二、预防抢劫、抢夺的基本方法

（1）避免独自在偏僻地方行走、逗留。尽量避免单独一人在偏僻、灯光昏暗的地方行走，深夜经过偏僻路段，要有人护送，并随时观察附近环境，发现可疑人员，应立即向光亮地方和人多的地方跑，并大声呼救。

（2）避免外露钱财。不要外露或向人炫耀自己随身携带的贵重物品，平时不要随身携带大量现金，也不要携带多张银行卡和信用卡。

（3）及时呼救报警。最好选择在白天和有人陪同的情况下存取大量现金，一旦遇到劫匪，不论是否被抢，都应及时呼救报警。

（4）斜背挎包，提高警惕。独自出行时，要提高警惕，不要在路上边走边使用手机，斜背装有钱包、手机等贵重物品的挎包。

（5）警惕麻醉食品和黑车。不要随便接受陌生人的食物、饮料、香烟等，防止不法分子通过麻醉方法实施抢劫。不要打黑车、对身后尾随的摩托车和机动车辆要高度警惕，防止飞车抢夺。

（6）行车在外，注意防范。开车外出，在偏僻路段发生轻微交通事故的时候，不要急于下车查看情况，应锁好车门车窗冷静观察并拨打“110”报警，耐心等待交警处理，防止犯罪分子故意制造交通事故实施抢劫。

（7）注意寝室宿舍安全。不要轻易让陌生人员进入宿舍，注意防范行窃人员冒充维修、推销、老乡等身份混入宿舍。

三、发生抢劫、抢夺的应对方法

（1）利用有利条件，伺机反击。如果遭受抢劫或抢夺，要克服畏惧、恐慌情绪，冷静分析处置。如条件有利，有可能制服犯罪分子的，应大胆采取反击措施。充分利用自己熟悉环境，机智、勇敢地进行周旋。例如：倒地后可以抓土或者沙撒向歹徒的面部，用身边可利用的一切器材如木棍、玻璃瓶、砖头、石块击打对方，用全身最大力量攻击歹徒要害部位如眼睛、太阳穴、鼻、胯下裆部。反击时应做到“稳、狠、准”。

（2）把生命安全放在第一位。当面对穷凶极恶的犯罪分子，或者人数和实力悬殊时，不要力搏，应该按照“舍财不舍命”的原则，以保护自己的生命与身体不受伤害为前提，按照犯罪分子的要求交出索要财物，记清犯罪分子的体貌特征和逃跑方向，尽可能保留一切能有利于破案的线索。

（3）把握犯罪分子的心理弱点。可利用犯罪分子心理上的弱点，大声呼救，高声刺激进行“语言反击”，扰乱对方心理，达到脱险的目的。

（4）及时报案。抢劫发生后要在最短的时间内向公安机关、学校保卫部门报案，报案时要保持镇定和头脑清晰，迅速准确地说出案发时间地点、犯罪分子的特征及有关情况，为案件破获提供线索和帮助。

（5）及时追赶呼喊。犯罪分子得手后逃跑时，在保持安全距离的情况下，大声呼叫并追赶。同时充分发动周围的人进行追捕堵截，力争抓获犯罪分子或迫使犯罪分子放弃抢劫的财物。

案例：2009年4月24日晚，深圳某校学生刘某和曹某在学校附近商场一楼准备乘电梯上二楼时，刘同学不小心踩到了一男子的脚。刘同学向对方（两人）道歉后，准备继续往楼上走，但对方以“他们踩到人”需要赔礼道歉为由，将刘某和曹某两位同学带到附近一咖啡厅包厢，后又有4名男子进入包厢将刘某和曹某身上的现金和手机抢走，并胁迫曹某说出银行卡密码，将卡内的钱取走。事后经了解，刘同学被抢走手机1部，价值1900元；曹同学被抢手机1部，价值1500元，手表1块，价值30元，银行卡现金3700元，身上现金80元，2人共计财物损失7210元。

任务四 传销犯罪的防范与应急处理

法条链接

2009年2月28日，第十一届全国人民代表大会常务委员会第七次会议通过了《中华人民共和国刑法修正案（七）》，修正案中新增了“组织领导传销罪”，规定：组织、领导以推销商品、提供服务等经营活动为名，要求参加者以缴纳费用或者购买商品、服务等方式获得加入资格，并按照一定顺序组成层级，直接或者间接以发展人员的数量作为计酬或者返利依据，引诱、胁迫参加者继续发展他人参加，骗取财物，扰乱经济社会秩序的传销活动的，处五年以下有期徒刑或者拘役，并处罚金；情节严重的，处五年以上有期徒刑，并处罚金。组织领导传销罪只将传销活动的组织者、领导者作为组织领导传销者的犯罪主体和打击重点，对一般的传销参与人员则采取行政处罚和教育相结合的措施。

此外，国务院于2005年通过并颁布了《禁止传销条例》。

一、传销犯罪的概念及其特点

传销，是指组织者或者经营者发展人员，通过对被发展人员以其直接或者间接发展的人员数量或者销售业绩为依据计算和给付报酬，或者要求被发展人员以交纳一定费用为条件取得加入资格等方式牟取非法利益，扰乱经济秩序，影响社会稳定的行为。传销通常具有以下4个显著特点：

（1）发展上下线。经营者通过发展人员、组织网络从事无店铺经营活动，参加者之间上线从下线的营销业绩中提取报酬。先参加者从发展的下线成员所交纳的费用中获取收益，且收益数额由其加入的先后顺序决定，组织者利用后参加者所交付的部分费用支付先参加者的报酬维持运作。

（2）囤货诈钱。非法传销人员为了迅速致富，往往强迫或诱导被推荐者买一大批“货”，可以是实物，也可以是货币，或某某现金卡，或变相称为资料费，其目的是从非法传销公司获取尽量多的收入如奖金等。

（3）挂羊头卖狗肉。非法传销公司或者非法传销人员，往往打着合法培训会议的旗号，用“挂羊头”的方式来卖“狗肉”。他们利用人性的弱点，利用人们想暴富的心理，极力宣扬“迅速致富”的人生道理，为了达到让新人尽快加入的目的，非法传销公司或者非法传销人员往往会以炮制的赚钱发财故事，以及长时间有节奏的掌声和口号，甚至用现代声光电多媒体等技术手段来“故意”营造一种超出“常识”的氛围，诱使人们加入传销活动，从而牟取利益。

（4）交纳高额入门费。非法传销公司和非法传销人员的“收入”不是来源于把产品或商品销售给最终消费者后计提的合法收入，而是来源于加入者交纳的各种“高额费用”。因此，为了诈取高额利润，传销公司就要收取加入者的高额费用或强迫其认购上千元甚至上万元的货物。这就是传销公司的赢利“核心”，那些种种包你只赚不赔的动人计划都是“幌子”，无非是要你眼花缭乱，上当受骗。

此外非法传销还有产品种类少，价值很低，卖价很高，没有服务，不能退货；没有上市，没有正规报刊、杂志、实体店的支持等特点。同时，由于传销组织现在已经成了过街老鼠，一些传销公司采用加盟连锁、网络销售、框架营销等说法，掩盖其传销本质，诱人上钩。

二、传销组织利用大学生的原因

一些落网的传销头目在接受审讯时供述，他们之所以把黑手伸向学生，主要是因为大中专学生刚刚离开父母的监管，自立意识较强，而其社会接触面又不广，思想单纯，容易轻信他人，缺乏社会经验和识别陷阱的能力，容易上当受骗。概括起来主要有以下几方面原因：

（1）大学生社会接触面不广，但对生活期望值较高，容易被“洗脑”，上当受骗。

（2）参与传销的同学多数急于减轻经济压力，让自己和父母脱贫，从而对传销的一夜暴富神话产生期望。

（3）传销组织的“洗脑”方法切合一些同学的心理需求，其谎言迎合了这部分同学社会阅历浅、叛逆心理强，富于幻想的心理特点。

（4）个别学生理想信念有所缺失，仅凭有无短期效益来衡量一件事情是否有益。

（5）一些同学被传销组织提出的平等、互爱等口号所迷惑，对传销集体产生心理依赖。

三、如何有效抵制传销

近几年来，由于高校毕业生就业出现一些问题，一些传销组织就抓住毕业生急于找工作的就业心理，想方设法把高校毕业生作为潜在的拉拢欺骗对象。近年高校毕业生找工作误入传销组织的案件有所上升，每年都有部分高校的毕业生误入传销组织并被控制失去自由，最后需要学校地方联动去解救。

抵制传销进校园，远离传销组织，重点需要做好以下几方面：

（1）不要相信天上掉馅饼。传销公司最常用的话就是“让你在消费的同时赚钱”，这其实是传销组织编造的美丽谎言。消费就是消费，赚钱就是赚钱，天下没有免费的午餐。

（2）不轻信他人介绍工作。对熟人、朋友、同学甚至亲戚来电来信介绍工作，要感谢，要重视，但不要随意相信、要通过各种正规渠道进行调查核实，确定其所介绍的单位在招工，方可去应聘。因为传销组织通常有一个惯用的伎俩：就是利用熟人、朋友、同学甚至亲戚的关系把人骗进传销组织，令人陷入迷局，不能自拔。

（3）就业最好走正规渠道。尽量通过学校举办的毕业生供需见面会和政府举办的人才市场，去寻找就业机会，避免非正规渠道带来的求职风险。

（4）求职应聘时认真审验合同。我国《劳动合同法》规定，公司与个人发生劳资关系必须签订劳动合同，劳动合同是保证双方平等互利的必要工具。求职时，正规公司都会主动与求职者签订劳动合同。如果用人单位丝毫不谈合同，甚至拒绝签订合同，那么该公司就有违法嫌疑，就应特别警惕防范，小心上当受骗。

（5）网上应聘特别谨慎。传销组织经常在网上发布优厚待遇的虚假职位信息，引诱求职者去应聘，还安排“一对一”的专人去车站接送。面对这种情况，要多渠道考证再做决定，绝不可盲目应聘。

案例：2010年，深圳市宝安区松岗街道东方综管站管理员小姚和同事小覃在东方大道某出租楼走访登记时发现，该栋402房间突然增加了不少陌生人，他们操着不同的口音，经常进出该房间。而据周围租户反映，十几名年轻人大清早就聚集在一起，随后就能从房间内不时听到读书声和鼓掌声。多年的走访经验让小姚意识到，里面极有可能是一非法传销窝点。为了不打草惊蛇，小姚和同事小覃随后以登记为由，进屋了解情况。“太震撼了，狭小的屋里聚集了20多名男女。地板上铺着很多报纸，留有打地铺的痕迹。而在一张小桌子上，则摆放着包装看上去很华丽的化妆品。这些不寻常的迹象，证明了我的判断。不仅是402房间存在蹊跷，其他楼层的房间内也发现相同的问题。”

随后，小姚立即将这一发现向社区民警报告。当天上午10点半，综管站管理员们协助社区民警成功控制了402号房间的可疑人员。同时，根据管理员提供的线索，在同一栋楼的其他四个房间也发现了非法传销窝点。事后统计，此次行动共查获87名涉嫌非法传销人员，查获传销物品一批。经初步了解，87名涉嫌非法传销人员来自广西、安徽、江西、河南等多个省市，其中不乏涉世不深的在校大学生。据悉，自称是负责某化妆品直销的经理以销售化妆品为幌子，将来自不同省市的人骗来深圳后，收取每人3000~5000元不等的“加盟费”，并发展为“会员”。

任务五　性侵害犯罪的预防和应急处理

法条链接

《中华人民共和国刑法》第二百三十六条　以暴力、胁迫或者其他手段强奸妇女的，处3年以上10年以下有期徒刑。

奸淫不满14周岁的幼女的，以强奸论，从重处罚。

强奸妇女、奸淫幼女，有下列情形之一的，处10年以上有期徒刑、无期徒刑或者死刑：

（1）强奸妇女、奸淫幼女情节恶劣的；

（2）强奸妇女、奸淫幼女多人的；

（3）在公共场所当众强奸妇女的；

（4）二人以上轮奸的；

（5）致使被害人重伤、死亡或者造成其他严重后果的。

一、性侵害的主要形式

人类正常的性生活和性关系是受到社会法律保护的，性侵害犯罪是指违背当事人一方意志的性行为。近年来，高校也出现了不少性侵害的案件，严重侵犯了受害学生的人身权利，极大地损害了受害学生的身心健康。

（1）暴力式侵害。主要是指采取暴力手段对女性进行性侵害的行为，暴力侵害的主体比较复杂，有社会上的犯罪分子混入校园进行强奸犯罪，也有些是内部人员所为。方式有的是以强奸为目的，混入女生宿舍或校园内偏僻处伺机作案；也有的是本以抢劫、盗窃为目的，见有机可乘或因受害人处置不当而发展为强奸犯罪，还有的是因恋爱破裂或单相思，走向极端，发展为暴力强奸，暴力式性侵害极易发展为凶杀，对女大学生威胁最大。

（2）胁迫式性侵害。一些心术不正的坏人往往利用手中的特殊权利，或以掌握受害人的个人隐私、某些错误为把柄进行要挟，或是利用受害人有求于己的处境等进行要挟、胁迫，使女性忍辱屈从，在精神受强制而不敢反抗的情况下，与女性发生非暴力胁迫的性行为。

（3）流氓滋扰式侵害。主要是指社会上的流氓结伙闯入校园，寻衅滋事，或是校内某些品行不端正人员在变态心理的驱使下，对女同学进行的各种骚扰活动。这些人对女同学的侵害方式，多为用下流语言调戏，推拉撞摸占便宜，偷看、偷拍女生沐浴等下流行为，或用卑鄙下流的手段强行搂抱、接吻甚至撕烂女生衣裤进行调戏。如在夜间，女同学孤立无援，或处置不当等情况下，也有可能发展为暴力强奸或轮奸。

（4）社交性强奸。这种犯罪行为的主体多是受害人的相识者。因同事、同学、师生、老乡、邻居等关系，与受害者有一定社会交往，利用机会或创造机会把正常的社交引向性犯罪。一些受害人身心受到伤害后，往往还出于各种顾虑不敢揭发。

二、易发生性侵害的地点

（1）校内。洗手间、教室、礼堂、宿舍、实验室以及各种偏僻幽静处。

（2）校外。公园假山、树林里、车站、码头，光线昏暗的街道、小区、小巷，立交桥下，出租屋，影院、舞厅、酒吧等公共娱乐场合。

三、如何防范性侵害

（1）树立正确的人生观。树立正确的世界观、人生观、价值观、荣辱观，提高自身修养和辨别能力，拒绝色情影视和书刊画报，将主要精力投入到学习和增进同学友谊的集体活动中去。

（2）谨慎交友。交往中要举止得体，不随意接受有特殊含义与贵重的礼物，对于那些总是探询个人隐私，过分迎合奉承自己，目光和举止异样的男性，应保持应有的警惕，尽量避免与其单独相处。不去酒吧，歌舞场所。

（3）遵守校规校纪。严格遵守学校晚归规定，避免深夜滞留在外，不要独自在偏僻幽静处行走，尽可能不要与陌生男性结伴同行，不要在人员稀少的地方单独为陌生人带路，不随便接受陌生人的宴请，不要随意接受陌生人赠送的食品和饮料，不搭乘陌生人的机动车。

（4）洁身自爱，自尊自重，鄙弃抵制低俗的社会生活方式和有偿陪侍等不良活动。

四、发生性侵害的应对方法

（1）公共场合的应对。在公共场合有人用语言、神态、动作进行挑逗和寻衅，可以视而不见，不予理睬让其自讨没趣。对死皮赖脸的纠缠者要严厉警告，并大声揭露其丑恶行为，求得附近行人的声援和帮助，并视情节轻重选择报警。

（2）徒手反抗的方法。在有条件的情况下应选择积极反抗。反抗的手段包括防身术和正常搏斗中的抓、撕、咬、踢等简单战术，漫无目的地乱打是没有效果的，必须抓住人的要害部位，如眼睛、下体、腹股沟、肋骨等，实施狠、准、快的打击，制造脱离险境的机会。

（3）借用武器的反抗方法。适时运用反击武器。灵活运用身边的武器攻击犯罪分子要害部位，例如：伞、硬封面的书、身上的钥匙串、手提包、地上的泥沙砖块、高跟鞋跟，人体拳头、肘部、膝部也是可以使用的个人武器。

（4）勇敢面对，振作精神。万一遭受性侵害失身后，要勇敢面对现实，汲取教训，分清原因，正确对待，振作精神、摆脱心理阴影，同时相信法律、及时报案、记清楚犯罪分子的体貌特征，尽可能保留证据、协助公安机关调查。

案例：王某是某大学大二的学生，偶然通过 QQ 与任某结识。随着聊天的深入，逐渐熟悉的两人互生好感，并彼此交换了照片，互留了联系方式。此后，王某与任某由网络聊天改为电话聊天。2008 年 11 月，任某再次在 QQ 上碰到王某，便和她打招呼，恰巧王某心情郁闷，没有理睬任某，由此引发了任某与王某间的互相对骂。怒极的任某电话里以去王某学校吵闹为由威胁王某陪他过夜。迫于无奈，王某顺从了任某的胁迫。淫欲得逞的任某 4 日后再次以同样理由威胁王某陪其过夜时，王某报案，随后公安机关将任某抓获。

法院经审理认为，任某采用威胁手段，违背妇女意志，强行与女性发生性行为，其行为已构成强奸罪，鉴于任某自愿认罪，酌情从轻处罚，遂判处任某有期徒刑 4 年。

任务六　毒品犯罪的预防和处理

法条链接

《中华人民共和国治安管理处罚法》第七十二条　有下列行为之一的，处 10 日以上 15 日以下拘留，可以并处 2000 元以下罚款；情节较轻的，处 5 日以下拘留或者 500 元以下罚款：

（1）非法持有鸦片不满 200g、海洛因或者甲基苯丙胺不满 10g 或者其他少量毒品的；

（2）向他人提供毒品的；

（3）吸食、注射毒品的；

（4）胁迫、欺骗医务人员开具麻醉药品、精神药品的。

第七十三条　教唆、引诱、欺骗他人吸食、注射毒品的，处 10 日以上 15 日以下拘留，并处 500 元以上 2000 元以下罚款。

《中华人民共和国刑法》第三百四十七条　走私、贩卖、运输、制造毒品，无论数量多少，都应当追究刑事责任，予以刑事处罚。

走私、贩卖、运输、制造毒品，有下列情形之一的，处15年有期徒刑、无期徒刑或者死刑，并处没收财产：

（1）走私、贩卖、运输、制造鸦片1kg以上、海洛因或者甲基苯丙胺50g以上或者其他毒品数量大的；

（2）走私、贩卖、运输、制造毒品集团的首要分子；

（3）武装掩护走私、贩卖、运输、制造毒品的；

（4）以暴力抗拒检查、拘留、逮捕，情节严重的；

（5）参与有组织的国际贩毒活动的。

走私、贩卖、运输、制造鸦片200g以上不满1kg、海洛因或者甲基苯丙胺10g以上不满50g或者其他毒品数量较大的，处7年以上有期徒刑，并处罚金。

走私、贩卖、运输、制造鸦片不满200g、海洛因或者甲基苯丙胺不满10g或者其他少量毒品的、处3年以下有期徒刑、拘役或者管制，并处罚金；情节严重的，处3年以上7年以下有期徒刑，并处罚金。

利用、教唆未成年人走私、贩卖、运输、制造毒品，或者向未成年人出售毒品的，从重处罚。对多次走私、贩卖、运输、制造毒品，未经处理的，毒品数量累计计算。

一、毒品的概念及特点

根据《中华人民共和国刑法》第三百五十七条规定，毒品是指鸦片、海洛因、甲基苯丙胺（冰毒）、吗啡、大麻、可卡因以及国家规定管制的其他能够使人形成瘾癖的麻醉药品和精神药品。目前，共有121种麻醉药品和130种精神药品列入《麻醉药品及精神药品品种目录》。常见的毒品主要有鸦片、大麻、海洛因、冰毒、摇头丸等。

制毒物品是指用于制造麻醉药品和精神药品的物品。毒品，有些是可以天然获得的，如鸦片就是通过切割未成熟的罂粟果而直接提取的一种天然制品，但绝大部分毒品只能通过化学合成的方法取得。这些加工毒品必不可少的医药和化工生产用的原料就是我们所说的制毒物品。因此，制毒物品既是医药或化工原料，又是制造毒品的配剂。

毒品的特性有两点：一是它能使人成瘾，产生强烈的生理和精神上的依赖性；二是毒品严重危害人的生理和精神健康，可直接导致死亡。依赖性、耐受性、非法性和危害性，就是毒品的四个基本特征。依赖性也称药物成瘾性。毒品的生理依赖性是指使用毒品带来的生理上的变化，主要表现为一种周期性的或慢性中毒的状态，需要继续使用毒品才能维持肌体的基本生理活动，否则就会产生一系列机能紊乱和损害的反应。毒品的心理依赖性是指人在多次使用毒品后所产生的在心理上、精神上对毒品的主观渴求或强制性寻求毒品的心理倾向。毒品心理依赖性的作用十分顽固，它是吸毒者在生理脱瘾后复吸率居高不下的最重要的原因。

毒品的耐受性是指吸毒者在长期吸食毒品后，毒品产生的效果就会出现退化现象，肌体对毒品的反应迟钝变弱，必须不断增加剂量才能获得与以前相同的效果。由于毒品的耐受性，几乎使每个吸毒者都会逐步增大每次吸毒量、缩短吸毒间隔时间以及改抽吸为静脉注射。

二、毒品的危害

据统计吸毒者平均寿命不超过 40 岁，吸毒者在自我毁灭的同时，也破坏着自己的家庭，使家庭经济破产，亲属离散，陷入甚至家破人亡的悲惨境地。

（一）吸毒对身心的危害

（1）生理依赖性。由于反复用药所造成的一种强烈的依赖性。毒品作用于人体，使人体体能产生适应性改变，形成在药物作用下的新的平衡状态。一旦停掉药物，生理功能就会发生紊乱，出现一系列严重反应，称为戒断反应，使人感到非常痛苦。用药者为了避免戒断反应，就必须定时用药，并且不断加大剂量，使吸毒者终日离不开毒品。

（2）精神依赖性。毒品进入人体后作用于人的神经系统，使吸毒者出现一种渴求用药的强烈欲望，驱使吸毒者不顾一切地寻求和使用毒品。一旦出现精神依赖后，即使经过脱毒治疗，在急性期戒断反应基本控制后，要完全康复原有生理机能往往需要数月甚至数年的时间。更严重的是，这种对毒品的依赖性很难消除，这也是许多吸毒者在一而再、再而三复发吸毒的原因，也是世界医药界尚待解决的课题。

（3）毒品危害人体的机理。我国目前流行最广、危害最严重的毒品是海洛因，海洛因属于阿片酊药物。在正常人的脑内和体内一些器官，存在着内源性阿片肽和阿片受体。在正常情况下，内源性阿片肽作用于阿片受体，调节着人的情绪和行为。人在吸食海洛因后，抑制了内源性阿片肽的生成，逐渐形成在海洛因作用下的平衡状态，一旦停用就会出现不安、焦虑、忽冷忽热、起鸡皮疙瘩、流泪、流涕、出汗、恶心、呕吐、腹痛、腹泻等症状。这种戒断反应的痛苦，反过来又促使吸毒者为避免这种痛苦而千方百计地维持吸毒状态。冰毒和摇头丸在药理作用上属中枢兴奋药，能毁坏人的神经中枢。

（二）吸毒对社会家庭的危害

（1）对家庭的危害。吸毒者一旦染上毒品，实际上就是走上了一条自我毁灭之路。他们在自我毁灭的同时，也祸害自己的家庭。不少美好家庭因此经济破产、亲属离散，个别甚至家破人亡。

（2）对社会的危害。吸毒不仅导致吸毒者身体疾病，沦为家庭与社会的负担，同时也给社会造成了巨大的损失和浪费，同时毒品活动还会造成环境恶化，破坏人类的生存空间。

（3）毒品活动扰乱社会治安。毒品活动加剧诱发各种违法犯罪活动，扰乱了社会治安，给社会安定带来巨大威胁。

三、常见毒品种类

毒品种类繁多，目前常见的毒品主要有以下种类：

（1）鸦片。鸦片又叫阿片，俗称大烟，是通过提取罂粟果实中的乳液，经干燥凝结而成。

（2）吗啡。吗啡是从鸦片中分离出来的一种生物碱，比鸦片更易成瘾。长期使用会引起精神失常、谵妄和幻想，过量使用会抑制呼吸，导致呼吸衰竭而死亡。

（3）海洛因。海洛因化学名称“二乙酰吗啡”，俗称白粉，毒性强烈，有毒品之王的称谓，长期使用会破坏人的免疫功能，导致心、肝、肾等主要脏器的损害。

（4）大麻。大麻主要包括大麻烟、大麻脂和大麻油。大麻对中枢神经系统具有抑制、麻醉作用，吸食后产生快感，有时会出现幻觉和妄想。长期吸食会引起精神障碍、思维迟钝，破坏人体的免疫系统。

（5）杜冷丁。杜冷丁是一种临床应用的合成镇痛药，长期使用会产生依赖性，被列为严格管制的麻醉药品。

（6）古柯。古柯是生长在美洲大陆、亚洲东南部及非洲等地的热带灌木。古柯叶是提取古柯类毒品的重要物质，从古柯叶中可分离出一种最主要的生物碱——可卡因。

（7）可卡因。可卡因是从古柯叶中提取的一种白色晶状的生物碱，能阻断人体神经传导、产生局部麻醉作用，并可通过加强人体内化学物质的活性刺激大脑皮层，兴奋中枢神经，表现出情绪高涨、好动、健谈，有时还有攻击倾向，具有很强的成瘾性。

（8）冰毒。冰毒外观为纯白结晶体，故被称为“冰”。对人体中枢神经系统具有极强的刺激作用且毒性强烈。吸食后会产生强烈的生理兴奋，大量消耗人的体力和降低免疫功能，严重损害心脏、大脑组织甚至导致死亡。吸食后，还会造成精神障碍，表现出妄想、好斗、错觉，从而引发暴力行为。

（9）摇头丸。冰毒的衍生物，具有兴奋和致幻双重作用，服用后中枢神经强烈兴奋，可出现长时间随音乐剧烈摆动头部的现象，在幻觉作用下常常引发集体淫乱、自残与攻击行为，并可诱发精神分裂症及急性心脑疾病，精神依赖性强。

（10）K 粉。白色结晶粉末，静脉全麻药，有时也可用作兽用麻醉药。无臭，易溶于水，通常在娱乐场所滥用。服用后遇快节奏音乐便会强烈扭动，会导致神经中毒反应、精神分裂症状，出现幻听、幻觉、幻视等，对记忆和思维能力造成严重的损害；易让人产生性冲动，所以又称为“迷奸粉”或“强奸粉”。

四、如何预防毒品

在我国现有的吸毒者中，青少年吸毒者占 80%以上，他们大多对毒品一知半解，缺乏科学、客观的认识。如何才能抵制毒品的诱惑呢？

（1）保持心理防线。个别同学由于社会阅历浅，辨别是非能力较差，特别容易对同龄人的行为推崇和盲从。所以无论在什么情况下，都不应产生尝试毒品的念头，永远同毒品保持距离。因为，毒品的危害，不像抽烟、饮酒可以用意志力戒除的。一旦沾染毒品，不是人的主观意志能够抵御戒除的。

（2）养成不吸烟的良好习惯。吸香烟的人易因好奇而染上吸毒的毛病。对于缺少鉴别能力的青年学生来说，从吸烟到吸毒有时只有一步之遥，戒毒专家等告诫说：“吸烟是吸毒者的预备军”，因此，预防吸毒也要从不吸烟开始，自觉养成不吸烟的良好习惯。

（3）慎重交友、杜绝攀比和赶时髦。“近朱者赤，近墨者黑”。许多吸毒者都是基于从众心理或迫于伙伴压力而染上毒瘾的。大学生应自觉地选择那些有理想、有道德、爱学习、讲文明、守纪律的人作为自己的伙伴和朋友。克服攀比和赶时髦心理，避免交友不慎而与吸烟者、吸毒者为伍，进出娱乐场合要小心谨慎，决不吸食摇头丸、K 粉等兴奋剂。

（4）主动接受毒品基本知识和禁毒法律法规教育。了解毒品的危害，不听信毒品能治病，毒品能解脱烦恼和痛苦，毒品能给人带来快乐等花言巧语。即使自己在不知情的情况下，被引诱、欺骗吸毒一次，也要珍惜自己的生命，千万不要再吸第二次，更不要吸第三次。

案例：近几年全国很多地区都报道了不同程度的“止咳水”流行滥用，甚至导致许多严重后果。青少年滥用“止咳水”问题在我国某些地区已成为严重的社会问题。由于不少“止咳水”中含有磷酸可待因或罂粟壳提取物质，使用不当容易成瘾。一旦食用，危害很大。因此，有媒体认为：“滥用止咳水等于吸毒”。

14~20岁这个年龄段的青少年，正处于身体和心理双重发展的年龄，对外界的环境辨别能力较弱，而他们的自控力相对较差，易受诱惑。青少年滥用处方药原因很多是出于好奇、受同伴影响、缓解压力以及寻求刺激等，但其背后更多的是家庭问题、教育问题和社会问题。国外研究资料表明，不和睦、不健康的家庭背景，同伴间的影响，学习成绩差，自觉孤独以及药物的易得性都是药物滥用的危险因素。

因此，要杜绝青少年滥用“止咳水”成瘾现象，一方面要加大处方药品零售环节的监管处罚力度，另一方面学校和家庭都要对青少年的心理加以正确的引导及处理，找出问题的症结所在，才是解决问题的最有效方法。

任务七　高校宿舍用电安全

高校学生宿舍是大学生在校期间的重要活动场所，它既是学生休息场所，也是学生学习和交往的重要场所。因此，学生宿舍的安全就显得尤为突出和重要，其中学生用电管理是不可忽视的重要环节。根据《学生宿舍安全管理条例》，高等院校宿舍房间至少配备30~40W的白炽灯管一支、开关插座各一个，并且宿舍要求一律用配电柜控制每个房间的用电量及电器用量。

一、高校学生宿舍用电安全容易出现的隐患

高校宿舍用电安全隐患主要有以下几种：

（1）用电安全意识淡薄，缺乏足够的用电安全教育。

（2）不遵守用电安全规定，随便拖拉电线并且在宿舍内任意增加电器的容量。

（3）在宿舍内违章使用电炉、热得快、电吹风、电热杯等大功率电器。

（4）宿舍内用电设施、用电设备老化，稍有不慎就会引起触电或者火灾事故。

（5）购买“三无”假冒伪劣电器产品。

（6）宿舍内部施工建设给宿舍用电安全带来的隐患。

二、用电安全隐患可能带来的伤害事故

每个学生宿舍都有一定的电路设计要求，所有电器的使用都必须按照设计的规定要求规范使用。如果违规或超负荷使用电热毯、电饭锅、热得快等电器设备，极易引发安全事故。例如有些同学在使用充电器时，随意将充电器放在床铺上或书本上，由于充电时间过长，极易引起充电器过热，引燃床上物品造成火灾。又如：电线拖在地上，可能被硬的东西压破，损坏绝缘体；在易燃、易爆场所乱拉电线，缺乏防火、防爆措施；乱拉电

线为避人耳目，违规布线，加之使用的工具、材料、工作条件都很差或不合规范，个别甚至使用不合格的电线或低劣产品。这些都给宿舍用电造成了极大的安全隐患，极易造成短路、产生火花或发热起火等火灾事故，严重的还会导致燃烧爆炸，甚至引起触电伤亡事故。

为了保证同学们的人身财产安全，住宿学生应严格遵守宿舍用电管理规定，树立安全用电意识，自觉做到安全用电，防止用电不当引起触电或火灾等意外事故。

三、用电安全注意事项

在宿舍用电过程中，应注意遵守以下安全事项：

（1）禁止在宿舍内、走廊、卫生间等宿舍区域内私自拉接电源。

（2）严禁在宿舍内使用电炉、热得快、电热杯等大功率电器和假冒伪劣电器。

（3）正确使用电插座，电源插座板应远离蚊帐、被褥、衣物、书本等易燃品。

（4）人离开宿舍时，应关闭电器电源，确保用电安全。

（5）切勿用潮湿的手接触电源开关，切勿用潮湿的工具或金属的东西拨开电源开关。

（6）定期检查室内电器、线路，发现损坏或老化等情况，应及时报修，严禁私自更换、维修。

加强宿舍用电安全意识意义重大，它既能为广大学生提供一个安全的学习、生活环境，有利于学校教学、生活秩序的正常进行，更为师生的生命财产提供安全保证。

案例：

1. 上海商学院——4人死亡

2008年11月14日早晨6时10分左右，上海商学院徐汇校区一学生宿舍楼发生火灾，火势迅速蔓延导致烟火过大，4名女生在消防队员赶到之前从6楼宿舍阳台跳楼逃生，不幸全部遇难，火灾事故初步判断原因是寝室里使用“热得快”引发电器故障并将周围可燃物引燃所致。

2. 中央民族大学——上千女生疏散

2008年5月5日中央民族大学28号楼6层S0601女生宿舍发生火灾，着火后楼内到处弥漫着浓烟，6层的能见度更是不足10m。着火的宿舍楼可容纳学生3000余人。火灾发生时大部分学生都在楼内，所幸消防员及时赶到将上千名学生紧急疏散，没有造成人员伤亡。宿舍最初起火部位为物品摆放架上的接线板部位，当时该接线板插着两台可充电台灯，以及引出的另一接线板。该接线板部位因用电器插头连接不规范，且长时间充电造成电器线路发生短路，火花引燃该接线板附近的布帘等可燃物蔓延向上造成火灾。事发后校方在该宿舍楼进行检查，发现1300余件违规使用的电器，其中最易引发火灾的“热得快”有30件。

习　题

2-1　学校盗窃案件的特点包括哪些？

2-2　如何预防校园盗窃，如发生宿舍盗窃，正确的处理方法是什么？

2-3　常见的诈骗方式包括哪几种？

2-4　简述预防抢劫、抢夺的基本方法。

2-5　简述传销犯罪的概念，分析如何有效抵制传销。

2-6　说明性侵害的主要形式及发生性侵害的应对方法。

2-7　毒品的特性包括哪些方面？

项目三　公共卫生安全

任务一　保持良好的卫生和生活习惯

法条链接

2018 年 12 月 29 日，全国人大常委会修订的《中华人民共和国食品安全法》第五条　国务院设立食品安全委员会，其职责由国务院规定。国务院食品安全监督管理部门依照本法和国务院规定的职责，对食品生产经营活动实施监督管理。国务院卫生行政部门依照本法和国务院规定的职责，组织开展食品安全风险监测和风险评估，会同国务院食品安全监督管理部门制定并公布食品安全国家标准。国务院其他有关部门依照本法和国务院规定的职责，承担有关食品安全工作。

杰出的思想家培根说："习惯是人生的主宰，人们应当努力求得好习惯。"大学生保持良好的卫生和生活习惯，对他们一生的健康发展至关重要。随着社会的发展，人类的生产与生活习惯、行为方式都发生了巨大变化，由于人类生活习惯、行为方式和心理等社会因素导致的疾病越来越多，健康促进工作的重要意义已经为越来越多的人所认识，行为干预在生活方式病中的预防和治疗作用也已经为世界各国的大量研究所证实。

一、均衡饮食，拒绝烧烤油炸食品

人体生长发育共需要蛋白质、碳水化合物、脂肪、维生素、矿物质、纤维素和水七大营养素，这些都是维持人体生命的元素。人体的营养是金字塔形的，最底层是谷类食物，每天约占 32%，第二层是蔬菜和水果各占 30% 和 13%，鱼、禽、肉、蛋等动物性食物位于第三层占 13%，奶类和豆类食物合占第四层，约占 10%，第五层塔尖是油脂类，每天不超过 2%。而现在的情况不是营养不够，而是营养不全。大学食堂一般都会引进专业的餐饮公司托管，营养搭配比较全面，坚持到食堂就餐，就能满足每天的营养素。

瑞典国家食物管理局（Swedish National Food Administration）和斯德哥尔摩大学的科学家经过研究，发现富含淀粉的食物在经受高温油炸或烧烤时能生成对人类身体极为有害的污染毒物——丙烯酰胺。丙烯酰胺是食物，特别是富含淀粉的食物，诸如土豆、甘薯、面粉等在经受较长时间过度加热、烧烤或油炸情况下自然生成的，主要食品有油炸土豆片、炸薯条、爆米花、烤面包、饼干等。

大学生一般都是在离家很远的地方上大学，没有父母的精心照顾，导致学生在学校暴饮暴食现象严重，上午没有课程安排，就会睡到中午，把早饭和午饭一起吃，并且随意乱吃一些垃圾食品，忽视食品营养合理均衡搭配。三餐饮食不规律，饮食营养结构搭配不均衡，造成身体内分泌紊乱，对学生身体新陈代谢造成干扰。要注意吃早餐，有调查显示，女生经常吃早餐的比例在38%左右，一定吃的比例在15%左右。男生经常吃的比例在30%左右，一定吃的比例在14%左右，充分说明了男生的饮食习惯没有女生的好。

为了身体健康，要改变我们的饮食习惯，尽量少食用油炸和过度烧烤食品，少食用油条、油饼，少进烧烤店，多食用一些水果、蔬菜，以保持食物结构的平衡，这样才能保证食物安全，有利于健康。

二、坚持规律的作息时间

有针对大学生的调查显示，比较同意或者同意规律作息时间的学生占到总人数的50%左右，认为自己作息时间比较不规律的占到25%左右，非常不规律的占到10%左右。晚上不睡觉，早上起不来，中午不午睡的比较普遍。

科技不断进步，电脑不断普及，无论是家庭还是学生自己几乎都有电脑。大学生的主要任务是学习，忙完一天的紧张课程学习，在网吧或者寝室上会儿网就成了学生放松的主要方式，网上打游戏、看视频、网页浏览、与网友聊天等对大学生大脑疲劳无不起到缓解作用。但是，网络环境还不是很完善，一些不良信息的传播，占据了学生的大部分时间，尤其是当代大学生这个群体受害面是最广泛的。长时间的上网，导致眼睛出现相关问题，还会使腰颈椎得病等，从而使当代大学生的健康出现问题。例如，一些大学生沉迷网络游戏，上课睡觉，晚上去网吧，甚至更严重的现象就是白天黑夜无时无刻不在网吧度过，荒废了学业，最后只能放弃。

作息时间不固定，黑白颠倒。根据现代医学研究，合理的作息时间，对促进身体荷尔蒙分泌有着良好的作用，并且为人体的每个器官创造了良好的工作环境，但长时间的熬夜就像赌博，睡眠就是筹码。由于大学课程安排情况，全日制的教学形式，使得学生有课就去上，没课就在寝室睡觉等，促使了很多大学生养成晚睡晚起的作息习惯，不良的生活方式也随之养成了。长时间的熬夜会扰乱人身体的生物钟，一定程度上降低了人体免疫力。

三、自我减轻压力

随着市场经济不断发展，激烈的竞争导致学生竞争压力增大，但过度的竞争就会造成学生长时间处于紧张状态，进而导致严重的心理健康问题。现代的大学生面临人际关系压力、就业压力、顺利完成学业的压力，学校各种奖学金、优秀干部评选等都会给学生造成严重压力，导致学生心理负担不断加重。结合目前人类的身体状况和各种疾病威胁，世界卫生组织相关专家做出总结和分析，导致各种疾病发生，甚至死亡的现象，罪魁祸首就是缺乏锻炼。现在的大学生动手实践能力较动脑能力弱，学校的一些体育课程，学生都是被迫参与的，没有主动行为，对体育课不感兴趣，不仅造成了大学生身体抵抗能力下降，而且对学生健康水平提高没有起到一个很好的促进作用。

四、让讲卫生成为习惯

讲卫生，最简单、最普通、最日常、最基本，却也最重要。良好的卫生习惯，就是一道阻断感染的隔离墙，反之就是一条传播病菌的通道。

讲卫生包括个人卫生、环境卫生及食品卫生。个人卫生就是勤洗澡、勤洗手、勤换衣、勤剪指甲等。个别大学生进校后，衣服、袜子轮着穿，基本不洗，宿舍里臭味熏天。大学生一般都住在学校，有调查显示，教室宿舍卫生堪忧，食品残渣、果皮随手丢弃现象普遍，这样很容易滋生细菌、传播疾病。部分同学还在宿舍内吸烟，给公共卫生带来很大的破坏。食品卫生要做到不喝生水，吃熟食，餐具洗净消毒，不吃来历不明腐败和过期食品，不食用“三无”食品。值得重视的是，有现象表明，方便面在大学生中很畅销，方便面经过高温油炸，蛋白质、矿物质、维生素均严重不足，营养价值低，还存在脂肪氧化的问题，经常食用不利于大学生的身体健康。

五、远离烟酒

调查显示，大学里高年级饮酒的学生比例高于低年级，大学一年级到四年级，学生饮酒比例不断增高。由于四年级面临就业、学生聚会等各种场合，导致饮酒比例高达45%以上。喝酒会对人体的肝脏、肾脏等器官造成损害。湖南某高校某年年底，一名毕业班同学参加同学聚会，醉酒后独自一人回校，倒在操场上昏睡，后被巡逻保卫人员发现叫回宿舍，否则后果不堪设想。

抽烟有害健康，烟气成分中含有致癌成分，这是全社会的共识，会对学生的呼吸系统造成损害，还会降低人体对氧气的摄取量，降低人体的肺活量。

任务二　食品安全

一、常见的食物中毒及其预防

食物中毒是指吃了不洁或有毒食物而导致的疾病。通常在吃了有问题的食物1~72h内发病，病情严重者可以致命。食物中毒一般分为微生物性（包括细菌性和真菌性食物中毒）、化学性、有毒动植物中毒。

细菌性食物中毒是指进食含有细菌或细菌毒素的食物而引起的食物中毒。在各类食物中毒中，细菌性食物中毒最多见，其中又以沙门氏菌、金黄色葡萄球菌最为常见，其次为蜡样芽孢杆菌。细菌性食物中毒发病率较高但病死率较低，多发生在气候炎热的季节。

（一）几种常见细菌性食物中毒的特点

（1）沙门氏菌食物中毒。沙门氏菌常存在于被感染的动物及其粪便中。进食受到沙门氏菌污染的禽、肉、蛋、鱼、奶类及其制品即可导致食物中毒。一般在进食后12~36h出现症状，主要有腹痛、呕吐等。

（2）金黄色葡萄球菌食物中毒。金黄色葡萄球菌存在于人或动物的化脓性病灶中。进食受到金黄色葡萄球菌污染的奶类、蛋及蛋制品、糕点、熟肉类即可导致食物中毒。一般在进食后1~6h出现症状、主要有恶心、剧烈的呕吐（严重者呈喷射状）、腹痛、腹泻等。一般在1~3天痊愈、很少死亡。

（3）蜡样芽孢杆菌食物中毒。蜡样芽孢杆菌主要存在于土壤、空气、尘埃、昆虫中。进食受到蜡样芽孢杆菌污染的剩米饭、剩菜、凉拌菜、奶、肉、豆制品即可导致食物中毒。

（二）预防措施

（1）严把食品的采购关。禁止采购腐败变质、油脂酸败、霉变、生虫、污秽不洁、混有异物或者其他感官性状异常的食品，以及未经兽医卫生检验或者检验不合格的肉类及其制品（包括病死牲畜肉）。

（2）注意食品的储藏卫生。防止尘土、昆虫、鼠类等动物及其他不洁物污染食品。

（3）食堂从业人员每年必须进行健康检查。凡患有痢疾、伤寒、病毒性肝炎等消化道疾病（包括病原携带者），活动性肺结核，化脓性或者渗出性皮肤病以及其他有碍食品卫生的疾病的，不得从事接触直接入口食品的工作。食堂从业人员有皮肤溃破、外伤、感染、腹泻症状等不要带病加工食品。食堂从业人员工作前、处理食品原料后、便后用肥皂及流动清水洗手。

（4）加工食品的工具、容器等要做到生熟分开。加工后的熟制品应当与食品原料或半成品分开存放，半成品应当与食品原料分开存放。

（5）加工食品必须做到烧熟熟透，需要熟制加工的大块食品，其中心温度不低于70℃。

（6）剩余食品必须冷藏，冷藏时间不得超过24h，在确认没有变质的情况下，必须经高温彻底加热后方可食用。带奶油的糕点及其他奶制品要低温保藏。

（7）储存食品要在5℃以下。若做到避光、断氧，效果更佳。生、熟食品分开储存。

（三）化学性食物中毒

化学性食物中毒是指误食有毒化学物质，如鼠药、农药、亚硝酸盐等，或食入被其污染的食物而引起的中毒，发病率和病死率均比较高。

（1）毒鼠强中毒。毒鼠强毒性极大，对人致死量为5~12mg。一般在误食10~30min后出现中毒症状。轻度中毒表现为头痛、头晕、乏力、恶心、呕吐、口唇麻木、酒醉感。重度中毒表现为突然晕倒，癫痫样发作，发作时全身抽搐、口吐白沫、小便失禁、意识丧失。

（2）亚硝酸盐中毒。摄入亚硝酸盐0.2~0.5g就可以引起食物中毒，3g可导致死亡。发病急，中毒表现为口唇、舌尖、指尖青紫等缺氧症状，重者眼结膜、面部及全身皮肤青紫。自觉症状有头晕、头痛、无力、心率快等。

（四）预防措施

（1）严禁食品储存场所存放有毒、有害物品及个人生活物品。鼠药、农药等有毒化学物品要标签明显，存放在专门场所并上锁。

（2）不随便使用来源不明的食品或容器。

（3）蔬菜加工前要用清水浸泡5~10min后，再用清水反复冲洗。一般要洗三遍，温水效果更好。

（4）水果宜洗净后削皮食用。

（5）手接触化学物品后要彻底洗手。

（6）加强亚硝酸盐的保管，避免误作食盐或碱面食用。

（7）苦井水勿用于煮粥，尤其勿存放过夜。

（8）食堂应建立严格的安全保卫措施。严禁非食堂工作人员随意进入学校食堂的食品加工操作间及食品原料存放间。厨房、食品加工间和仓库要经常上锁，防止被人投毒。

（五）有毒动植物中毒

有毒动植物中毒是指误食有毒动植物或摄入因加工、烹调方法不当未除去有毒成分的动植物食物引起的中毒。发病率较高、病死率因动植物种类而异。近几年学校常见的集体有毒动植物中毒有四季豆中毒、生豆浆中毒、发芽马铃薯中毒等。

（1）四季豆中毒。未熟四季豆含有的皂苷和植物血凝素可对人体造成危害，如进食未烧透的四季豆可导致中毒。一般在进食未烧透的四季豆后 1～5h 出现症状，主要有恶心、呕吐、胸闷、心慌、出冷汗、手脚发冷、四肢麻木、畏寒等，一般病程短，恢复快，预后良好。

预防措施：烹调时先将四季豆放入开水中烫煮 10min 以上再炒。

（2）生豆浆中毒。生大豆中含有一种胰蛋白酶抑制剂，进入人的机体后会抑制体内胰蛋白酶的正常活性，并对胃肠有刺激作用。进食后 0.5～1h 出现症状，主要有恶心、呕吐、腹痛、腹胀和腹泻等。一般无须治疗，很快可以自愈。

预防措施：将豆浆彻底煮开后饮用。生豆浆烧煮时将上涌泡沫除净，煮沸后再以文火维持煮沸 5min 左右。

（3）发芽马铃薯中毒。马铃薯发芽或部分变绿时，其中的龙葵碱大量增加，烹调时如未能去除或破坏掉龙葵碱，食用后就容易发生中毒，尤其是春末夏初季节多发。一般在进食后 10min 至数小时出现症状。先有咽喉抓痒感及灼烧感，上腹部灼烧感或疼痛，其后出现胃肠炎症状，剧烈呕吐、腹泻。此外，还可能出现头晕、头痛、轻度意识障碍、呼吸困难。重者可因心脏衰竭、呼吸中枢麻痹死亡。

预防措施：马铃薯应低温储藏，避免阳光照射，防止生芽；不吃生芽过多、黑绿色皮的马铃薯；生芽较少的马铃薯应彻底挖去芽的芽眼，并将芽眼周围的皮削掉一部分。这种马铃薯不易炒吃，应煮、炖、红烧吃。烹调时加醋，可加速破坏龙葵碱。

二、如何防范食品中毒

勤洗手是饮食安全的第一步。路边饮食、零食拒入口，疾病远离我们。不买包装不完整、标示不明的食品，不吃隔餐食品、牛奶。购买眼睛、鳞片明亮有光泽、肉质有弹性、无腥臭味的鱼，呈粉红色具弹性的肉；绝不买头、脚部以及尾扇部变黑、头部快脱落的虾。防交叉污染，买回家中的食物，应分类分区存放；烹调时，生、熟食分开处理，保持餐具与食器清洁。禽畜类食物先除去内脏、清洗，并依每餐份量个别包装存放冰箱；蔬菜去污、除烂叶、不以一般报纸（可用白塑料薄膜纸）包裹置冰箱内，防油墨食入体内有碍健康。在选购食品时、务必做到“六不买”：无证无照经营的食品不能买；露天经营的食品不能买；过期食品不能买；食品标签内容不全的不能买；感觉不好的食品不能买；假冒伪劣、掺杂使假的食品不能买。

三、食物中毒如何处理

如果就餐后出现呕吐、头晕、冒冷汗、发烧、腹泻等症状，疑似食物中毒的，可以采取以下的应急措施：

（1）封存。将吃过的食物、呕吐物、大便样本封存，交医院化验，报告卫生监督部门（举报电话：12320），避免更多的人受害。

在学校就餐的学生发生食物中毒后要迅速报告学校。在外就餐的学生应索要发票作为凭据。

（2）饮水。饮用大量加盐的温水促进呕吐，以稀释毒素。

（3）催吐。用手指压迫咽喉，尽可能地强迫患者将胃里的食物吐出；侧卧，防止呕吐物堵塞气管，引起窒息。

（4）就诊。不要拖拉，及时去医院救治。

任务三　日常用药安全

一、药物的概念及常见种类

根据《中华人民共和国药品管理法》的规定，药品是指能用来预防、治疗、诊断人的疾病，或者能有目的地调节人的生理功能的物质（如维生素类）。简单地说，有明确的适应证，有规定的用法、用量的物质就是药品。

根据不同的分类标准，可以将药物进行如下分类：

（1）按药品管理分类，分为处方药和非处方药。处方药就是必须凭执业医师或执业助理医师处方才可调配、购买和使用的药品。非处方药（又称 OTC 药物），是指经国务院药品监督管理部门批准生产，不需医生处方，消费者即可自行判断、购买和使用的药物。根据非处方药的安全程度，分为甲类和乙类两种。非处方药的包装、标签、说明书上均有其特有标识 OTC。红色为甲类，必须在药店出售；绿色为乙类，除药店外，还可在药监部门批准的宾馆、商店等商业企业中零售。相对而言，乙类药物比甲类更安全。消费者要正确使用非处方药，切记在使用前要仔细阅读使用说明书。

（2）按功能与用途分类，有抗生素、心脑血管用药、消化系统用药、呼吸系统用药、泌尿系统用药、血液系统用药、五官科用药、抗风湿类药品、注射剂类药品、糖尿病用药、激素类药品、皮肤科用药、妇科用药、抗肿瘤用药、抗精神病药品、清热解毒药品、滋补类药品、维生素、矿物质药品、受体激动/阻断药和抗过敏药等。

（3）按药品品种分类，可以分为中药和西药。中药是指中医理论指导下应用的天然药物及其制品，包括中药材、中药饮片和中成药。西药即为有机化学药品、无机化学药品和生物制品。看其说明书则有化学名、结构式，剂量上比中药精确，通常以毫克计。需要注意的是，很多中成药中添加了西药成分，应谨遵医嘱用药，避免用药过量。

二、用药的误区

2018 年 10 月 17 日，中国药学会发布了“2018 年公众十大用药误区”，分别是：追求疗效滥用药、自行停药没危害、胰岛素有依赖性、使用药品不得法、别人能用我就能用、不良反应很可怕、偏方秘方治大病、海淘药品放心用、换季就去洗血管、回避风险不接种等用药错误行为。其中在校大学生中比较常见的有以下几种。

（1）追求疗效滥用药。滥用药物很常见，部分年轻人追求尽快起效，一种药吃两天没效果，就换一种，甚至还有几种药物混在一起吃。滥用药物的危害很大，过量用药对肝肾功能影响较大。有的药物混用，甚至有不可逆的肝肾毒性，严重的将危害生命。

大学生要端正治疗用药观念，大多疾病有其病程病理，药物起作用也是渐进的过程，因此切忌追求快速起效而滥用药物。

此外，常见的服药方式中，安全性方面，口服>肌肉注射>静脉注射，因此建议优先考虑口服给药，避免滥用注射剂。

（2）自行停药没危害。一项网络调查显示，在何时停药问题上，所有人都选择“自己感觉好了就停药”，在治疗达到预期效果后，很多人会选择在疗程未结束便停药。但并不是所有药物都想停就能停，停药不当，有时会引起反跳现象、阶段现象、停药危象等停药综合征。不要症状刚刚消失，就停止用药，药物自行停药反而更容易导致耐药。如抗生素一定要遵医嘱按时按量服用。一般抗生素应使用至症状消失或化验结果正常后 3 天才可停药。

（3）使用药品不得法。药物的使用一定要谨遵医嘱或认真阅读药品说明书。以用药时间为例，大部分人的第一反应是最好是在饭后服用以免伤胃，减少副作用。事实上，有些药物在吃饭时甚至空腹服用效果更佳。不同类型的药物服用时间和方式也各有不同。饭时服药是指进餐少许后服药，药服完后可继续用餐。这主要是因为食物中的油类有助于药物的吸收，可以及时发挥药效。空腹服药是指在餐前 1～2h 或餐后 2h 左右服药，可避免食物对其吸收的影响，药物可迅速进入小肠发挥药效。

（4）别人能用我就能用。生活中，还经常会遇到这种情况，听说别人吃了什么药疗效非常好，就也买来试试，殊不知每个人体质不同、基础水平不同，此外还有合并禁忌等情况。所以切忌道听途说，使用不适应自己身体状况的药物。

（5）不良反应很可怕。药品上市前都会进行安全性研究，然后在药品说明书中详细列举可能出现的不良反应。部分人在阅读过说明书后，对其中的不良反应担心不已，不敢服用。事实上，不良反应的发生是有概率的，并不是所有人在服用后都会出现说明书中列举的所有不良反应。即使出现不良反应，也应由专业医师权衡利弊，并不能因此耽误治疗。此外，有些不良反应是可以避免的。比如有些药物消化道不良反应发生率较高，可改为饭后服用，这样会大大减少消化道的不良反应。这里需要提醒的是，用药后一旦出现较严重不良反应，应及时就医，避免引发严重后果。

三、安全用药

大学生应牢固树立安全用药的意识，并积极掌握用药基本常识，对家人、朋友用药不当的行为予以阻止，谨遵医嘱安全用药。关于安全用药我们要牢记 5 个关键时刻。2019 年 3 月，世界卫生组织向公众发布了一个针对用药的特别提醒——用药安全“五时刻”，不同时刻，要提出具体问题并寻求答案，以降低用药相关风险。呼吁所有国家未来 5 年内将严重、可避免的药物相关伤害减少 50%。这 5 个时刻分别是：认识药品、服用药品、加用药品、检查药品和停用药品。

（1）认识药品（Starting）。具体问题包括：这个药品的名称是什么，作用是什么；服用这个药品有什么风险，可能出现什么副作用；我的疾病是否还有别的治疗方法；是否已经告诉了医生我的过敏史和其他健康状况；我如何储存这个药品。

（2）服用药品（Taking）。具体问题包括：我应该什么时候服药，每次服用的剂量是多少；应该如何服用这个药品；进食和饮料是否对正在服用的药物有影响；漏服了怎么办；当我出现副作用怎么办。

（3）加用药品（Adding）。具体问题包括：是否必须加用别的药；我是否已告知医生正在服用的药；现在服用的药物会不会出现相互作用；如果怀疑有相互作用，该怎么办；我是否能正确管理现在的多个药品。

（4）检查药品（Reviewing）。具体问题包括：是否保留了用药清单；每种药物我吃了多久；是否服用了现在不需要的药品；医生是否定期检查了我的药品；应该多久检查一次。

（5）停用药品（Stopping）。具体问题包括：应该在什么时候停药；我的药品中是否存在不能骤然停用的药物；如果药品用完了该怎么办；如果因出现一些不良反应而停药，我应向哪里报告；如何处理多余或过期的药品。

四、识别处理药物不良反应

大学生应学会识别药物不良反应并联系医生，在医生的指导下采取有效措施处理：

（1）出现严重的不良反应，如尿量明显减少、黄疸、乏力等，可能是药物引起了肝肾功能损害、血细胞减少等，患者应立即停药并及时就医，医生会给予必要的保肝、升高血细胞治疗。对危及生命的不良反应，如急性肾功能衰竭、急性重型肝炎等，医生会采取有力的措施积极抢救。

（2）对药物产生过敏反应，或由于遗传因素造成的特异性反应，如过敏性休克、过敏性药疹、磺胺类药引起的溶血性黄疸等，一经发现，应立即停药。因为这一类不良反应与用药的剂量无关，而且反应的严重程度难以预料。

（3）不良反应的产生与服药剂量有关，而且反应较重，难以耐受，需在医生的安排下、减量或改用其他药物。例如，一种抗高血压药物服用剂量较大时，可以出现明显不良反应、若改成联合用药控制血压，则每一种药物剂量都不大，可使不良反应降到最低程度。

（4）药物不良反应较轻，按病情不允许停药，可在医生的安排下继续用药，同时作对症处理。例如，为了避免药物的胃肠道反应，可改在饭后服药；服用容易在尿中形成结晶的药物（如磺胺类药物等）时，应多饮水以增加尿量，可以减少药物对肾脏的损害。

拓展训练

安全用药知识

1. 复方甘草片：连续吃不能超 7 天

需凭处方购买，服用时不能擅自用药，应遵药师指导，按规定剂量和疗程服用。处方用量不超 3 天，连续用药不能超过 7 天，或用其他祛痰止咳药代替复方甘草片。

2. 止咳药水：1 次超过 60mL 会兴奋

学名复方磷酸可待因溶液，含有可待因、麻黄碱。口服 1 次超过 60mL，有些人就会出现兴奋、烦躁不安。大量服用则会产生快感和幻觉，有飘飘欲仙感。正常使用并不会上瘾。

3. 滴鼻液：长期使用危害大

感冒别自己到药店买滴鼻液，血管收缩类滴鼻剂长期使用可致鼻腔黏膜血管一直处于收缩状态，引起局部黏膜组织增生，导致药物性鼻炎，时间长了还会产生依赖。

4. 哮喘吸入剂：使用有讲究

吸入剂是急救药，没有症状的时候不能长期使用，会形成抗药性。吸入用药后立即用清水漱口，不但可减轻或避免局部不良反应，而且还可减少由药物从口咽部吸收而引起的全身不良反应。

5. 润喉片：吃太多可诱发口腔疾病

在口腔没有炎症或炎症原因不明确的情况下常吃润喉片，容易抑制和杀灭口腔内的正常菌类，反而可能引发口腔溃疡、扁桃体炎等疾病。而不少润喉片中含有冰片成分，其性质寒凉，可能加重脾胃虚寒，引发腹泻，还容易造成孕妇流产。

6. 中草药必须辨证服

俗话说“是药三分毒”，很多人认为中药性情温和，与毒性无关，但如果脱离了中医辨证论治，中药的配伍减毒也会引起毒副作用。“良药吃多了，可能成为毒药；而毒药用对量，也可能治病救人。”中药必须经过严格的辨证论治，把握好量，才能将疗效放大，将毒性尽可能地降低。

7. 头孢类抗生素：停药 7 天内不能沾酒

服用头孢类抗生素时不能喝酒，且停药 7 天内都不能碰酒或进食含乙醇制品的饮料、食物，比如酒心巧克力、藿香正气水、发酵的食醋，否则可能发生中毒反应。

8. 女性经期用药：活血药物要远离

女性在月经期间用药时，有些药物是不能应用或慎用的。包括：活血化瘀类中药，可扩张血管，加速血液流动；某些抗凝血药，如阿司匹林、华法林、肝素等；泻下药，如硫酸镁、硝酸钠（芒硝），下泄作用剧烈，可引起反射性盆腔充血，上述三种药物均可造成月经量增多；性激素类药，如雄激素能导致月经减少或停经，孕激素可导致阴道不规则出血。

9. 止痛药：注意分清病症，不可乱用

不同的药物可能会引发胃黏膜损伤、肾脏损伤乃至心血管疾病。长期乱吃止痛药还会产生心理依赖。如果止痛药掩盖了病情，比如癌症，则可能错过最佳治疗时间。而明确原因的轻微疼痛，如果连续服药 3 天后还没有效果，就要去医院检查。

10. 维生素：服用过量可能变“毒药”

饮食规律的健康人一般不需要补充维生素，任何一种维生素都最好不要连续服用 5 天以上。脂溶性维生素从体内排出的过程较慢，摄入过多会增加中毒风险。

婴幼儿过量补充维生素 A，可能引起呕吐、皮肤干燥等症状，甚至脑压增高。维生素 D 摄入过量则可能让儿童骨骼过早闭合，影响骨骼发育。

任务四　传染病防治知识

一、什么是传染病

传染病是由细菌、病毒、寄生虫等特殊病原体引发的，具有传染性的疾病。其主要特征是：有特异的病原体；有传染性；有流行性、季节性、地方性；有一定潜伏期；有特殊临床表现，包括高热、肝脾肿大、毒血症、皮疹等。

二、传染病的预防和救治

（一）传染病防治总则

有效地抑制传染病的流行，关键在于切断传染病的传播链：即控制传染源、切断传播途径、保护易感人群。为此，要做到：

（1）养成讲卫生的好习惯，注意个人卫生、食品卫生、环境卫生。

（2）加强身体锻炼，提高免疫力。

（3）按规定接种疫苗。

（4）对传染病人要早发现、早报告、早治疗、早隔离，防止交叉感染。

（二）各季节高发传染病

（1）春季。春季流行的传染病主要包括：流行性脑脊髓膜炎（简称流脑）、麻疹、水痘、腮腺炎、猩红热、风疹、流感等呼吸道传染病；甲型病毒性肝炎；接触传播引起的手足口综合征等。

防治方法：居室常通风、熏醋消毒素、被子勤晾晒、疫苗按时注、春季好郊游、莫去人密处。

（2）夏季。夏季是肠道传染病高发期，主要包括细菌性食物中毒、细菌性痢疾、阿米巴痢疾、病毒性肠炎、伤寒、病毒性肝炎等。

防治方法：食物采购严把关、餐具消毒双保险、个人卫生要注意、生蔬凉拌莫多餐、瓜果食前先去皮、大型家宴要消减、室内清洁灭蚊蝇、保证营养足睡眠。

推荐食品：杀菌食品如大蒜、洋葱、韭菜、香葱、蒜苗、醋；凉性排毒食品如苦瓜、丝瓜、黄瓜、番茄、茄子、芹菜、生菜、芦笋、豆瓣菜。

（3）秋季。秋季位于夏、冬之间，因此，夏冬季节的传染病都可能在秋季发生。此外，脊髓灰质炎也常在秋季发生。

脊髓灰质炎预防方法：出生足2个月、3个月、4个月儿童各服一次脊髓灰质炎减毒活疫苗，积极参与各次强化免疫，服食糖丸。

（4）冬季。受气候和人口流动（春运）等因素的影响，易发生呼吸道传染病的局部性大暴发。冬季常见的呼吸道传染病包括普通感冒、流行性感冒、麻疹、水痘、风疹、腮腺炎、流脑等，主要通过空气飞沫传播。

防治方法：按时接种疫苗、注意增减衣服、加强体育锻炼。

三、几种传染病的症状和预防

（一）病毒性肝炎

1. 什么是病毒性肝炎

病毒性肝炎是由肝炎病毒引起的、以肝脏损害为特征的一组传染病。我国人群中甲型肝炎病毒的感染率高达 80%，发病率居病毒性肝炎首位，占 40%~50%。

2. 病毒性肝炎的传播途径

肝炎患者或无症状携带者可成为病毒性肝炎的传染源。病毒性肝炎的传播途径可分为两种：一种主要经胃肠道传播，如甲型；另一种主要经血液传播，包括母婴垂直传播、医源性传播（如使用不洁医疗器械、输血及血液制品等）及性传播等，如乙型、丙型肝炎。人类对各种病毒性肝炎普遍易感，各种年龄均可发病。

急性甲型肝炎起病急，临床表现的阶段性较为明显，可分为 3 期：黄疸前期、黄疸期和恢复期。总病程 2~4 个月；急性乙型肝炎起病较慢，常无发热，其他表现与甲型肝炎相似，但部分病例可转变为慢性肝炎。

3. 预防措施

病毒性肝炎作为一种传染性强、传播途径复杂的传染病，其预防应采取综合措施，具体包括以下几个方面：

（1）管理传染源。对急性甲型肝炎病人应采取早期隔离措施。急性黄疸型肝炎病人如不能住院治疗时，应在医生指导下，在家严格隔离治疗。一般从发病日期起隔离 3 周（不能确知发病日者，可从确诊日期算起）。必须做到：

1）病人与健康人不在一张床上睡眠，病人的被、褥、衣物要与健康人分开，并进行消毒。

2）病人的食具、漱口用具、水杯、脸盆、毛巾、便盆等也与健康人分开使用。病人要单独吃饭，剩余的食物不要给他人吃。

3）病人的书报、刊物、物品、玩具等不要借给他人传阅、玩耍，必须经过消毒处理后才能转借他人。

4）在病人隔离期间，邻居、亲友不要到病人家串门，尤其儿童不要与病人一起玩耍。

5）病人在患病期间不要串门，不要到公共场所，更不要到饭馆餐厅用餐。

（2）慢性肝炎也有传染性，应同样注意隔离。对于甲型肝炎病人的密切接触者要注意观察，一般观察 45 天，没有发病的才可视为健康人。

（3）切断传播途径。

1）提倡用流动水洗手，注射时要一人一针一管，用后高压或煮沸消毒；不使用他人生活用具，搞好个人卫生。

2）非必要时不输血及血制品；输血员要进行筛选。

3）肝炎病人确诊后，病人家应及时做一次较彻底的消毒，食具、漱口用具、毛巾等要煮沸 30min、家具、物体表面、地面要用 3%漂白粉液擦拭。病人的粪便要用漂白粉或生石灰进行搅拌后放 2h 倒掉。病人使用的便器要专用，使用后，用 3%漂白粉水浸泡 2h 后再洗刷。病人和大家应做到饭前、便后用 2%过氧乙酸溶液浸泡洗手 2min。

（4）保护易感人群。

1）注射人体免疫球蛋白，适用于接触甲型肝炎的儿童，注射越早越好。

2）注射乙肝疫苗和乙肝免疫球蛋白，用于阻断母婴传播。以上两种都最好在医生指导下应用。

（二）流行性感冒

1. 什么是流行性感冒

流行性感冒是由流行性感冒病毒引起的急性呼吸道传染病，传染性强、传染迅速、发病急。

流行性感冒潜伏期短，1~2 天。症状轻的，仅觉全身不适，持续 1~2 天。症状重的，畏寒高热、体温可达 39~40℃、四肢腰背酸痛、头痛，全身中毒症状严重。

2. 流行性感冒传播途径

流行性感冒主要通过病人咳嗽、喷嚏等飞沫直接传播，发病 3 天内传染性最强。

3. 流行性感冒的预防措施

保持良好的个人及环境卫生，勤洗手，使用肥皂或洗手液并用流动水洗手，不用污浊的毛巾擦手。双手接触呼吸道分泌物后（如打喷嚏后）应立即洗手。每天开窗通风数次(冬天要避免穿堂风)，保持室内空气新鲜。在流感高发期，尽量不到人多拥挤、空气污浊的场所，不得已必须去时，最好戴口罩。

4. 流感疫苗的接种

一般来说，年龄在 6 个月以上，没有接种禁忌者均可自愿自费接种流感疫苗。建议 60 岁以上人群；慢性病患者及体弱多病者；小学生和幼儿园儿童；养老院、老年人护理中心、托幼机构的工作人员；服务行业从业人员，司乘人员，商业及旅游服务的从业人员；经常出差或到国内外旅行的人员等要接种流感疫苗。

（三）SARS

1. 什么是 SARS

SARS 是一种传染性极强的呼吸道系统疾病，其病原体为变异的冠状病毒，传染性强，有极为重症类型引发死亡病例存在，并且易在无良好防护的医护人员群体中传播流行。由于部分患者很快表现出呼吸困难、呼吸窘迫、呼吸衰竭，因此已被世界卫生组织统称为“严重急性呼吸道综合征（SARS）”。

SARS 的临床症状：SARS 潜伏期为 1~11 天，大多数感染 4 天后发病。此病起病急，以发热为首发症状，体温一般高于 38℃，干咳、气短或呼吸困难，发冷、头痛、食欲不振、身体不适、皮疹和腹泻。没有一般流感的流涕、咽痛等症状，也没有通常感冒常见的白色或黄色痰液，偶有病人痰中带血丝，病人出现呼吸急促的现象，个别病人出现呼吸窘迫综合征。如诊治不及时可引起死亡。

2. SARS 的传播途径

（1）短距离呼吸道飞沫传播。

（2）接触病人呼吸道分泌物传播。

（3）密切接触传播。

（4）人群普遍易感，以医护人员为高发群体，在人群密集的地方如军营、学校工厂等感染率也较高。

3. SARS 的防治措施

总则：加强预防，告别恐慌；根除源头，阻断传播；讲究卫生，居室通风；佩戴口罩，经常洗手；勤换衣服，多多饮水；规律起居，增强免疫；减少出行，人多勿去；家有病人，观察周详；疑似症状，医生帮忙；突发事件，无惧有防。

（四）新型冠状病毒肺炎

1. 新型冠状病毒肺炎症状

2019 新型冠状病毒，2020 年 1 月 12 日被世界卫生组织命名为“2019-nCoV”。新型冠状病毒有以下症状：

（1）新型冠状病毒感染后人体早期的症状和一般病毒感染引起的感冒症状有相似之处，主要表现为疲倦、乏力、肌肉酸痛，也有少数病人会表现为胃肠道的反应，比如腹痛和腹泻。

（2）随着病情的发展，病人会出现发烧的症状，发烧度数在 37. 3℃ 以上。另外还会出现呼吸道相关症状，包括咳嗽、喉咙疼痛等。

（3）随着症状的加重，病人会出现呼吸困难、胸闷、气短，甚至会出现呼吸窘迫等严重症状。进行影像学的检查会发现肺部有毛玻璃一样的肺间质的改变。表现严重的还会出现脓毒血症、感染性休克、凝血功能障碍和肾功能衰竭等。

2. 传播途径

目前可以确定的新型冠状病毒感染的肺炎传播途径主要为直接传播、气溶胶传播和接触传播。

直接传播是指患者喷嚏、咳嗽、说话的飞沫，呼出的气体近距离直接吸入导致的感染；气溶胶传播是指飞沫混合在空气中，形成气溶胶，吸入后导致感染；接触传播是指飞沫沉积在物品表面，接触污染手后，再接触口腔、鼻腔、眼睛等黏膜，导致感染。

3. 预防措施

除了接种疫苗外，做好个人防护是最切实可行的方法，包括：

（1）保持手部和呼吸道卫生，坚持安全饮食习惯。

（2）尽可能避免与任何表现出有呼吸道疾病症状（如咳嗽和打喷嚏等）的人密切接触。

（3）多饮水、注意休息，提高免疫力。

（4）居住及工作环境中多保持通风状态。

行为习惯就是要做到戴口罩、勤洗手、不聚集。

（五）水痘

1. 什么是水痘

水痘是由水痘带状疱疹病毒初次感染引起的急性传染病。主要发生在婴幼儿，以发热及成批出现周身性红色斑丘疹、疱疹、痂疹为特征。

全年均可发生，冬春季多见。本病传染性很强，易感者接触患者后约90%发病，故幼儿园、小学等幼儿集体机构易引起流行。

2. 水痘传播途径

水痘主要通过飞沫和直接接触传播。在近距离、短时间内也可通过健康人间接传播。

3. 水痘的预防措施

本病的预防重点在管理传染源，隔离患者。对有接触史的高度易感者可在3日内注射水痘带状疱疹免疫球蛋白或高效带状疱疹免疫血浆，以减少发病的危险性。隔离患者至全部皮疹结痂或出疹后7天，其污染物、用具可用煮沸或暴晒法消毒。

（六）禽流感

1. 什么是禽流感

禽流感是禽流行性感冒的简称，又称真性鸡瘟或欧洲鸡瘟，是一种由甲型流感病毒的亚型引起的传染性疾病综合征，被国际兽疫局定为A类传染病。人类直接接触受H5N1病毒感染的家禽及其粪便或直接接触H5N1病毒也会受到感染，发病后死亡率高达60%。

H5N1型禽流感病毒目前还处于由禽类传染给人的阶段。然而，如反复发作，一旦病毒基因发生变异，就有可能变成人与人之间传播的新型流感。

早期症状：类似流感，主要表现为发热、流涕、鼻塞、咳嗽、咽痛、头痛、全身不适等症状。年龄较大、治疗过迟的患者会因病情迅速发展成进行性肺炎、急性呼吸窘迫综合征、肺出血、胸腔积液等多种并发症而死。

2. 禽流感的传播途径

（1）空气传播。病禽粪便中，以及病禽咳嗽和鸣叫时喷射出的H5N1病毒在空气中飘浮，人吸入呼吸道被感染发生禽流感。

（2）食物传播。食用病禽的肉及其制品、禽蛋，食用病禽污染的水、食物，用被污染的手拿东西吃，都可能受到传染而发病。

（3）接触传播。经过损伤的皮肤和眼结膜容易感染H5N1病毒而发病。

3. 禽流感的防治措施

（1）洗手。预防疾病最好的方法是注意个人卫生，勤洗手。

（2）熟吃。鸡蛋和鸡肉一定要煮熟后食用。不吃半熟的白斩鸡、醉鸡，半熟的鸭鹅肉，不吃半熟鸡蛋。到正规场所购买经过检疫的禽类制品，不自行宰杀食用。

（3）消毒。高温加热的方式：60℃下加热10min，70℃下加热数分钟。阳光直照射：40~48h均可消毒。乙醚、丙酮等有机溶剂和常见家用消毒药品亦可。

（4）强身。增强体质、多锻炼，保证睡眠，保证营养。

（5）保护儿童。12岁以下的儿童最容易受到感染。不要让小孩触摸、拥抱禽类动物，更不要带小孩去禽类市场。

（6）鸟类宠物。清除鸟粪时注意消毒；笼舍要保证通风和卫生；与鸟接触后及时洗手；鸟患病后，及时联系兽医诊治。

（七）甲型HINI流感

1. 什么是甲型HINI流感

甲型HINI流感病毒包含人流感病毒、北美禽流感病毒和北美、欧洲、亚洲三类猪流感病毒的基因片段。H被称为红细胞凝聚素，N被称作神经氨酸苷酶，它们都是糖蛋白，分布在病毒表面。H有1~13个亚型，N有1~9个亚型。由于H和N的组合不同，病毒的毒性和传播速度也不相同。

2. 甲型HINI流感病毒的传播途径

主要通过飞沫或气溶胶经呼吸道传播，也可通过口腔、鼻腔、眼睛等处黏膜直接或间接接触传播。接触患者的呼吸道分泌物、体液和被病毒污染的物品亦可能造成传播。

3. 甲型HINI流感主要临床表现

表现为流感样症状，包括发热（腋温≥37.5℃）、流涕、鼻塞、咽痛、咳嗽、头痛、肌痛、乏力、呕吐和（或）腹泻。可发生肺炎等并发症。少数病例病情进展迅速出现呼吸衰竭、多脏器功能不全或衰竭。患者原有的基础疾病也可加重。

4. 预防甲型HINI流感的主要措施

（1）避免接触流感样症状（发热、咳嗽、流涕等）或肺炎等呼吸道病人。

（2）注意个人卫生，经常使用肥皂和清水洗手，尤其在咳嗽或打喷嚏后。

（3）避免接触生猪或前往有猪的场所。

（4）避免前往人群拥挤的场所。

（5）咳嗽或打喷嚏时用纸巾遮住口鼻，然后将纸巾丢进垃圾桶。

（6）如在境外出现流感样症状（发热、咳嗽、流涕等），应立即就医（就医时应戴口罩），并向当地公共卫生机构和检验检疫部门说明。

5. 甲型HINI流感流行期间如果发烧了怎么办

第一种情况，没有到过疫区，未与疑似或确诊病例有过接触史的人，如果出现发烧、咳嗽等症状，如果仅是嗓子疼，有点发烧，或者发热但很快退烧，一般来说是普通感冒，可以不去医院，只要多喝水，在家注意休息即可。

第二种情况，到过疫区，和疑似病人坐过同一趟车或航班，或是来自同一地区，哪怕只有一点发烧，或者浑身不舒服，都应该及时去医院就医，同时向医生说明有过这样的经历。另外，这部分人要多留意媒体发布的疫情信息，以及乘坐过的航班是否出现病例等信息。

第三种情况，如果发烧39℃以上，咳嗽较重，有憋气的感觉，明显嗓子疼，并持续高烧，伴有严重腹泻等症状，也需考虑就近到医院就医。

对后两类人来说，如果突然出现高热，应采取以下步骤就医：

第一步，不要在家待着，应该戴上口罩，尽快去有发热门诊的医院就医；

第二步，不要乘坐公交车或者地铁等公共交通工具，最好乘坐出租车，下车时索要发票；

第三步，就近选择一家医院，不要舍近求远；

第四步，直接到发热门诊就诊，而不要到普通门诊或者急诊；

第五步，到了发热门诊，需要向医生汇报的几个信息：是否到过疫区，近期有无接触外籍人士，周围有没有人出现这种症状，是否很多人发病，是否与疑似病人共同生活过以及共同乘坐过交通工具，家人是否接触过外籍人士，家人是否有发热的情况，是一发热就来就诊了还是自己用过药物等；

第六步，经过医生询问，如果排除了疑似可能，就没有必要担心，因为很多病毒都会造成发热表现，一般会归到呼吸道传染病或者普通流感。如果是普通流感，应该多喝水，多注意休息，或在医院注射抗生素。如果患上的是普通的上呼吸道病毒感染，一般情况下都不需要治疗，如果体温高，不妨进行一些退热处理，或者检查一下血常规、血象等；

第七步，只要接触过疑似或确诊病例的人，出现体温升高（一般为37.5℃以上），以及浑身不舒服、嗓子疼、嗓子发红等症状，一般需要转移到当地指定的传染病定点医院进行隔离，医生会使用快速检测试剂进行血清检测。只要及时进行早期治疗，多数可以恢复。

（八）鼠疫

1. 什么是鼠疫

鼠疫（plague）是由鼠疫耶尔森菌感染引起的烈性传染病，属国际检疫传染病，也是我国法定传染病中的甲类传染病，在39种法定传染病中位居第一位。鼠疫为自然疫源性传染病，主要在啮齿类动物间流行，鼠、旱獭等为鼠疫耶尔森菌的自然宿主。鼠蚤为传播媒介。临床表现为高热、淋巴结肿大疼痛、咳嗽、咳痰、呼吸困难、出血以及其他严重毒血症状。本病传染性强，病死率高。鼠疫在世界历史上曾有过多次大流行，我国在新中国成立前也曾发生过多次流行，目前已大幅减少，但在我国西部、西北部仍有散发病例发生。

2. 鼠疫的传染源和传播途径

传染源：为鼠类和其他啮齿类动物，其中褐家鼠和黄胸鼠是主要传染源。野狐、野狼、野猫、野兔、骆驼和羊也可能是传染源。病人是肺型鼠疫的传染源。传播途径如下：

（1）鼠蚤叮咬传播。鼠蚤叮咬是主要的传播途径，由此可将动物身上的病原体（鼠疫耶尔森菌）传播给人，形成“啮齿动物→蚤→人”的传播方式。

（2）呼吸道感染。病人呼吸道分泌物带有大量的鼠疫耶尔森菌，可经呼吸道飞沫形成人际传播，并可造成人间鼠疫的大流行。

（3）经皮肤传播。健康人破损的皮肤黏膜与病人的脓血、痰液或与患病啮齿动物的皮肉、血液接触可发生感染。

3. 鼠疫的防治措施

（1）严格控制传染源。管理病人：发现疑似或确诊病人，应立即按紧急电话和网络报告疫情，城市不得超过2h，农村不得超过6h。同时将病人严密隔离，禁止探视及病人互相往来。病人排泄物应彻底消毒，病人死亡应火葬或深埋。对于肺鼠疫病人要进行严格的隔离。各型鼠疫病人应分别隔离，肺鼠疫病人应单独一室，不能与其他鼠疫病人同住一室。腺鼠疫病人隔离至淋巴结肿完全消散后再观察7天，肺鼠疫病人要隔离至痰培养6次阴性。鼠疫接触者应检疫9天，对曾接受预防接种者，检疫期应延至12天。消灭动物传染源：对自然疫源地鼠间鼠疫进行疫情监测，控制鼠间鼠疫，广泛开展灭鼠卫生行动。

（2）切断传播途径。消灭跳蚤：病人的身上及衣物都要喷洒安全有效的杀虫剂杀灭跳蚤，灭蚤必须彻底，对猫、狗、家畜等也要喷药。加强交通及国境检疫：对来自疫源地的外国船只、车辆、飞机等均应进行严格的国境卫生检疫，实施灭鼠、灭蚤消毒，对乘客进行隔离留检。

（3）保护易感者。保护接触者：在流行时应避免接触鼠蚤，与疑似或确诊的肺鼠疫病人接触后，要用多西环素预防。预防接种：自鼠间开始流行时，对疫区及其周围的居民、进入疫区的工作人员均应进行预防接种。常用为 EV 无毒株干燥活菌苗，皮肤划痕法接种，即 2 滴菌液，相距 3~4cm。2 周后可获免疫。目前的疫苗仍不能对腺鼠疫和肺鼠疫产生长久的免疫保护。因此，一般每年接种 1 次，必要时 6 个月后再接种 1 次。我国新研制的 06173 菌苗免疫动物后产生 F1 抗体较 EV 株效果高 1 倍。医务人员的个人防护：进入疫区的医务人员，必须接种菌苗，两周后方能进入疫区。工作时必须穿着防护服，戴口罩、帽子、手套、防护眼镜，穿胶鞋。有疫情时，不要到疫区旅游，尽量减少疫区活动，避免接触啮齿类动物。去过疫区的人，如果在 14 天内突然出现发热、寒战、咳（咯）血、淋巴结肿痛等表现应及时就医，并如实告知去疫区旅行史。

（九）狂犬病

1. 什么是狂犬病

狂犬病（rabies）是狂犬病毒所致的急性传染病，人兽共患，多见于犬、狼、猫等肉食动物，人多因被病兽咬伤而感染。临床表现为特有的恐水、怕风、咽肌痉挛、进行性瘫痪等。因恐水症状比较突出，故本病又名恐水症（hydrophobia）。狂犬病病毒属于弹状病毒科狂犬病毒属，单股 RNA 病毒，动物通过互相间的撕咬而传播病毒。我国的狂犬病主要由犬传播。对于狂犬病尚缺乏有效的治疗手段，人患狂犬病后的病死率几近 100%，患者一般于 3~6 日内死于呼吸或循环衰竭，故应加强预防措施。

2. 狂犬病的传播途径

主要是由狂犬病毒通过动物传播给人而致。狂犬病毒含 5 种蛋白，即糖蛋白（G）、核蛋白（N）、聚合酶（L）、磷蛋白（NS）及基质（M）等。狂犬病病毒的糖蛋白能与乙酰胆碱结合，决定了狂犬病毒的噬神经性。传染源主要为病犬，其次为病猫及病狼等。人被患病动物咬伤后，动物唾液中的病毒通过伤口进入人体而引发疾病，少数患者也可因眼结膜被病兽唾液污染而患病。人对狂犬病普遍易感，狩猎者、兽医、饲养动物者更易感。人受感染后并非全部发病，被病犬咬伤而未作预防注射者约 15%~20%发病，被病狼咬伤者约 50%~60%发病，其发病因素与咬伤部位、创伤程度、伤口处理情况、衣着薄厚及注射疫苗与否有关。

3. 狂犬病的防治措施

（1）管理传染源。对家庭饲养动物进行免疫接种，管理流浪动物。对可疑因狂犬病死亡的动物，应取其脑组织进行检查，并将其焚毁或深埋，切不可剥皮或食用。

（2）正确处理伤口。被动物咬伤或抓伤后，应立即用 20% 的肥皂水反复冲洗伤口，伤口较深者需用导管伸入，以肥皂水持续灌注清洗，力求去除狗涎，挤出污血。一般不缝合包扎伤口，必要时使用抗菌药物，伤口深时还要使用破伤风抗毒素。

（3）接种狂犬病疫苗。预防接种对防止发病的价值是肯定的，其包括主动免疫和被动免疫。人一旦被咬伤，疫苗注射至关重要，严重者还需注射狂犬病血清。

1）主动免疫。

①暴露后免疫接种。一般被咬伤者 0 天（第 1 天，当天）、3 天（第 4 天，以下类推）、7 天、14 天、28 天各注射狂犬病疫苗 1 针，共 5 针。成人和儿童剂量相同。严重咬伤者（头面、颈、手指、多部位 3 处咬伤者或咬伤舔触黏膜者），除按上述方法注射狂犬病疫苗外，应于 0 天、3 天注射加倍量。

②暴露前预防接种。对未咬伤的健康者预防接种狂犬病疫苗，可按 0、7、28 天注射 3 针，1 年后加强 1 次，然后每隔 1~3 年再加强 1 次。

2）被动免疫。创伤深广、严重或发生在头、面、颈、手等处，同时咬人动物确有患狂犬病的可能性，则应立即注射狂犬病血清，该血清含有高效价抗狂犬病免疫球蛋白，可直接中和狂犬病病毒，应及早应用，伤后即用，伤后 1 周再用几乎无效。

任务五　艾滋病预防

一、认识艾滋病

艾滋病又称“获得性免疫缺陷综合征”，英文缩写是“AIDS”。

它是一种死亡率极高的传染病，传播途径主要有性接触、血液和母婴。艾滋病病毒（HIV 病毒）侵入人体后，可以破坏人体的免疫系统，使人体发生多种难以治愈的感染和肿瘤，最终导致死亡。艾滋病病毒在人体内的潜伏期平均为 8~9 年，患艾滋病以前，可以没有任何症状地生活和工作多年。当艾滋病病毒感染者的免疫系统受到病毒的严重破坏，以至不能维持最低的抗病能力时，感染者便发展成为艾滋病病人。目前还没有能够彻底治愈的药物和方法，所以感染了艾滋病病毒，除了药物控制延缓寿命外，没有好的治愈办法，如果不治疗的话，一般生存期不会超过两年。

二、艾滋病易感人群

包括性乱者、药瘾者、血友病患者及 HIV 感染者的婴儿。

（1）性乱者。包括同性恋者、不洁性交者、多个性伴侣者，经常出入不正当娱乐场所者都是 HIV 的好发人群。

（2）药瘾者。静脉药瘾者和血制品使用人群好发。

（3）某些疾病人群。如血友病患者及 HIV 感染者的婴儿为本病的高危人群。

三、艾滋病预防措施

由于艾滋病毒广泛存在于感染者的血液、精液、阴道分泌物、乳汁以及伤口的渗出液中，具有很强的传染性，所以艾滋病的预防主要是切断传播途径，避免接触传染源。

大学生预防艾滋病，首先就要洁身自爱，避免婚前性行为，必须要发生性行为时一定要用避孕套做好防护措施。还要注意不吸毒，不与他人共用牙刷、毛巾、剃须刀等个人卫生物品。不要到涉足色情的场所及一些如网吧、酒吧等人口密集的娱乐场所，以免被人欺骗或者是扎针感染艾滋病。

四、正确对待艾滋病病毒感染者

艾滋病病毒感染者，即指体内存在 HIV 病毒，但还未出现 AIDS 临床症状和体征的人。艾滋病病人是指感染艾滋病病毒后已经到发病期，即 CD4 细胞计数在 200 以下的人或者出现艾滋病相关症状、各种机会性感染及肿瘤。随着抗艾滋病病毒疗效的提高，艾滋病病毒感染者不再意味着“死刑判决”。

（1）从内心接受艾滋病病毒感染者和艾滋病病人。患了艾滋病的人，本身已经特别不幸了。而正常的日常生活接触是不会被传染上艾滋病病毒的，病毒也仅通过几种极其有限的方式传播（如无保护性行为、共用针具吸毒、直接血液交换等），所以不需要有任何特殊对待。我们要从内心里接受他们、尊重他们，和平、友善地和他们相处。

（2）参加关爱艾滋病病毒感染者和艾滋病病人的公益活动。每个城市的疾控中心和相关的公益组织每年都会开展艾滋病宣传活动和关爱活动。有时间的话，可以积极报名参加一下这些公益活动，真实地感受一下帮助和关爱艾滋病病毒感染者和艾滋病病人，那是一件很有意义的事情。这是一个特殊的群体，他们不需要你的同情，他们需要的是一个朋友、一份理解和一张张笑脸。

（3）将心比心，学会换位思考。很多人认为艾滋病病毒传播的途径都是通过不道德的行为，因此会有点歧视或害怕感染者。这是非常不正确的想法。我们既不知道每个人到底是因为什么原因感染，也不能让病毒成为人类道德的审判官。如果你是一名艾滋病病人，你希望别人怎么看待你，别人怎么帮助你，或者别人怎么与你相处？所以，在这个问题上，我们不要因为自己想怎么样就怎么样，要学会换位思考，所谓“己所不欲，勿施于人”，将心比心，换位思考，然后再去行动。

（4）亲人的安慰和包容、社会的关爱和温暖。感染了艾滋病病毒，也许有人会自暴自弃，也许有人会不堪一击，同时身体免疫能力也在逐步下降，这时更需要亲人的安慰、鼓励和包容。所以作为亲人，应该坦荡一点、和往常一样一起吃饭、散步等、鼓励他们好好生活，要对未来有信心，要耐心等待可以治愈的医学技术或者抗病毒药物的诞生。很多艾滋病病毒感染者和病人其实都很勇敢、很坚强地对抗着病毒。所以社会要以零歧视的状态来对待他们，号召全社会一起行动，让他们真实体验到温暖、关爱和包容。

法律提示

艾滋病患者是否有隐私权？

艾滋病患者当然也有隐私权，这是基本的人身权利。

《艾滋病防治条例》已于 2006 年 1 月 18 日国务院第 122 次常务会议通过，自 2006 年 3 月 1 日起施行。该条例第六十四条规定：1987 年 12 月 26 日经国务院批准，1988 年 1 月 14 日由卫生部、外交部、公安部、原国家教育委员会、国家旅游局、原中国民用航空局、国家外国专家局发布的《艾滋病监测管理的若干规定》同时废止。该条例第三十九条第二款规定：未经本人或者其监护人同意，任何单位或者个人不得公开艾滋病病毒感染者、艾滋病病人及其家属的姓名、住址、工作单位、肖像、病史资料以及其他可能推断出其具体身份的信息。

习 题

3-1 食物中毒应该如何处理?

3-2 简述药物的概念及常见种类。

3-3 简述狂犬病的防治措施。

3-4 艾滋病的传染途径主要有哪些?

项目四　电信网络安全

托夫勒曾经说："谁掌握了信息，谁控制了网络，谁就拥有整个世界。"今天，信息已然成为国家的重要战略资源。网络安全是事关国家安全发展、事关广大人民群众工作生活的重大战略问题。没有网络安全，就没有国家安全。我国是网络大国，全国网民规模突破10亿。大学生作为我国网络使用的主要群体，具有良好的网络安全意识与风险防护能力，对于保护其自身利益、预防网络犯罪、防范网络威胁至关重要。

任务一　互联网与网络安全

党的十八大以来，以习近平同志为核心的党中央坚持从发展中国特色社会主义、实现中华民族伟大复兴中国梦的战略高度，系统部署和全面推进网络安全和信息化工作。我国互联网发展和治理不断开创新局面，网络空间日渐清朗，信息化成果惠及亿万群众，网络安全保障能力不断增强，网络空间命运共同体主张获得国际社会广泛认同。习近平强调，"网络安全和信息化是事关国家安全和国家发展、事关广大人民群众工作生活的重大战略问题，要从国际国内大势出发，总体布局，统筹各方，创新发展，努力把我国建设成为网络强国。"网络安全为人民，网络安全靠人民，维护网络安全是全社会的共同责任，守护网络安全与我们息息相关。

一、互联网安全

互联网安全从其本质上来讲就是互联网上的信息安全。从广义来说，凡是涉及互联网上信息的保密性、完整性、可用性、真实性和可控性的相关技术和理论都是互联网安全的研究领域。互联网安全是一门涉及计算机科学、网络技术、通信技术、密码技术、信息安全技术、应用数学、数论、信息论等多种学科的综合性学科。

目前来看，互联网主要存在以下主要威胁：

（1）网络攻击。

1）主动攻击。包含攻击者访问所需要信息的故意行为。

2）被动攻击。主要是收集信息而不是进行访问，数据的合法用户对这种活动一点也不会觉察到。被动攻击包括：

①窃听。包括键击记录、网络监听、非法访问数据、获取密码文件。

②欺骗。包括获取口令、恶意代码、网络欺骗。

③拒绝服务。包括导致异常型、资源耗尽型、欺骗型。

④数据驱动攻击。包括缓冲区溢出、格式化字符串攻击、输入验证攻击、同步漏洞攻击、信任漏洞攻击。

（2）木马病毒。木马病毒是指隐藏在正常程序中的一段具有特殊功能的恶意代码，通常有控制端、被控制端两个可执行程序，黑客通过远程控制计算机，将控制程序寄生于被控制的计算机系统中，里应外合，伺机窃取被感染木马病毒的计算机中的密码和重要文件等，还可对被控制计算机实施监控、资料修改等非法操作。

（3）伪基站。伪基站即假基站，是一种高科技仪器，一般由主机和笔记本计算机组成。短信群发器、短信发信机等相关设备能够搜寻以其为中心、一定半径范围内的手机卡信息，通过伪装成运营商的基站，任意冒用他人手机号码强行向用户手机发送诈骗、广告推销等短信息。

（4）APT 攻击。APT（Advanced Persistent Threat）即高级持续性威胁，是一种利用先进的攻击手段对特定目标进行长期持续性网络攻击的攻击形式。APT 攻击的原理相对于其他攻击形式更为高级和先进，其高级性主要体现在 APT 在发动攻击之前需要对攻击对象的业务流程和目标系统进行精确的收集。在此收集过程中，此攻击会主动挖掘被攻击对象受信系统和应用程序的漏洞，利用这些漏洞组建攻击者所需的网络，并利用 0day 漏洞进行攻击。

（5）无线网络。随着移动设备的爆炸式增长，各种笔记本计算机、上网本、智能手机、平板电脑都已快速融入人们的日常生活。例如咖啡厅、宾馆等公共场所提供的无线网络安全问题，也成为关注焦点。黑客可以很轻易地通过公共无线网络侵入个人移动设备，获取隐私信息等。

二、网络安全

网络安全是指网络系统的硬件、软件及数据能够受到保护，不会由于故意或过失的原因而遭到破坏、更改、泄露等意外的发生，保证系统能够连续、可靠、正常地运行，网络服务不中断。网络安全主要包括网络实体安全、软件安全、数据安全和运行安全四个方面。

（1）网络实体安全。实体安全包括硬件、存储介质和外部环境的安全。硬件主要是指网络中的各种设备和通信线路，如电缆、主机、工作站、服务器、交换机、路由器等；存储介质包括磁盘、光盘等；外部环境则主要指计算机设备的安装场地、供电系统及设施的安全标准。保障网络实体安全就是要保护这些硬件设施能够正常工作而不被损害。

（2）软件安全。软件安全是指网络软件以及各个主机、服务器、工作站等设备所运行的软件安全。保障软件安全，就是保护网络系统不被非法侵入，系统软件与应用软件不被非法复制、篡改，不受病毒的侵害等。

（3）数据安全。数据安全是指网络中所存储和传输的数据的安全，主要体现在数据的隐蔽性和防篡改的能力上。保障网络数据安全，就是保护网络中的数据不被非法存取，保证其完整一致等，它是保障网络安全的最根本目的。

（4）运行安全。运行安全指网络中的各个信息系统能够正常运行并能正常地通过网络交流信息。保障运行安全，就是通过对网络系统中的各种设备运行状况进行监测，发现不安全因素时及时报警。通过采取建立安全管理制度、开展安全审计、进行风险分析等措施消除不安全状态，以保障网络系统的正常运行。

三、网络安全的隐忧

随着“互联网+”时代的到来，互联网和更广泛意义上的网络空间已经对社会的各个环节产生了重大影响。我们的日常生活、基本权利、社会交往和经济活动都依赖于无缝连接的信息和通信技术。开放和自由的网络空间促进了全球政治和社会的参与度；它打破了国家社区和公民之间的樊篱，使全球范围内的信息、思路的互动和分享成为可能；它提供了一个自由表达和行使基本权利的平台，提高了人们对于民主和更公正社会的要求。

互联网让世界变成“地球村”的同时网络安全问题也相应而生，侵害个人隐私、侵犯知识产权、网络犯罪等问题时有发生。网络安全成为我国面临的最复杂、最现实、最严峻的非传统安全问题。网络罪犯使用更加复杂的技术侵入信息系统，盗取关键数据或劫持公司网站进行勒索。网络经济间谍活动的增加对各国政府、公司、个人构成了新的安全威胁。

2007 年春，一场规模空前的黑客攻击重创了爱沙尼亚的互联网系统，甚至对其国家安全构成了现实威胁，被视为第一场国家层次的网络战争。当时，爱沙尼亚拥有全欧洲速度最快的互联网，网络普及率高达 98%；政府已经基本实现“无纸化”的电子政务运作；99%的爱沙尼亚人使用电子身份证，可接入 4000 多项公共和私人的数字化服务；98%的银行交易在网上完成，在网上注册一家公司只需 18min。2007 年 5 月 8 日晚 11 点，爱沙尼亚的网络数据流量突然暴增 200 倍，全球 100 万部计算机突然开始登录爱沙尼亚不同的网站，令其整个国家的带宽出现沉重负荷，在连串攻击浪潮中，先是六大新闻媒体的网站遭到攻击，之后是学校，最后蔓延至银行系统，该国外交部和司法部等部门网站也相继瘫痪。爱沙尼亚政府为了终结这次网络攻击，不得不采取了切断互联网这样的极端做法。而这次事件也敲响了网络安全的警钟，世界各国此后纷纷发布了国家网络安全战略，大幅加强了网络安全措施。

2016 年 2 月 5 日，孟加拉国央行被黑客攻击导致 8100 万美元被窃取，攻击者通过网络攻击或者其他方式获得了孟加拉国央行 SWIFT 系统的操作权限，攻击者进一步向纽约联邦储备银行发送虚假的 SWIFT 转账指令。纽约联邦储备银行总共收到 35 笔、总价值 9.51 亿美元的转账要求，其中 8100 万美元被成功盗取，成为迄今为止规模最大的网络金融盗窃案。

2016 年 9 月 22 日，全球互联网巨头雅虎证实至少 5 亿用户账户信息在 2014 年遭人窃取，内容涉及用户姓名、电子邮箱、电话号码、出生日期和部分登录密码。2016 年 12 月 14 日，雅虎再次发布声明，宣布在 2013 年 8 月，未经授权的第三方盗取了超过 10 亿用户的账户信息。

具体到国内，网络安全形势也依然不容乐观。2017 年 5 月上海社会科学院互联网研究中心发布的《大数据安全风险与对策研究报告》显示，随着数据资源商业价值凸显，针对数据的攻击、窃取、滥用和劫持等活动持续泛滥，并呈现出产业化、互联网化和跨国化等特性，对国家数据生态治理水平以及组织的数据安全能力都提出了全新挑战。相当部分数据安全事件发生在企业或社会组织，泄露量动辄过亿条。

2013 年 10 月为全国 4500 多家酒店提供数字客房服务商的浙江慧达驿站公司因为安全漏洞问题，使与其有合作关系的酒店的入住数据在网上泄露。数天后，一个名为“2000w 开房数据”的文件出现在网上，其中有 2000 万条在酒店开房的个人信息，包含姓名、身份证号、地址、手机等 14 个字段，涉及大量用户隐私，引起全社会广泛关注。

2016 年 8 月，山东高考考生徐玉玉被电信诈骗者骗取学费 9900 元，发现被骗后突然心脏骤停，不幸离世。据警方调查，骗取徐玉玉学费的电信诈骗者的信息来自网上非法出售的高考个人信息，而其源头则是黑客利用安全漏洞侵入了“山东省2016高考网上报名信息系统”网站，下载了60多万条山东省高考考生数据，高考结束后开始在网上非法出售给电信诈骗者。

2017年3月，京东与腾讯的安全团队联手协助公安部破获了一起特大窃取贩卖公民个人信息案，其主要犯罪嫌疑人乃京东内部员工。该员工2016年6月底才入职，尚处于试用期，却盗取涉及交通、物流、医疗、社交、银行等个人信息50亿条，通过各种方式在网络黑市贩卖。

2017年5月12日全球范围爆发针对Windows操作系统的勒索软件（WannaCry）感染事件。该勒索软件利用Windows SMB服务漏洞进行攻击，受攻击文件被加密，用户需支付比特币才能取回文件，否则赎金翻倍或是文件被彻底删除。全球100多个国家数十万用户中招，国内的企业、学校、医疗、电力、能源、银行、交通等多个行业均遭受不同程度的影响。

近年来，针对我国公民个人信息的窃取和交易已经形成了庞大的“黑色产业链”，电信诈骗、金融盗窃等一系列犯罪活动日益“精准化”“智能化”，对社会公众的财产和人身安全构成严峻威胁。造成这一现状的直接原因在于我国企事业单位全方位收集用户数据，但企业网络安全防护水平低下和数据安全管理能力不足，使黑客和内鬼有机可乘，而个人信息泄露后缺乏用户告知机制，加大了犯罪活动的危害性和持续性。

任务二　网络安全法律法规

一、党和国家高度重视网络安全工作

（一）网络和信息安全保障体系

按照《中华人民共和国网络安全法》（以下简称《网络安全法》）的内容，“网络安全，是指通过采取必要措施，防范对网络的攻击、侵入、干扰、破坏和非法使用以及意外事故，使网络处于稳定可靠运行的状态，以及保障网络数据的完整性、保密性、可用性的能力。”习近平特别强调要“加快构建关键信息基础设施安全保障体系”，这“是网络安全的重中之重”，并指出，这方面一旦出问题，会“具有很大的破坏性和杀伤力”。根据网络构建和运行的规律，网络和信息安全保障体系可以分为4个方面：

（1）设施安全。网络空间无论怎样广袤无际，都必须依赖于现实世界的物理设施。《网络安全法》将网络定义为“由计算机或者其他信息终端及相关设备组成的按照一定的规则和程序对信息进行收集、存储、传输、交换、处理的系统”，保护网络物理设施安全是网络安全的基础。《网络安全法》不仅对网络产品服务规定了应当符合国家标准的强制性要求并持续提供安全维护，而且特别规定网络关键设备和网络安全专用产品应该按照国家标准通过安全认证和安全检测（第二十一条至第二十三条），关键信息基础设施运营者采购可能影响国家安全的网络产品和服务应当通过国家安全审查（第三十五条），还规定了对若干涉及国家安全、国计民生、公共利益的关键信息基础设施实行重点保护（第三十一条）。

（2）运行安全。《网络安全法》规定国家实行网络安全等级保护制度，网络运营者应该依法履行安全保障义务，从而为已有行政法规、部门规章提供了上位法律依据（第二十一条）。本法还以专节规定“关键信息基础设施运行安全”，此类设施运营者应该履行比一般运营者更严格的安全保护义务（第三十四条）以及每年至少进行一次风险检测评估（第三十八条）。还按照《中华人民共和国国家安全法》（以下简称《国家安全法》）的要求，以专章规定了“监测预警和应急处置”制度，其中包括为维护国家安全等需要在特定区域对网络通信采取限制等临时措施的规定。

（3）数据安全。《网络安全法》规定的信息安全，在学理上可以分为数据安全和内容安全。数据即网络数据，是指通过网络收集、存储、传输、处理而产生的以电子方式记录的各种信息。数据安全是指保障网络数据的完整性、保密性和可用性，不受破坏、窃取和损害。本法有关网络运行安全的规定中包含了保障数据安全的内容，并且对保护网络用户信息和个人信息订立了多项措施（第四十条至第四十五条）。关于保护网络设施中的国家秘密，在《中华人民共和国保守国家秘密法》中已有专门规定，本法规定必须遵守保密法规。

把个人信息安全列入网络安全的范畴，体现了总体国家安全观以人民安全为宗旨的思路。个人信息被任意泄露、传播甚至用来牟利，不仅损害当事人，而且会影响社会稳定，引发社会恐慌，也可能危及国家安全。这反映了中国保护个人信息与西方不同的理念。

（4）内容安全。内容安全是指在网络空间公开传输的文字声音、图像等各种形态的信息不得对国家社会和他人产生损害效果，主要属于文化安全的范畴。《国家安全法》对文化安全有专条规定。《网络安全法》同样规定了倡导网络“推动传播社会主义核心价值观”（第十六条），同时规定了网络传播内容的底线（第十二条）和有利于未成年人身心健康的原则（第十三条），以及不得利用网络从事违法犯罪活动或传播涉及违法犯罪活动的信息（第四十六条）。

（二）党和国家加强网络安全和信息化建设

当今世界，信息技术革命日新月异，随着全球信息化的飞速发展，以数字化、网络化、智能化为特征的信息化浪潮蓬勃兴起，对重塑世界政治、经济、社会、文化和军事发展格局发挥了重要作用，整个世界正在迅速地融为一体，建设的大量各种信息化系统已经成为国家和政府的关键基础设施。整个国家和社会对网络的依赖程度也越来越大，网络已经成为社会和经济发展的强大推动力，其地位越来越重要。但是，当资源共享广泛用于政治、军事、经济以及科学各个领域时，也产生了各种各样的问题，其中安全问题尤为突出，它不仅涉及个人利益、企业生存、金融风险等问题，还直接关系到社会稳定等诸多方面，因此网络安全是信息化进程中具有重大战略意义的关键问题。2014 年，习近平总书记在中央网络安全和信息化领导小组第一次会议上就曾强调，“没有网络安全就没有国家安全，没有信息化就没有现代化”。“没有信息化就没有现代化”，习近平总书记的这一重要论断是对知识经济、信息经济发展趋势的科学总结和正确判断，揭示了信息化在现代化建设中的重要地位和关键作用。

习近平总书记在全国网络安全和信息化工作会议上指出，“没有网络安全就没有国家安全，就没有经济社会稳定运行，广大人民群众利益也难以得到保障。要树立正确的网络安全观，加强信息基础设施网络安全防护，加强网络安全信息统筹机制、手段、平台建设，加强网络安全事件应急指挥能力建设，积极发展网络安全产业，做到关口前移，防患于未然。”随着信息化的发展，关键信息基础设施已经成为金融、交通等关系国计民生的重点行业的神经中枢。网络安全出问题，就意味着这些行业的停滞，轻则影响经济安全、社会公共安全，重则危及国家安全。因此，保护关键信息基础设施是网络安全工作的重中之重。网络安全为人民，网络安全靠人民，维护网络安全是全社会的共同责任。树立正确的网络安全观，是开展各项网络安全工作所需要遵循的基本方法学。只有提高全民网络安全意识，提升全社会网络安全防护技能，培养网民对违法有害信息的辨识和抵抗能力，才能构建起全民网络安全防线。

党的十八大以来，以习近平同志为核心的党中央重视互联网、发展互联网、治理互联网，从着力推动互联网和实体经济深度融合发展，到加强网络空间治理；从实施“互联网+”行动计划带动全社会创新创业热潮，到加强基础设施建设打通信息“大动脉”……党中央加强对网信工作的集中统一领导，不断推进理论创新和实践创新，不仅走出一条中国特色治网之道，而且在实践中逐渐形成了习近平网络强国战略思想。这是我国网信事业取得历史性成就、发生历史性变革的根本原因，也是我们迈向网络强国的行动指南。

二、《网络安全法》的出台及亮点

2015 年 6 月，第十二届全国人大常委会第十五次会议初次审议了《中华人民共和国网络安全法（草案)》，并于 2016 年 11 月 7 日经第十二届全国人民代表大会常务委员会第二十四次会议通过，已于 2017 年 6 月 1 日起施行。

《网络安全法》是我国第一部网络安全领域的法律，是保障网络安全的基本法。《网络安全法》不是网络安全立法的终点，相反，是网络安全立法的起点。与《网络安全法》相关的法律有《国家安全法》《中华人民共和国保守国家秘密法》《中华人民共和国反恐怖主义法》《中华人民共和国反间谍法》《中华人民共和国刑法修正案（九)》《中华人民共和国治安管理处罚法》《中华人民共和国电子签名法》等。这些法律与《网络安全法》不是上位法和下位法的关系，而是同属同一法律位阶。《网络安全法》是我国网络安全管理的基础法律，与其他相关法律在相关条款和规定上互相衔接，互为呼应，共同构成了我国网络安全管理的综合法律体系。

《网络安全法》是我国网络安全领域的第一部综合性基础法律。该法共七章七十九条，是一部以网络运行安全为主，提出关键信息基础设施的运行安全，兼顾个人信息保护、网络信息内容管理，以及如何推动、促进网络安全产业发展的综合性、基础性法律。《网络安全法》明确了网络空间主权的原则，明确了网络产品和服务提供者的安全义务和网络运营者的安全义务，进一步完善了个人信息保护规则，建立了关键信息基础设施安全保护制度，确立了关键信息基础设施重要数据跨境传输的规则。

在内容的制定上，《网络安全法》有以下亮点：

（1）明确对公民个人信息安全进行保护。任何个人和组织不得窃取或者以其他非法方式获取个人信息，不得非法出售或者非法向他人提供个人信息。个人信息被冒用有权要求网络运营者删除。个人发现网络运营者违反法律、行政法规的规定或者双方的约定收集、使用其个人信息的，有权要求网络运营者删除其个人信息。网络运营者应当采取措施予以删除或者更正。

（2）个人和组织有权对危害网络安全的行为进行举报。任何个人和组织有权对危害网络安全的行为向网信、电信、公安等部门举报。收到举报的部门应当及时依法做出处理；不属于本部门职责的，应当及时移送有权处理的部门。

（3）网络运营者应当加强对其用户发布的信息的管理。网络运营者发现法律、行政法规禁止发布或者传输的信息的，应当立即停止传输该信息，采取消除等处置措施，防止信息扩散，保存有关记录，并向有关主管部门报告。

（4）未成年人上网有了特殊保护。国家支持研发开发有利于未成年人健康成长的网络产品和服务，依法惩治利用网络从事危害未成年人身心健康的活动，为未成年人提供安全健康的网络环境。

三、《网络安全法》的主要内容

（1）明确网络空间主权。《网络安全法》第一条“立法目的”开宗明义，明确规定要维护我国网络空间主权。网络空间主权是一国国家主权在网络空间中的自然延伸和表现。《联合国宪章》确立的主权平等原则是当代国际关系的基本准则，覆盖国与国交往各个领域，其原则和精神也应该适用于网络空间。各国自主选择网络发展道路、网络管理模式、互联网公共政策和平等参与国际网络空间治理的权利应当得到尊重。《网络安全法》适用于我国境内网络以及网络安全的监督管理。这是我国网络空间主权对内最高管辖权的具体体现。

（2）个人信息安全保护。根据中国互联网协会发布的《2016 中国网民权益保护调查报告》，84%的网民曾亲身感受到由于个人信息泄露带来的不良影响。从 2015 年下半年到 2016 年上半年的一年间，我国网民因垃圾信息、诈骗信息、个人信息泄露等遭受的经济损失高达 915 亿元。根据企鹅智库提供的《2019 中国网民消费维权调查报告》，在受访者中，网民对“非法采集个人信息”的行为非常关注，66. 8%的网民希望对相关行业进行曝光。在中国网民中，有 94. 3%曾经接到过骚扰电话或推销类电话。除了硬性经济损失外，76%的被打扰者表示他们明显遭受了时间上的损失浪费，而表示个人信息被对方获取的网民，比例也超过了 70%。

《网络安全法》规定：网络产品、服务具有收集用户信息功能的，其提供者应当向用户明示并取得同意；网络运营者不得泄露、篡改、毁损其收集的个人信息；任何个人和组织不得窃取或者以其他非法方式获取个人信息，不得非法出售或者非法向他人提供个人信息，并规定了相应法律责任。

（3）打击网络诈骗。个人信息的泄露是网络诈骗泛滥的重要原因。诈骗分子通过非法手段获取个人信息，包括姓名、电话、家庭住址等详细信息后，再实施精准诈骗，令人防不胜防。2017 年 1 月 16 日，由公安机关与专业统计数据网站联合发布《2016 年网络诈骗趋势研究报告》显示，2016 年网络诈骗对受害者造成的人均损失达到 9471 元。

《网络安全法》规定：任何个人和组织不得设立用于实施诈骗，传授犯罪方法，制作或者销售违禁物品、管制物品等违法犯罪活动的网站、通信群组，不得利用网络发布与实施诈骗，制作或者销售违禁物品、管制物品以及其他违法犯罪活动的信息。

（4）以法律形式明确“网络实名制”。垃圾评论充斥论坛，一言不合就恶意辱骂，更有甚者唯恐天下不乱传播制造谣言……一段时间以来，这些乱象充斥着虚拟的网络空间。随着网络实名制概念的提出，不少人拍手称快。

《网络安全法》规定：网络运营者为用户办理网络接入、域名注册服务，办理固定电话、移动电话等入网手续，或者为用户提供信息发布、即时通信等服务，应当要求用户提供真实身份信息。用户不提供真实身份信息的，网络运营者不得为其提供相关服务。比如近期许多热门网游、手游纷纷实行实名认证，游戏里也不能太“浪”。

（5）净化网络环境，剔除不良信息。CNNIC 的调查显示，未成年人主要访问的大型商业综合性网站，访问权限、浏览内容与成年人毫无差别。几乎所有人都接触过网络暴力信息、不雅图片、广告等不良信息的骚扰。55%的人在遇到这些信息时会选择退出网页、不告诉任何人，初中和小学学生会向父母求助。96%的未成年人认同对网络暴力等不良信息采取预防措施。

《网络安全法》规定：任何个人和组织使用网络应当遵守宪法法律，遵守公共秩序，尊重社会公德，不得危害网络安全，不得利用网络从事危害国家安全、荣誉和利益，煽动颠覆国家政权、推翻社会主义制度，煽动分裂国家、破坏国家统一，宣扬恐怖主义、极端主义，宣扬民族仇恨、民族歧视，传播暴力、淫秽色情信息，编造、传播虚假信息扰乱经济秩序和社会秩序以及侵害他人名誉、隐私、知识产权和其他合法权益等活动。

（6）个人和组织有权对危害网络安全的行为进行举报。《网络安全法》规定任何个人和组织有权对危害网络安全的行为向网信、电信、公安等部门举报。收到举报的部门应当及时依法做出处理；不属于本部门职责的，应当及时移送有权处理的部门。《网络安全法》明确了公民对危害网络安全行为的举报权利，政府部门受理、处置公民举报的责任，保障了公民通过网络举报参与网络空间治理的有效性。

（7）培养更多网络安全人才。进入数字经济时代互联网大数据、人工智能、云计算、5G 等技术全面渗透到各行各业，改造并影响着生产生活的各个环节。随之而来的网络安全挑战复杂程度之高，演变速度之快，远远超出既往经验。随着网络安全的重要性日益提高，网络安全人才需求快速扩张。实战型人才储备不足、专业人才流失、人才成长和培养落后于技术和社会变革速度等问题日益凸显，人才建设成为网络安全产业健康发展的重中之重。长期以来，网络安全人才供不应求。目前，我国网络安全专业人才缺口预估在 50 万以上，而每年网络安全相关专业的高校毕业生规模仅 2 万余人。数据显示，在多个行业受到疫情冲击，招聘规模明显缩减的大背景下，2020 年全年，网络安全人才需求量仍较 2019 年同比增长 47. 5%。进入 2021 年，国内经济高速回升，网络安全人才建设进入了一个复杂阶段，人才需求高速增长，对人才的职业能力要求不断提高，但人才供给增速始终低于需求增速，人才质量也难以满足需求。

《网络安全法》规定：国家支持企业和高等学校职业学校等教育培训机构开展网络安全相关教育与培训，采取多种方式培养网络安全人才，促进网络安全人才交流。

（8）重大突发事件可采取“网络通信管制”。现实社会中，出现重大突发事件，为确保应急处置、维护国家和公众安全，有关部门往往会采取交通管制等措施。网络空间也不例外。

《网络安全法》规定：因维护国家安全和社会公共秩序，处置重大突发社会安全事件的需要，经国务院决定或者批准，可以在特定区域对网络通信采取限制等临时措施。例如在暴恐事件中，恐怖分子越来越多地通过网络进行组织、策划、勾连、活动，这个时候可能就要对网络通信进行管制。但是这种管制影响是比较大的，因此《网络安全法》规定实施临时网络管制要经过国务院决定或者批准。

任务三　大学生遭受电信网络诈骗的原因、特点及危害

一、大学生电信网络使用现状

进入 21 世纪以来，中国电信网络发展十分迅猛，从当初只有个别人拥有计算机，到如今人人持有智能手机，也不过十几年的时间。大学生作为处在时代潮流前沿的群体，相比其他人群，接纳和尝试新鲜事物的能力是最强的。电信网络对于他们而言，早已成为生活中不可缺少的一部分。粗略估计在校大学生中，90%以上的学生都拥有一部个人电脑，而智能手机基本上是每人必备的。

互联网的快速发展使得计算机基本成为了每一个人的标配，大学生群体更是如此。除了学习中需要使用电脑外，在生活中电脑也是不可或缺的一部分，尤其是利用电脑进行网页浏览、网上聊天、网络购物、网络游戏等。通过以往发生的诈骗案例看，网上聊天、网络购物、网络游戏等是电信网络诈骗的温床。电信网络诈骗人员往往利用大学生群体防范意识差、好奇心强、意志力薄弱等特点，专门针对他们进行网络诈骗。网聊、网购、网游，已经成为了电信网络诈骗的重灾区，离不开这些的大学生便成为了易受骗的对象。

智能化手机终端设备的不断发展，使手机网络成为传播知识和信息的新兴平台，而手机网民成为社会日益关注的新群体。其中，大学生手机用户的增长态势突出，成为手机网络使用的主力军。大学生手机网络的使用情况特征可归纳为“两高”：普及率高、依赖程度高。调查结果显示，手机网络已经深入大学生的各个群体。不同性别、不同年级和不同生源地学生使用手机网络相当普遍；农村学生和城镇学生只存在着使用时间长短的区别。并且，大学生对手机网络的心理依赖程度很高，手机网络已经成为他们生活中必不可少的组成部分。大学生手机网络的基本使用状况表现出与传统网络的差异性：第一，反映在上网地点上，从传统的宿舍、机房向教室、户外等更广阔的地域延伸，教室成为使用手机网络最为普遍的地方，尤其是现在的高校及公共场所都提供了 WiFi；第二，手机网络时间已经超过传统网络使用时间，手机网络时间呈现碎片化、零散化的特征；第三，手机网络使用内容也比传统网络更丰富，不仅囊括了传统网络的各项内容，还新增了手机网络特有的内容，如即时通信、即时个人动态发布、即时信息查询与检索等。同样，网聊、网购、网游等也都可以在智能手机上运行，QQ、微信、支付宝以及各种手机游戏也为电信网络诈骗提供了渠道，因此大学生群体在手机使用方面也易遭受电信网络诈骗。

通过对大学生电信网络使用现状的分析，不难发现，大学生群体已经成为电信网络诈骗分子的主要目标，大学生电信网络诈骗教育势在必行。只有加大电信网络诈骗预防教育，才能保证大学生群体的人身财产安全不受侵害，才能保证大学生群体走上正确的人生道路，才能保证其形成正确的价值观与人生观。

二、大学生易遭受电信网络诈骗的原因

《人民日报》2016年3月24日一篇名为《记者调查新型电信网络诈骗虚假客服“终年无休”》的报道：“说好‘点赞有奖’，结果隐私被套、‘中奖’扫码扫来病毒链接、‘免费’红包却是盗刷软件、总有些冒牌‘好友’急着要你充话费……围绕智能手机、社交软件的新型电信网络诈骗方式，正伴随着互联网的普及向更广阔的人群袭来。”在电信网络诈骗手段专业化、精准化、隐秘化的同时，诈骗的对象已不再定位于妇孺儿童、年老者，社会经验不足且有着生活费固定经济来源的大学生便成为新型电信网络诈骗的首选对象，尤其在各大高校开学之际电信网络诈骗更是猖獗。

通常来讲，作为接受高等教育的大学生，头脑灵活，思维活跃，理应不易让诈骗分子有机可乘，却为何还会不幸中招，甚至被骗走上万财产，不法分子频频盯上大学生，大学生成为遭受电信网络诈骗“重灾区”，原因可以从以下几个方面来分析。

（一）大学生自身层面

（1）学生思想单纯，社会阅历较少，自我保护意识和能力较差，容易受到引诱。大多大学生从小在父母的呵护下长大，缺乏社会阅历和实践经验，对新鲜事物充满好奇，因此极容易成为很多电信网络诈骗团伙的目标。缺少社会知识和一些防骗基本常识的大学生，面对诈骗分子层出不穷、花样翻新的手段，很容易受害。诈骗分子投其所好，精准地掌握了受害者的心理需求，在行骗过程中每一步提出的要求都会让人感觉是合理的，比如说声称身份信息泄露，还会“煞有介事”地提醒你注意防诈骗，甚至让人觉得他们是在帮忙解决问题，从而引诱受害者一步步上钩。

案例：2014年9月，长沙市岳麓区一名19岁大学生熊某接到自称“新浪微博客服”的电话，称其在新浪微博中奖6万元，但需要交纳手续费和税款。熊某按照对方要求汇出1.2万元到对方指定账户，钱到账后对方电话立即关机，熊某方才发现被骗。

（2）生活环境复杂，学生难免产生攀比心理，虚荣心重，大手大脚的消费观慢慢形成。看到身边的很多同学都有苹果手机，上海某高校研究生小李也想为自己添置一部。在网上搜索时他发现一家网站的数码产品卖得特别便宜，两部苹果手机只需5700元。心动之下，小李向对方汇去了20%的押金。次日转账付了余款后，对方又以各种理由先后几次让小李汇款并保证交易后立刻退还，还威胁他如果放弃交易，那么先前几笔钱都不会退还。为此小李陆续共汇去1.75万元。此时，对方又称由于小李汇款延误导致其他客户退订手机，所以要求小李买下另外两部手机共6000元。至此，小李才觉察到事情不太对劲遂向警方报案。

随着时代的推移，人们的消费观念在不断改变，年轻的大学生更能很快地适应时代的改变，他们有着不同于社会其他消费群体的消费心理和行为：一方面，他们有着旺盛的消费需求；另一方面，尚未获得经济上的独立，消费观念的超前和消费实力的滞后，导致大学生急于在短时间内获得大收益，一听到可以赚钱就相信，诈骗分子牢牢把握了这一点，结果大学生被骗的概率就很高。

（3）学生或急于赚钱缓解家庭负担，或证明自己积累“工作”经验求功心切。“高薪兼职”和“中奖通知”是大学生上当最多的两类电信网络诈骗。大学生们初入大学，拥

有一定的个人财产，开始独立生活，诈骗分子利用部分大学生急于赚钱或积累工作经验的心理，一步步引诱大学生落入陷阱。有些家庭困难的学生，为求自立，试图通过兼职赚钱来缓解家里的负担。

案例：2016 年 8 月 21 日，李琳提前到校后，打算通过网络找一份兼职。在上网时，她在一个 QQ 群里看见一条兼职广告：“招聘饮品促销员，可专职或兼职，工作时间不限，要求吃苦耐劳，日薪 150 元。”李琳抱着试一试的心态，添加了“招聘专员”的 QQ，对方告诉李琳，为了帮她节省到杨家坪面试的时间和路费，可以先通过 QQ 视频面试，通过后由主管进行电话面试即可。在顺利通过视频面试后，李琳拨打了“招聘专员”给的主管的电话进行了电话面试，主管李某告诉她为了防止其临时反悔耽误促销活动，需要交 300 元押金和 200 元的面试费用，如果同意交费，8 月 24 日就可以上班，工资日结。随后，“招聘专员”传来一份“外场员工入职信息表”，表格里除了要求填写姓名、电话、QQ 号、学历等信息，还着重备注了“工资结算银行卡号”。按要求填写完“正规”的入职表，李琳放松了警惕，并按要求向对方转账 500 元。8 月 24 日，本该上班的李琳却没有接到电话通知，当她再次联系“招聘专员”的 QQ 时发现已被拉黑，电话面试的号码也已经停机。她这才意识到被骗，随即向派出所报案。

（二）院校层面

（1）院校相关部门缺乏安全防范意识，对学生个体安全防范教育工作存在不足，安全教育机制不健全。随着学生数量的不断增加，院校工作人员的工作量越来越大，在对学生个体安全防范教育上存在薄弱环节，安全教育往往是在开例会、班会的时候强调一下，缺乏生动案例的现身说法，缺乏防范技能的专业教育。学生缺乏个体安全防范知识已成普遍现象，众多高校关注更多的是大学生专业知识的教育、就业能力的提升，而忽视对其安全知识、防骗技能、处世经验、心理健康等社会生存能力的培养。2016 年 8 月 29 日，华龙网报道的《大学生被骗离世谁之殇》中提到：“为何这些被一再报道的骗术却依然能够成功，背后反映出的是教育的短板，为何学生们的防范意识如此淡薄、心理素质如此不过硬，究竟是骗子太猖狂了还是学生太脆弱了？”院校相关部门有必要对学生开展安全防范、就业法律、政策等方面知识的培训，提前、充分告知学生谨慎处置个人信息的必要性，并进行相关能力和技巧的训练。比如，清华大学从 2004 年开始，就在职业规划课堂上加入了就业法律制度的内容，每年还逐一进行院系宣讲，为毕业生介绍就业政策和求职注意事项，同时常年为大学生提供相关的职业咨询以及就业政策解读服务。

（2）院校对学生个人信息的监管缺少安全防范意识和有效措施，缺乏长效机制。互联网技术发展至今，个人信息在流动过程中的多个环节均以不同方式泄露。根据奇虎 360 在《关于电信网络诈骗形势分析报告》中提到，2016 年 8 月，360 手机卫士共为全国用户拦截各类骚扰电话 34.3 亿次，其中拦截诈骗电话 4.45 亿次。可见个人信息的泄露问题极其严重。猎豹移动安全专家提到，个人信息泄露严重的当属高校，其数据管理意识薄弱或数据库安全防范较弱，很容易泄露信息。这折射出学校和学生的安全防范意识欠缺，院校对学生个人信息监管无力，缺乏有效的防范措施。作为学生的教育培养单位，院校必须保护好学生的个人信息，不随意向他人提供，避免学生的个人信息泄露。与此同时，学校应尽快建立严谨的切实有效的学生信息监管机制，避免由于学生对学校相关工作事宜不清楚、对学校工作流程认识模糊，以致给诈骗犯罪分子可乘之机，冒充校方人员对学生实施诈骗。

（三）社会层面

（1）利益驱使，社会风气较浮躁，人们易形成投机取巧、不劳而获的心理。从社会心理学上讲，诈骗分子在市场经济的大潮冲击和诱惑下，产生好逸恶劳的心理，想不劳而获，通过投机取巧诈骗以获取财富。因为他们失衡的心理，最终导致他们错误的价值观念，他们认为干坏事可以快速致富，可以满足他们炫富和虚荣的心理，于是挖空心思想通过钻营不正当手段去获取他人的钱财，以达到不劳而获的效果，从而走向犯罪的深渊。

（2）个人信息泄露严重，倒卖个人信息猖獗，已成“黑色产业链”。互联网技术发展至今，个人信息特别是身份证号、住址、电话等基本信息，在流动过程中的多个环节均会以不同方式泄露。如京东、淘宝等购物平台掌握客户网购订单，航空公司掌握航班机票信息，各种手机理财APP拥有个人金融账号等，而这些网站防火墙一旦被黑客入侵，个人信息数据库将暴露无遗。更严重的是，这些掌握个人信息资产数据的互联网员工或是市面上的一些培训机构、电信运营商、银行、房产中介、保险公司、快递公司等企业的员工为牟取私利向违法机构和个人倒卖公民个人信息的现象也日益猖獗。经了解，目前倒卖个人信息已成为“黑色产业链”，不法分子可以轻易购买到特定人群的信息。在这个“黑链条”中，既有供给人员，也有促成交易的中间商，黑客或内鬼拿到最新泄露的信息后，会通过QQ群、论坛等途径倒卖给使用者；或经过掮客注水加工后，倒卖给下游的诈骗者或其他使用者。各环节自成一体，交易互不见面。

（3）虚拟运营商用户实名制落实不严，号码实际归属地不明，监管措施不到位。工信部通过对虚拟运营商新入网电话用户实名登记工作进行暗访发现：所抽查的109个营销网点中，违规比例超三成，虚拟运营商品牌分享通信新入网用户及在网用户登记信息存在严重违法违规行为，170/171号段便是“重灾区”。以170/171号段为主要平台的虚拟运营商没有自己的通信网络，而是从移动、联通和电信三家基础运营商那里承包部分通信网络的使用权，通过自己设定的计费系统将通信服务卖给消费者，虚拟运营商将该号段的电话号码转包给大量代理商销售，代理商又分销给各网点，逐级分散消解了运营商的控制力。调查结果显示，这些虚拟运营商为开拓市场、拿到更多的码号资源，以“假激活”方式套取资源，入网时登记信息不一定是实际使用人信息这在行内俗称“养卡”。

以徐玉玉接到的诈骗电话为例，即“171”开头的号码，在江苏、广东、福建、浙江、湖南、陕西等地，发生过多起涉及170/171号段的电信网络诈骗，号段在试点阶段管理措施不完善、销售渠道较多以及实名制难度大都给犯罪分子提供了可乘之机。

（四）国家层面

（1）法律滞后，电信网络诈骗并未独立成罪，惩处力度较轻。电信网络诈骗作为一种特殊的诈骗，并未从《中华人民共和国刑法》第266条分离出来，电信网络诈骗行为主要以普通诈骗罪定罪处罚，其立法和司法解释严重不足。但电信网络诈骗与普通诈骗存在较大的不同，电信网络诈骗侵害的不仅仅是公民的财产权，金融管理秩序、市场管理秩序、社会诚信体系、电信管理秩序都同时受到不同程度的影响，社会危害性极高，以传统诈骗罪对其定罪、量刑，难以对诈骗分子行为予以惩罚。同时，我国在程序法上也有不足，这导致电信网络诈骗犯罪取证难、定罪难、诈骗数额确定难，对其他一系列从犯惩罚较轻。当传统诈骗结合现代电信网络的时候，传统的各个击破打击手段远远不够。

为了更好地预防和惩治电信网络诈骗犯罪，2011 年 3 月 1 日，最高人民法院、最高人民检察院联合颁发了《关于办理诈骗刑事案件具体应用法律若干问题的解释》。其中阐述了：对电信网络诈骗的既遂问题的规定，与普通诈骗罪适用同样的标准；对短信诈骗、电话诈骗的未遂标准，但未规定其他种类的电信网络诈骗的标准；对电信网络诈骗的共同犯罪的规定。

（2）个人信息保护制度不完备，进一步完善《中华人民共和国个人信息保护法》。电信网络诈骗分子之所以能够准确地选中诈骗目标，使得诈骗活动得以成功的主要原因就是他们掌握了被骗人的详细个人信息，造成被害人放松警惕，听信诈骗分子的安排，最终导致生命财产的损失。倒卖个人信息已形成“黑色产业链”。倒卖用户数据的犯罪分子承认：“只要你听说过的学校，不论大学、中学、小学，（它们的数据）都有。”

目前，宪法、刑法以及《关于加强网络信息保护的决定》对公民个人信息保护都提供了重要的法律依据，然而，在查办案件的过程中，侵犯公民个人信息罪的定罪量刑标准不明确，不易把握。另有一些法律适用问题存在认识分歧，影响了案件办理。

中国人民大学原副校长、民法专家王利明认为：“个人电子信息权是公民的基本人权，关系到公民的人格尊严和人身自由。立法保护公民个人信息具有重要意义。”同时考虑到个人信息的商业价值属于个人财产，打击买卖个人信息行为不仅有助于保护个人财产权益，还可以掐断其滥用的源头。相关法律的出台，能够为公民维权提供支持和帮助，能够在源头上对电信网络诈骗进行有效防范；相关法律的出台还能理顺电信运营商、银行等机构的责任，将有效地促使这些机构建立起完善、高效的电信网络诈骗防范机制。从国外经验看，加速相应法律的出台，不但能够有效地防范、打击、惩处电信网络诈骗，还能促进电信、互联网、银行、房地产等行业的健康发展。在我国大力推进信息产业、“互联网+”的大背景下，以立法斩断电信网络诈骗“黑色产业链”已刻不容缓。

三、大学生遭受电信网络诈骗的常见种类

由于社会对于个人信息保护意识不强，而大学生这个群体的个人信息更容易被集中收集，也就更容易造成个人信息的泄露，加之大学生群体社会经验不足、防骗教育缺失，更容易受到诈骗犯罪分子的引诱。公安部近年来每年都会针对在校学生和家长公布易发、高发电信网络诈骗的类型及特点，并发布安全提示，目的是增强学生及家长的防范意识，提高防骗识骗能力。下面介绍几种常见的大学生遭受电信网络诈骗类型。

（1）网上办理证书或购买考试答案。诈骗分子会在网络论坛、贴吧等发布虚假广告，或者掌握学生的个人信息后，通过淘宝、微信、QQ 向学生群体群发网上办理四、六级英语考试证书，计算机等级证书，等级考试的考前和考中答案，以此引诱大学生。有些大学生为了顺利取得毕业证书，抱着试试看的态度与这些诈骗分子取得联系，诈骗分子一般会通过办理费、保密费、押金等借口要求上当的大学生支付钱财又会告知已经上当受骗的学生们不能报警，如果报警就会追究学生的责任可能会导致自己退学甚至被判刑。如果受害人没有选择求助或者报警，只能自己承担被骗的后果。

（2）高考虚假招生诈骗。诈骗分子常伪造公文，利用家长对特长加分、艺考、军校招生以及自主招生政策的不了解，谎称有高校的“内部指标”或者“计划外指标”，只要出价合理就保证录取。考生及家长一定要高度警惕此类“分不够，钱来凑”的虚假招生骗局。

（3）助学金、奖学金诈骗。诈骗分子冒充国家工作人员以发放助学金、奖学金的名义，要求学生提供银行卡卡号和密码，直接诱导学生到 ATM 机进行转账操作。如遇到发放助学金及奖学金的，请先向老师和当地教育部门咨询，千万不要擅自按照对方要求操作转账，以免上当受骗。

（4）校园贷诈骗。诈骗分子谎称申请办理校园贷的学生需要缴纳数千元的保险金，诱骗学生多次转账汇款；又或者在大学校园内以给好处费为诱饵，让大学生提供自己的个人信息在网贷平台贷款或购买高档手机等，承诺所有贷款不用大学生偿还，事后还会给大学生几百元甚至数千元的现金作为好处费。然而一旦贷款成功，诈骗分子便卷款消失。初入高校的学生极容易陷入此类骗局。

（5）网购退款诈骗。学生是网购的重要群体，诈骗分子非法获取网购买家信息后，以商品有问题为由，联系买家退款。退款过程中，诈骗分子利用被诈骗对象对网络借贷的陌生，诱使买家进入网络借贷平台，在诈骗分子的不断指引下，一步步从网贷平台上借出现金并转账给诈骗分子。

（6）兼职刷单诈骗。诈骗分子冒充客服人员向被诈骗对象发送链接，声称点击其中链接，购买商品成功后，货款会退还，还有返利提成，甚至会让被诈骗对象填写一份入职资料，让其以为自己是被正当公司聘用。在完成第一单购买任务后，被诈骗对象会收到客服之前约定的刷单返利，并以此为诱饵吸引被诈骗人购买价值更高的商品，当交易达到一定数量后，所谓的客服人员就会切断与被诈骗人的联系，就此消失。因工作轻松有收益，刷单行为吸引了不少大学生参与，此类诈骗案件高发。

四、大学生遭受电信网络诈骗的主要特点

近年来，我国电商、网络自媒体、互联网金融快速发展，已远远走在了世界前列，且应用规模异常庞大。但互联网大国并不等于互联网强国，行业的快速发展必然留下这样那样的隐患，也让我们面临许多前所未有的问题，电信网络诈骗就是其中的一个。特别是“互联网+”时代的到来，意味着万事万物被吸纳进一张无形的“网”，在这个“网”中，一切事物都处于普遍联系的状态，在为人类社会带来无限发展动力的同时，其部分漏洞也被诈骗者所利用。互联网过去更多地发挥着向世界各地的人们提供各种所需信息的作用，其主体间相互交流与合作的能力并不突出，因此电信网络诈骗还局限于有限的行业与范围之内。当进入“互联网+”时代，互联网与传统行业相加激活了市场主体间的联系与合作，无孔不入的诈骗者“不失时机”地进行多种样式的诈骗行为，电信网络诈骗呈现出新的特点。

（1）诈骗的目标和手段更有针对性。诈骗分子针对大学生实施电信网络诈骗时，往往更有针对性，由于大学生群体跟一般的群体不同，更熟悉电信互联网，在生活和学习中利

用电信互联网也更多。传统的电信网络诈骗手段往往不容易使大学生上当受骗。于是，诈骗分子会通过互联网“对症下药”，如针对没有考过英语等级考试的学生兜售答案或者办理四、六级成绩单；针对消费比较高的学生，诈骗分子以无抵押、快速放款的虚假宣传进行网络贷款进行诈骗；针对家庭条件比较一般的学生，诈骗分子冒充国家工作人员以发放助学金、奖学金的名义，骗取钱财。

（2）诈骗团伙内部分工协作更精细。随着电信网络诈骗由“盲骗”到“精准”诈骗的转变，进行诈骗所需要的前期准备更为精细，工作量也更为巨大，单靠个人的能力是远远不够的，这便是滋生团伙分工协作式诈骗的温床。通过大量现实案例分析，诈骗团伙内部通常有以下几种分工。

1）有专门人员通过互联网络使用 QQ 群、微信或某些网络交易平台进行大量个人信息数据的购买（个人信息多以学生为主）及虚假身份证、银行卡和手机卡的办理。

2）获得详尽个人信息后，有专人负责通过手机、网络等方式主动联系并锁定目标，而后多人协作冒充相关领域或部门不同层级工作人员对特定目标进行配合式的诈骗，最终取得受害人的信任。

3）成功骗取受害人进行汇款后，由特定人员负责取款、分赃并集中销毁银行卡等相关作案工具。

可见，诈骗团伙内部有着严密的分工协作，环环相扣，一步一步地打消受害人的疑虑和戒备，取得受害人的信任，最终成功骗取钱财后及时销毁证据，使得受害人难以获得有效证据信息追回骗款。

（3）依托网络技术实施诈骗，手段呈现智能化。犯罪分子实施诈骗所使用的网址是花钱找专门技术人员制作的虚假网站，该网站套用正规购物网站样式制作，个人电脑若不带有防范提示软件的浏览器或缺乏网络知识根本无法辨认真假，受害人很容易相信这是真正的购物或其他投资网站。网站内作案用的收款银行账号为犯罪分子通过网络购买的无关联人员开户的银行卡，将其挂靠在虚假网站上以备作案收款之用。犯罪分子日常只需在网站后台盯紧有无上当购物，发现后通过网络电子邮件、手机及 QQ 等聊天工具联系受害人，进而实施下一步诈骗。

（4）资金流向更具复杂性，避开网络保护进行诈骗。由于大学生掌握更多、更快捷的支付方式，所以电信网络诈骗犯罪分子会选择更隐蔽、更便利分散赃款的方式骗取钱财，这样不仅使警方难以查明骗子的真实身份，也使追回赃款变得无从下手。

当下，支付宝转账、微信支付等已成为大众尤其是年轻人进行汇款、交易支付的首选。在各种支付软件、交易平台繁荣发展的背后，互联网交易安全保护措施一应俱全，无论是防黑客、防病毒软件，还是网络平台交易规则基本可以实现金钱在网络上常规操作的零风险保障。例如，在某电商交易平台上买家支付货款后未收到货物前，所支付的货款由第三方进行保管，买家收货检验后可再次确认付款，此时货款便可即时到达卖家账户。如遇到卖家故意欺诈、不发货、以次充好等情况，买家可及时申请退款，此时货款返还买家账户。在如此铜墙铁壁的安全保障之下，网络诈骗者利用人们贪图便宜侥幸心理、易受暗示和容易轻信麻痹的特点，精心设置骗局，通过看似合理实则却经不起推敲的谎言来欺骗目标对象，绕过网络第三方的保护后实施诈骗行为。由于缺乏必要的安全保障，每当受害者幡然醒悟之后，诈骗者早已销毁证据逍遥法外。

五、电信网络诈骗对大学生群体的危害

当前，电信网络诈骗犯罪已经渗透到全国各地，受害者覆盖各个年龄段各种职业。电信网络诈骗把罪恶的眼睛盯在每个受害人身上，不仅大肆骗取个人和企业的钱财，给其造成巨大经济损失，还严重影响了社会诚信，制造了无数个家庭悲剧。震惊全国的“徐玉玉事件”将电信网络诈骗这一社会公害推向了舆论的风口浪尖，电信网络诈骗受到了全社会的关注，而电信网络诈骗给社会带来的危害远不止于此。对于大学生群体而言，在步入社会之前，经济来源大部分来自父母，受骗后耻于向家人倾诉，由此造成内心巨大压力，更有甚者危及性命，所以说电信网络诈骗对大学生群体造成的危害更大。

（1）电信网络诈骗严重侵害大学生群体财产安全、人身安全。在涉案金额上，传统盗窃抢劫案能抢几万元就算很多，但电信网络诈骗不同，动辄就是几百万、上千万元，诈骗金额触目惊心，受害人单日被骗最高的是 1.17 亿元。

此外，在电信网络诈骗案件中，由于大学生涉世未深，没有过强的抗压能力，受害者有时会出现精神疾病，甚至会出现跳楼自杀等损害生命的情况。具体数字虽然难以统计，但是我们可以想象自身的积蓄瞬间化为乌有，对于许多工薪阶层或者中老年人来说都是重大的打击，更何况在校的大学生群体这样的打击往往还会导致受害者的生活积极性受挫，也会使其他群众对社会产生失望、不满甚至不信任的情绪，成为社会不和谐的因素。

2016 年下半年相继发生多起电信网络诈骗犯罪致人死亡的事件。山东临沂的徐玉玉姑娘尸骨未寒，8 月 23 日，临县大二学生宋振宁也在遭遇电信网络诈骗后心脏骤停，不幸离世。一个个好端端的家庭，被带走了希望和未来，也让更多人深感震惊和不安。对一个普通家庭来说，“养老钱”“救命钱”“上学钱”被骗，会造成倾家荡产，家破人亡。而对于一个学生来说资金被骗，有可能造成整个精神世界的坍塌，从而失去生活的希望。

（2）大学生群体学生易受诈骗引导误入歧途，影响社会稳定。电信网络诈骗受害者包括社会各个阶层，不管是涉世未深的准大学生还是身为知识精英的名校教师，不管是普通民众，还是企业老板、公务员，各行各业各类人员都有可能成为电信网络诈骗的对象。电信网络诈骗社会影响面广，性质非常恶劣，已成为严重影响社会稳定的突出治安问题。

电信网络诈骗由于犯罪成本低、风险小、回报高、易得手，很容易被效仿和传播，形成犯罪“黑色产业链”，诈骗后果也越来越恶劣。电信网络诈骗不仅严重危害和威胁群众财产安全和合法权益，影响老百姓的安宁生活，更严重影响人们的安全感，扰乱了社会秩序，给国家安全和社会稳定带来极大隐患，已经发展到了触目惊心的地步。同时，电信网络诈骗的犯罪成功率高、打击成功率低，容易造成不少人是非混淆、荣辱不分，特别是对青少年产生负面影响，以致助长“有工不做、有田不种、有学不上、好逸恶劳、投机钻营、坑蒙拐骗”等不良社会风气。大学生群体易受不良风气的影响，走上违法犯罪的道路，这不仅是个人的悲哀，也是整个社会的悲哀。

（3）电信网络诈骗导致严重信任危机，影响大学生群体的价值观。电信网络诈骗通过高科技手段，冒充受害人的亲朋好友，甚至假冒公检法等部门名义进行诈骗，让社会交往中的各个信任打个问号，甚至一度使得人人自危，警惕性和防范心理倍增。“接到公检法的电话一律挂掉”等防骗指南，影响了国家机关等一些部门正常工作的开展，误把红十字会电话当成诈骗电话，错过了救人性命的机会。不少人只要看到陌生号码来电就很警惕要

么不接，要么直接挂掉，等等。这些不仅造成部分群众对公检法部门等不满，损害了公共权力机关的公信力，而且由于电信网络诈骗削弱了社会基本信任，危害远远大于一般的诚信缺失。

电信网络诈骗破坏了社会诚信，严重影响了人与人之间的信赖关系，即便是父母子女或者朋友的电话，都需要打上一个问号。电信网络诈骗不仅给直接受害者带来财产甚至生命损失，也加剧了人与人之间的不信任，增加了社会运行成本。

大学生作为即将步入社会的群体，如果在此阶段养成对人不信任的习惯或被贴上不值得信任的标签，将会对其产生不良的影响，试想一个不信任别人的人又怎能获得别人的信任，一个人的价值观会在其参加工作后几年内形成，为了当代大学生群体能够形成一个正确的价值观、人生观，我们必须全力打击电信网络诈骗，保证学生群体的健康成长。

（4）电信网络诈骗荼毒社会主义精神文明建设，严重背离社会主义核心价值观。随着全球化的发展和改革开放的深入，面对多元文化价值观的涌入，社会主义核心价值观为每一个中国人确立了行为标准、道德标杆。电信网络诈骗分子的行为，严重背离了社会主义核心价值观，违反了“爱国、敬业、诚信、友善”的公民基本道德规范。不法分子企图不劳而获，靠耍聪明、钻空子侵吞他人的合法财产，这种坐享其成、唯利是图的作风严重破坏了社会公正风气，不法分子违反法律，钻漏洞，贪一时富贵，凌驾法律之上，严重破坏了国家法治。“富强、民主、文明、和谐”，是我国社会主义现代化国家的建设目标，而电信网络诈骗严重破坏社会和谐，荼毒社会主义精神文明建设。

任务四　网络安全个人防护

互联网时代，网络已经承接了人们生活、娱乐、工作、办事等很多方面的功能性需求，而在享受网络的便利与乐趣时，人们也会在网络上留下大量的个人足迹和信息，这里面不仅包含了个人的兴趣爱好、购物清单等私密信息，还包含个人身份、财产等重要个人信息，这些信息一旦被非法获取和泄露，将会给个人生命财产安全带来严重威胁。个人信息的泄露绝不是危言耸听，近年来由于个人信息泄露而导致的网络违法案件并不鲜见，甚至个人信息在一些网络交易平台上被公然交易。不法分子在获取个人信息后，会通过电信网络诈骗、黑客窃取、广告轰炸等方式，对个人财产等进行窃取，有的还会采取绑架、恐吓等方式危害人身安全。近年来，虽然相关部门始终保持打击力度，但仍有不法分子铤而走险。因此，保护个人信息安全任重道远，政府、企业合力强化管理的同时，用户也要提升保护个人隐私的意识、加强个人信息安全防护。

一、大学生上网聊天交友应注意的问题

在网络这个虚拟世界里，一个现实的人可以以多种身份出现，也可以多种不同的面貌出现，善良与丑恶往往结伴而行。由于受到沟通方式的限制，人与人之间缺乏多方面、真切的交流，唯一交流的方式就是电子文字，而这些往往会掩盖一个人原本应显现出来的素质，为一些居心叵测者提供了可乘之机，因此，大学生在互联网上聊天交友时，必须把握慎重的原则，不要轻易相信他人。

（1）在聊天室或上网交友时，尽量避免使用真实的姓名，不轻易告诉对方自己的电话

号码、住址等有关个人真实的信息。

（2）不轻易与网友见面，许多大学生与网友沟通一段时间后，感情迅速升温，不但交换了真实姓名、电话号码，而且还有一种强烈见面的欲望。

（3）与网友见面时，要有自己信任的同学或朋友陪伴，尽量不要一个人赴约，约会的地点尽量选择在公共场所、人员较多的地方，尽量选择在白天，不要选择偏僻、隐蔽的场所，否则一旦发生危险情况时，得不到他人的帮助。

（4）在聊天室聊天时，不要轻易点击来历不明的网址链接或来历不明的文件，往往这些链接或文件会携带聊天室炸弹、逻辑炸弹，或带有攻击性质的黑客软件，造成强行关闭聊天室、系统崩溃或被植入木马程序。

（5）警惕网络色情聊天，反动宣传。聊天室里汇聚了各类人群，其中不乏好色之徒，言语间充满挑逗，对不谙男女事故的大学生极具诱惑，或在聊天室散布色情网站的链接，换取高频点击率，对大学生的身心造成伤害。也有一些组织或个人利用聊天室进行反动宣传、拉拢、腐蚀，这些都应引起大学生朋友的警惕。

二、大学生在浏览网页时应注意的问题

浏览网页是上网时做得最多的一件事，通过对各个网站的浏览，可以掌握大量的信息，丰富自己的知识、经验，但同时也会遇到一些尴尬的情况。

（1）在浏览网页时，尽量选择合法网站。互联网上的各种网站数以亿计，网页的内容五花八门，绝大部分内容是健康的，但许多非法网站为达到其自身的目的，不择手段，利用人们好奇、歪曲的心理，放置一些不健康甚至是反动的内容。合法网站则在内容的安排和设置上大都是健康的、有益的。

（2）不要浏览色情网站。大多数的国家都把色情网站列为非法网站，在我国则更是扫黄打非的对象，浏览色情网站，会给自己的身心健康造成伤害，长此以往还会导致走向性犯罪的道路。

（3）浏览 BBS 等虚拟社区时，有的人喜欢在网上发表言论，有的人喜欢发表一些带有攻击性的言论，或者反动、迷信的内容。有的人是好奇，有的人是在网上打抱不平，这些行为容易造成自己 IP 地址泄露，受到他人的攻击，更重要的是稍不注意会触犯法律。

三、大学生在进行网络购物时应注意的问题

随着信息技术的发展，电子商务进入人们的日常生活之中，人们对网络的依赖性正在逐渐增强，网络购物也成为一种时尚，但也有人在网上购买刻录机，邮到的却是乌龙茶。因此在进行网络购物时应注意如下几方面的问题。

（1）选择合法的、信誉度较高的网站交易。网络购物时必须对该网站的信誉度、安全性、付款方式，特别是以信用卡付费的保密性进行考查，防止个人账号、密码遗失或被盗，造成不必要的损失。

（2）一些虚拟社区、BBS 里面的销售广告，只能作为一个参考，特别是进行二手货物交易时，更要谨慎，不可贪图小便宜。

（3）避免与未提供足以辨识和确认身份的资料（缺少登记名称负责人名称、地址、电话）的网上商店进行交易，若对该商店感到陌生，可通过电话询问当地消费团体该网上

商店的信誉度等基本资料。

(4) 若网上商店所提供的商品与市价相距甚远或明显不合理时，要小心求证，切勿贸然购买，谨防上当受骗。

(5) 消费者进行网上交易时，应打印出含有交易内容与确认号码的订单，或将其存入电脑，妥善保存交易记录。

四、如何避免遭遇网络陷阱，防止网络欺骗

在网络这个虚拟世界里，一些网站或个人为达到某种目的，往往会不择手段，套取网民的个人资料，甚至是银行账号、密码。

(1) 不要轻易相信互联网上中奖之类的信息，某些不法网站或个人利用一些人贪图小便宜的心理，常常通过向网民公布一些诸如 QQ 号码中奖、手机号码中奖等方式，然后要求中奖人邮寄汇费、提供信用卡号或个人资料，套取个人钱物、资料等。

(2) 不要轻易相信互联网上来历不明的测试个人情商智商、交友之类的测试软件，这类软件大多要求提供个人真实的资料，往往这就是一个网络陷阱。

(3) 不要轻易将自己的电话号码、手机号码在网上注册，一些网民在注册成功后，不但要缴纳高额的电话费，而且会受到一些来历不明的电话、信息的骚扰。

(4) 不要轻易相信网上公布的快速致富的窍门，“天下没有免费的午餐”一旦相信这些信息，绝大部分都会赔钱，甚至血本无归。

五、提高法律意识，预防网络犯罪

网络在为人们带来巨大便利的同时，一些不法分子也看准了这一点，利用网络频频作案，近些年来，网上犯罪不断增长。一位精通网络的社会学家说：“互联网是一个自由且身份隐蔽的地方，网络犯罪的隐秘性非一般犯罪可比，而人类一旦冲破了某种束缚，其行为可能近乎疯狂，潜伏于人心深处的邪念便会无拘无束地发泄。”一些大学生朋友学习一些计算机的知识后，急于寻找显示自己才华的场所，会在互联网上显一显身手，寻找一些网站的安全漏洞进行攻击，肆意浏览网站内部资料、删改网页内容，在有意无意之间触犯了法律，追悔莫及。也有的同学依仗自己技术水平高人一等，利用互联网从事违法活动，最终走上一条不归路。

(1) 正确使用互联网技术，不要随意攻击各类网站，一则这样会触犯相关的法律，二则可能会引火上身，被他人反跟踪、恶意破坏、报复，得不偿失。

(2) 不要存在侥幸心理，自以为技术手段如何高明。互联网技术博大精深，没有人能完全掌握全部技术，作为一名大学生更要时刻保持谦虚的态度，不在互联网上炫耀自己或利用互联网实施犯罪活动。

信息时代，我们置身于网络的洪流之中，需要自觉维护良好的网络环境，做一个合格的好网民。同时，也要提高保护个人信息安全的意识，及时鉴别网络安全性，避免网络陷阱，提高网络安全防范意识。

六、预防“黑客”攻击的常见办法

(1) 要使用正版防病毒软件并且定期将其升级更新，这样可以防“黑客”程序侵入你的电脑系统。

（2）如果你使用数字用户专线或是电缆调制解调器连接因特网，就要安装防火墙软件监视数据流动。要尽量选用最先进的防火墙软件。

（3）别按常规思维设置网络密码，要使用由数字、字母和汉字混排而成，令“黑客”难以破译的口令密码。另外，要经常性地变换自己的口令密码。

（4）对不同的网站和程序，要使用不同的口令密码，不要图省事使用统一密码，以防止被“黑客”破译后产生“多米诺骨牌”效应。

（5）对来路不明的电子邮件或亲友电子邮件的附件或邮件列表要保持警惕，不要一收到就马上打开。要首先用杀病毒软件查杀，确定无病毒和“黑客”程序后再打开。

（6）要尽量使用最新版本的互联网浏览器软件、电子邮件软件和其他相关软件。

（7）下载软件要去声誉好的专业网站，既安全又能保证较快速度，不要去资质不清楚的网站。

（8）少蹭公共 WiFi，尽量不要使用陌生 WiFi。

（9）只向有安全保证的网站发送个人信用卡资料，注意寻找浏览器底部显示的挂锁图标或钥匙形图标。

（10）要注意确认你要去的网站地址，注意输入的字母和标点符号的绝对正确，防止误入网上歧途，落入网络陷阱。

（11）云端储存要注意隐私，不要将有个人隐私的照片传上去，以免泄露被他人利用。

任务五　遭受电信网络诈骗后的补救措施

一、遭受电信网络诈骗后的做法

在遭受电信网络诈骗后，千万要及时报警，不要觉得告诉别人会丢面子或是有想要自己解决问题的思想，涉及父母、亲戚、朋友的信息时，一定要及时通知亲友做好防范工作，以免错失了补救的机会。遭受诈骗后：首先，向公安机关报案或通过反诈骗平台报案，是挽回经济损失的最快最直接的方法。其次，提供案件线索，打击电信犯罪，抓获相关嫌疑人。最后，参与到电信网络诈骗防范宣传中来，以自己的亲身经历去教育身边的人，让自己的亲戚朋友不再受骗。

虽然说对于电信网络诈骗犯罪“打”不如“防”来得有效，但是一旦被电信网络诈骗行为侵害，我们也要有足够的应对措施，挽回不必要的损失，切勿病急乱投医，再次落入别人的圈套。

二、遭受电信网络诈骗后的补救措施

（一）找到正确的时间点补救

如果一旦发现钱财被诈骗，第一时间报警十分重要，只有被骗群众及时报警，反诈骗部门才能采取措施及时止付，封堵被骗资金。追踪封堵赃款的黄金时间多在汇款转账后的半个小时以内，所以这半个小时也被称为止付黄金半小时。在黄金半小时内说清涉案通信号码和银行账号等关键信息，为反虚假信息诈骗中心快速处置提供必要条件，才能最大限度追回被骗资金。

（二）找到正确的途径补救

不管通过网站、电话，还是到公安机关报警补救，都应通过网络违法犯罪举报网站、110 报警平台等正规的途径进行求助。如果被骗时间短，应先行通过电话方式进行报警，及时止付；如果被骗时间较长，建议先行整理好自己被骗的相关证据和骗子们使用的账号、电话信息等，尽量向公安机关提供详尽的证据材料，向公安机关详述自己被骗经过，提供线索，为公安机关找到电信诈骗分子提供便利。

（三）找到正确的方式补救

提高自己的防范意识固然十分重要，但是骗子的骗术总是花样翻新、层出不穷，有时确实让人真假难辨，防不胜防。所以，一旦发现自己或者亲戚朋友上当受骗，我们需要知道怎样做才是正确的补救措施，怎样处理才能及时挽回自己的损失、惩治这些犯罪分子。

一旦发现自己上当受骗或听到亲戚朋友被骗，请立即拨打“110”或者当地反诈骗专线电话向公安机关报案，并提供骗子的账号和联系电话等详细情况，以便公安机关第一时间开展资金封堵和侦查破案。

经公安部授权，从 2015 年开始，各省公安厅地市级公安局已经逐步成立了打击防范电信网络诈骗犯罪信息平台、反虚假信息诈骗实战平台和电信网络诈骗侦办平台，平台的中心职能是银行卡账号以及第三方的止付、查询、冻结以及解冻，并与金融机构协作，在平台内成立查控中心，建立完善警银联动工作机制，建立了快速查询、止付、拦截通道，实现电信网络诈骗犯罪案件受理、查询、处置一体化，为全国打击防范电信网络诈骗犯罪提供资金流查控等服务。

目前，全国各级公安机关刑警队、派出所已全部接入“电信网络诈骗案件侦办平台”。各级公安机关刑警队、派出所接报电信网络诈骗案件后，第一时间查明涉案的一级账户，并在 30min 内将简要案情和一级账户的姓名、账号、转账时间等信息录入平台。设在公安部刑侦局的全国打击治理电信网络新型违法犯罪专项行动办公室实时审核各地接警录入侦办平台的涉案账户信息，并与相关银行紧密协作，开展紧急止付工作。

当受害人意识到上当受骗后应当立即报案，拨打 110 或者直接到公安机关进行报案，办案民警会按照先止付后询问的原则，止付时，需要向民警告知你的真实姓名和身份证号码，并提供转出现金的账号和账号开户行信息、转账的具体时间和准确金额，以及骗子的银行账号、账号用户名、开户行（银行的柜台和银行客服都可以帮忙查询）。此外，还要提供汇款凭证或者电子凭证截图。

在搜集上述信息后，报警系统可以凭借这些信息，对嫌疑人的银行卡进行紧急止付，尽最大努力保护受害人的财产安全。需要强调的是，为了尽快追回损失，如果发现被骗，尽量在 30min 内完成以上操作。

（四）正确及时地保留相关证据

（1）证据是我们报案和公安机关立案的重要依据，也是公安机关继续办案的案件线索，更是将来我们追回损失的重要凭证。所以，正确和及时地保留证据是在出现电信网络诈骗后我们应当具备的意识和能力。

（2）我们要以正确的方式保留相关证据。证据本身是有证明力的，公安机关通过合法的途径依照合法的程序进行提取。我们需要做的就是尽量保持证据的原始状态，即保持证据的初始性、完整性和客观性。对电信诈骗中使用过的手机、电脑等设备中的信息不要删除和修改，有可能破案的线索也藏在这些信息中。

（3）电信网络诈骗中的证据比较单一有限，证据往往以电子证据的形式出现，由于一些电子设备的特点，及时地保留证据可以有效避免证据的丢失。

（4）将保留好的证据提供给公安机关。一般在黄金半小时做完自己该做的事情后，即止付完成后，民警会对受害人进行询问，询问时将案发时间、案发地点、诈骗通信账号（如QQ、微信等）、受骗的通信账号、诈骗借口、损失金额详细提供给警方，并将身份证号码、交易单据记录、汇款银行账号、骗子的银行账号、聊天记录、通信记录交由民警作为案件证据继续调查使用。民警会将受害人的账户录入公安部电信网络诈骗侦办平台，并通知相关部门争分夺秒地工作，短时间内将被骗的款项冻结。冻结成功后，凡是由反诈骗中心冻结的账户，办案单位均可进行资金原路返还工作，办案人员会依照程序将被骗款项返回到受害人账户中。

如果手机中经常会收到类似的诈骗短信，请将短信内容以及涉案类型编辑短信发送至12110进行举报。还可以通过公安部网络保卫局的网络违法犯罪举报网站进行注册举报。

亡羊补牢，犹未晚也。对于一些被电信网络诈骗骗去钱财的受害人来说由于某些客观原因，损失可能已无法挽回。但对于整个社会来说，与电信网络诈骗犯罪的斗争才刚刚开始，面对骗术精湛、手段不断翻新的骗子，我们自己能做到的就是提高防范意识，保护好自己的个人信息，积极参与到电信网络诈骗的防范工作中来，以自己的或者别人的经历去告诫身边的人让更多的人看透电信网络诈骗的本质，不再上当。当骗子们无计可施，骗局就不再得逞。这样对于整个社会而言，也是遭受电信网络诈骗后的一种补救。

习　题

4-1　网络安全的具体内容有哪些？

4-2　如何认识《中华人民共和国网络安全法》的重要性？

4-3　大学生应如何提高网络安全意识？

4-4　如何做好网络安全个人防护？

项目五　心理健康安全

案例1

2009年元月某日早晨，某高校一女生被人发现死在校内的一个山坡上。经公安机关侦查，排除他杀的可能，认定是自杀。在整理遗物时发现她在日记上写道，她平时成绩很好，这次期末考试成绩下降，而同宿舍一名平时学习成绩不如她的同学这次却考得比她好，难以接受，整天郁郁寡欢、闷闷不乐，心理极不平衡，遂产生自杀行为。

案例2

2009年8月28日，某高校一名大二男生，竟在宿舍用床单将自己吊死在床头的栏杆上，他的尸体被同宿舍的室友发现。自杀的男生姓陈，宁德人，是厦门某高校机电科的大二学生，平时性格比较孤僻，不太爱讲话，喜欢独来独往，在同学中也没有什么好朋友，因上学期期末考试有5科不及格，因此在校复习准备补考。事发前，他曾经给自己的同学发过短信，短信的内容大体意思是，功课不及格，自己的压力很大，心情很郁闷。事发后，校方第一时间通知了他的家属。随后，小陈的两个姐姐来到学校，听到弟弟的噩耗，痛哭不止。

思考与研讨：

（1）是什么导致以上两个案例中的大学生采取自杀方式结束自己的生命？

（2）你自己或周围的同学中是否有心理健康问题，你认为应该如何保持健康的心理？

任务一　大学生心理健康安全基本概念

当今社会的飞速发展，竞争激烈，给人们带来了前所未有的巨大压力，这些压力无形中又以各种形式传递给了大学生。在这样的形势下，大学生会产生各种各样的心理问题，例如，情绪不稳定、心理压力过大、危机感过强、自我封闭等。如果不能及时清除心理障碍，很有可能发展为心理疾病，在行为上会容易走极端，从而给自己在大学的学业和生活带来负面影响。

一、心理健康的定义

心理健康是指个体的心理活动处于正常状态下，即认知正常、情感协调、意志健全、个性完整和适应良好，能够充分发挥自己的最大潜能，以适应生活、学习、工作和社会环境变化的需要。

心理健康是大学生正常学习、交往、生活各方面得到发展的保证。从现实情况和社会发展需要来看，作为大学生，除了具有良好的思想道德素质和科学文化素质外，还必须具有相应心理素质和适应能力，现代社会的特征是生活节奏快、竞争意识强，原有思维方式、行为方式、价值观念以及道德规范都发生了巨大变化，要想尽快适应社会，提高心理素质和适应能力就显得异常重要。实践表明，心理健康的人往往能保持平静的情绪、敏锐的思维、乐观的态度和及时适应社会环境的行为。

心理健康安全有广义与狭义的区分，广义上是指人们在心理上或精神上具有比较稳固的防线，这个防线能抵御外界力量所带来的心理刺激，有效防范各种心理险情的发生；狭义上是指人们面对所处内外环境的情形时所持有的一种追求平稳、不受威胁的应对性心理机制。

大学阶段是人一生当中人格发展与完善的关键时期。作为先进生产力的后备军，大学生应该全面加强自身素质的培养，而心理素质作为人的素质结构中的核心因素，对大学生的全面发展起着非常关键的作用。大学生活对大部分学生来说，是走向社会的开始。能否顺利融入校园社会，与学生是否具有健全的人格和良好的心理素质大有关系。由于在校大学生在生理方面正处于生长发育时期，面对来自各方面的较大压力，尤其是学习、就业等方面的压力，尽管他们有着较明显的自我意识，但自我保护、心理适应和社会协调能力却相对较弱。一些大学生在遇到困难和挫折的时候，往往心理无法承受，因此很容易出现心理问题，如抑郁、焦虑、暴躁、冷漠、消沉，甚至自残、自杀等。对于大学生的这种现状，高校在健康咨询和心理帮助方面的工作都相对滞后，使得大学生心理问题在出现之后不能得到及时的解决，最终也会导致一些严重的后果发生。

当代的大学生是未来社会建设的主力军，是社会的栋梁，他们不仅需要有为社会做贡献的真才实学，更需要有良好的社会适应能力和健康的心理。目前，部分在校大学生的心理健康问题，严重地阻碍了大学生智力潜能的发挥，阻碍了他们学业的进步、优良道德品质的形成和正常的人际交往。从国际环境来看，经济全球化迅猛发展，不同文明、文化生活方式的融合与冲突、矛盾和困惑十分突出；从国内环境来看，随着社会主义市场经济体制改革不断深化，社会经济成分、就业方式、分配方式、利益关系、价值观念等日益多样化，社会思想空前活跃、多变和复杂；从科学技术的发展看，信息网络技术及传播手段发生重大变革，互联网已经成为高校学生获取知识和信息的重要渠道与表达思想、交流感情的重要场所，对大学生的心理产生重大影响；从高校教育自身来看，高等教育进入大众化阶段，大学生群体的规模、素质、结构及其社会地位发生了深刻的变化，学业课程繁重且压力大，自主择业不顺，家庭贫富差距大，不同背景同学之间存在矛盾等，都引发当代大学生的心理困惑和问题。

二、心理健康的标准

良好的心理素质是保障学生安全的内在原因，健康的心理在很大程度上能杜绝心理性安全事故的发生，结合我国大学生的心理特征及其特定的社会角色，专家确定了大学生心理健康的 7 条标准。

（1）保持对学习较浓厚的兴趣和求知欲望。

（2）保持恰当的自我意识，恰当地接纳自我。

（3）协调和控制情绪，保持良好的心境。

（4）拥有和谐的人际关系，乐于交往。

（5）保持完整统一的人格品质，培养健全人格。

（6）保持良好的环境适应能力，正确认识环境并处理个人与环境的关系。

(7) 心理行为符合年龄特征。

从以上标准可以看出，心理健康实际上表明了一个人在生理、心理与社会处于相互协调的一种和谐状态。为了加深对大学生心理健康标准的理解，需要强调以下内容：

(1) 心理健康意味着具有正常的认知能力。心理健康的大学生通常具备敏锐的观察力，强而持久的记忆力，良好的注意力以及思维能力，这些主要体现在学习和解决问题的过程中。其次，能充分认知自己，对自己的能力作出恰如其分的判断。

(2) 心理健康意味着能正视现实、接纳他人。心理健康的大学生能够面对并正视现实，对周围的事物和环境有客观的认识和评价。能妥善处理生活、工作中的困难，他们乐于与人交往，接受并容纳他人，人际关系和谐，在社会中有较强的适应能力和较充足的安全感。而那些不敢面对现实或怨天尤人者，则无法适应现实，他们游离于集体生活之外，与周围的人格格不入，这些都是心理不健康的表现。

(3) 心理健康意味着能协调、控制好自己的情绪。心理健康的大学生的积极情绪总是可以使其处于情绪平稳状态，虽然他们也会有消极的情绪体验，但对不良情绪能通过适当渠道加以宣泄，调整自己的心态，在社会允许的范围内不断改善自己待人处事的方式方法。

(4) 心理健康意味着具有合理的行为。这是心理健康的具体表现，合理的行为是指行为方式与年龄特点和社会角色一致，并且具有一贯性和理智性。心理健康的大学生会尊重师长，善待同学，能做到行为端正。

(5) 心理健康意味着具有健全的人格。健全的人格是指心理和行为和谐统一的人格，即气质、能力、性格、理想、人生观等各方面平衡发展。心理健康的大学生具有积极进取的人生观，能把自己的需要、愿望、目标和行为统一起来。

(6) 心理健康意味着具备优良的意志品质。心理健康的大学生有着明确而合理的目标，在实现目标的过程中能排除各种困难并克制自己的不良欲望，表现出的是果断、坚韧、克制和毅力。

三、心理健康的特征

一个心理健康的大学生应具备以下特征：

(1) 智力正常。智力通常称为智慧，也称为智能，是人们认识客观事物并运用知识解决实际问题的能力。智力包括求知欲、自控能力、创造力和沟通能力等多个方面。具备正常智力水平是人们生活、学习、工作、劳动的最基本的心理条件。

(2) 情绪稳定与愉悦。情绪稳定与心情愉悦是心理健康的重要标志，表明一个人的中枢神经系统处于相对平衡的状态，意味着机体功能的协调。情绪有积极情绪（如高兴、愉快、惬意、满意、兴奋、有趣、欣慰等）和消极情绪（如悲观、失意、苦闷、悲痛、担忧、恐惧、愤怒、伤心、绝望等）之分，积极情绪能提高生活水平，有利于身心健康，而消极情绪则降低生活水平，不利于身心健康。心理健康的人，他的情绪是愉快和乐观的，这种积极乐观的情绪，是以对生活和工作的正确态度为基础的。虽然也有悲、忧、哀、愁等不良情绪，但能主动自我调节，同时能适度表达和控制自己的情绪，使自己成为良好心境的主人。如果一个人经常愁眉苦脸、灰心绝望、喜怒无常，则是心理不健康的表现。

(3) 人格完整、和谐，行为协调统一。心理健康的人，其气质、能力、性格等人格构成要素的各个方面均能获得健全的发展。对前途充满信心，富有朝气，勇于上进；对自己从事的工作和事业，充满热情，认真负责，不怕困难，脚踏实地，表现出坚强的意志品格。一个心理健康的人，其行为受意识支配，思想与行为是统一协调的，并有着良好的自我控制能力。如果一个人的行为与思想相互矛盾，注意力不集中，思维混乱，做事杂乱无章，就是心理不健康的表现。

（4）良好的人际关系。心理健康的人，善于与他人建立起良好的人际关系。在与人交往过程中能与人为善，接纳别人，乐于助人，富有同情心，关心别人的痛苦、欢乐、兴趣和爱好，以诚相待，在社会生活中有自己知心的同学和朋友。人生活在社会大环境中，就要善于与人友好相处，乐于助人，人的交往活动能反映人的心理健康状态，人与人之间正常友好的交往不仅是维持心理健康的必备条件，也是获得心理健康的重要方法。

（5）良好的适应能力。人生活在错综复杂、变化多端的大千世界里，一生中会遇到多种环境及变化。一个人心理健康与否，主要依据他对外界环境的适应性来评判。心理健康的人，不管在什么环境中，都能应付自如，处变不惊；能正确认识自己并主动改造自己，从而与周围的环境保持协调平衡；在困难和挫折面前，能够自我安慰、自我解脱。

（6）积极向上，愿意学习。心理健康的人，对人生有着积极的态度和高度的热情，他们孜孜以求，永不满足，具有坚忍不拔的毅力，不断超越自己，能以阳光进取的心态努力学习人生所需要的能力、知识与技能。

虽然人的心理健康也不一定在每一个方面都有表现，但只要在生活实践中，能够正确认识自我，主动控制自己，正确对待外界影响，使心理保持平衡协调，就表明已具备了心理健康的基本特征。

任务二　大学生心理安全隐患

安全感是人的基本需要之一。大学生在校期间，种种矛盾冲突交织在一起，再加上我国社会正处于社会转型与变革的时代，一些来自社会的影响和自身的缺陷使得大学生容易产生许多心理问题。虽然大学生独立意识和竞争意识很强，但社交能力和心理承受能力却很弱，面对社会价值观的混乱、个人遭遇的种种不顺利等，大学生有着太多的迷茫和心理问题。教育部曾对 12.6 万名大学生进行过调查和测试，发现存在明显心理障碍者达到 20%~23%，每年全国高校大学生因失恋、考试失败、人际关系障碍、生活受挫等导致自杀者达数十人之多。以下是大学生常见的一些心理安全问题。

一、自卑心理

自卑心理主要表现为悲观、忧郁、孤僻、自信心不足、怕见生人、不敢与人交往、唯恐别人笑话自己、对自己前途完全失去信心等。自卑心理主要是对自身不恰当的自我评价和不恰当的自我认识而形成的一种自我否定的情绪体验。有自卑心理的人在主观意识上总是觉得自己比不上别人，对自己缺乏信心，有低人一等的感觉，害怕跟别人交往，在人际交往中对自己的能力评价过低，心理承受能力脆弱，谨小慎微，瞻前顾后等，结果导致他们性格内向，人际关系冷漠。自卑心理在某种程度上会影响到他们的人际关系质量，甚至会影响到他们今后在社会上的发展。自卑心理主要是由以下几种原因引起的。

（1）过多的自我否定。据调查，相当一部分学生刚刚步入社会，缺乏人际交往经验，缺乏在公众场合表达自己以及与他人交往的能力和勇气。面对各种各样的活动，既充满了兴趣又担心失败，总摆脱不了消极的自我暗示；久而久之，失去自信，回避参与，从而也妨碍了良好人际关系的建立。人际关系的疏离，反过来又促成情感的孤独。

（2）受挫折影响和心理或生理等方面的不足。一些大学生抱有许多不切实际的幻想，希望将其变为现实，他们会付出种种努力甚至刻意地追求。当这种需求持续得不到满足时，就产生了挫折感和失落感，挫折和失落也容易给大学生带来紧张、抑郁、愤怒、焦虑、自卑、恐惧等心理。大学生在激烈的竞争中进入大学，而现实和理想存在很大差距，如学校没有想象中的完美，专业没有想象中的理想，学习没有想象中的轻松。因而产生非常压抑的消极情绪，很难适应环境，表现在厌学、学习动机不足，问题比较严重的存在学习困难、学习障碍。一些学生对学校产生了恐惧的心理，怀疑自己的学习能力。

（3）个人虚荣心较重。一些学生因家庭比较贫困、出身低微、单亲家庭等，或者是因自己身材矮小、相貌丑陋、学习成绩差等，都可能会产生自卑心理。目前，我国高校在校生中约有 20%是贫困生，5%～7%是特困生。他们中有些人虚荣心太强，经不起贫困带来的精神压力，总觉得穷是没面子的事，不敢面对贫困，与同学相处敏感而自卑，采取逃避、自闭的做法，有的同学甚至发展成自闭症、抑郁症而不得不退学。

（4）自暴自弃，缺乏进取精神。个别学生可能是因为生理的原因、遭遇挫折和心理创伤、性格因素、家庭教育问题以及需求得不到满足等原因，而自暴自弃、性格内向，对任何事都不感兴趣，采取不闻不问，漠不关心的态度，终日随波逐流，无所事事。

案例：2018 年 12 月 13 日，在云南昆明冶金高等专科学校读书的大二学生张某失踪 6 天后，人们在一个公园里发现了她的遗体。张某的家人伤心欲绝。一个鲜活的生命就这样没了，真的很让人痛心，家人看到张某写给他们的遗书后，更是后悔不已，以下是张某遗书中的部分内容：

“亲爱的爸爸妈妈：

对不起，女儿不孝，先走一步了。从小我就特别羡慕那些有钱人家的孩子，想要什么就有什么，什么也不用担心、不用考虑，我因为家庭条件不好，在别人面前永远抬不起头。从小我就比同龄的孩子听话、懂事，在别人眼里我一直都是一个乖乖女。我从来不会和你们要求什么，我知道爸爸妈妈为了我和妹妹，每天都很辛苦。每次和你们要生活费都很难开口。还经常因为钱和你们吵架，现在我都不怎么敢和你们打电话了，我怕听到你们的声音我就会哭。其实我一点也不坚强，有时候我也会一个人想一些事情，想着想着就哭了，但是又不想让你们知道。

爸爸妈妈，其实我压力很大，因为家庭困难，而我心态又不好，所以从小我就比别人承受着更大的压力。有时候我会大半夜都睡不着，有时候又会从梦中惊醒。最近我每天晚上都感觉好冷好冷，冷到骨头里去了，我好像都抑郁了，不愿和别人交流，想一个人待着，我害怕面对眼前的一切，甚至害怕活着，我不想承受这么大的压力。我想要解脱，想要灵魂的自由。所以，爸爸妈妈，我选择了离开这个世界，我知道你们养我长大不容易，我还没来得及孝敬你们，原谅我的懦弱，我真的没有办法面对这个世界。

爸爸妈妈，女儿不孝，女儿走了，我爱你们，不要为我伤心，来世我还做你们的女儿，我选择离开这个世界，也许是错误的选择，但我不后悔，我到另一个世界会过得很好。你们也要好好活下去，再见，我最爱的爸爸妈妈，不孝女家家绝笔。”

案例分析：一个含苞待放的生命就这样戛然而止，留下的是亲人无尽的悲痛伤心，社会也为之惋惜，同时，更多的人应该从中吸取一些教训。女大学生作为一个弱势群体，心理非常脆弱。一些家境贫困的女大学生同样有着对美好生活品位的追求，但受家庭经济条件所限，她们得不到这一切，看到周边经济条件好的同学而自惭形秽，这也使她们在同学面前感到抬不起头。如果她们不能很好地调整心态，得不到及时的心理疏导，很可能会产生较重的自卑心理，导致悲观厌世，甚至会发生类似的悲剧。因此，大学生不要过于追求物质上的攀比，要把学会做人和学习上的进步当作自己最大的追求。

二、孤独心理

孤独是一种感到与世隔绝、无人与之进行情感或思想交流、孤单寂寞的心理状态。一个拒绝把自己融入集体的人，孤独肯定格外垂青他。性格孤僻的学生可能是由很多原因造成的，包括先天性格、后天挫折、父母离异或经常吵架等。另外，自尊、自负、自傲也会引起孤独感的产生。有些学生性格孤僻，常常觉得自己是茫茫大海上的一叶孤舟，不愿与人交往，却抱怨别人不理解自己，不接纳自己。心理学把这种心理状态称为闭锁心理，由此产生的一种感到与世隔绝、孤独寂寞的情绪体验称为孤独感。孤独者往往表现萎靡不振，并产生不合群的悲哀，从而影响正常的学习、人际交往和生活，这类学生因为生活背景、观念、性格等不同，交往和沟通起来相对比较困难，有些学生为了逃避交往障碍，往往就不愿意与同学交往，或不愿意参加集体活动。在师生沟通方面，他们因为怕老师，也很难和老师建立起一种良好的关系，这些情况一旦形成习惯，就很容易出现情感上的孤独感。

三、嫉妒心理

嫉妒是对他人的优势地位在心中产生不愉快的情感。当别人比自己强（如学习、相貌、人缘等），表现出不悦、自残、怨恨、愤怒甚至带有破坏性的负面情绪。嫉妒是在人际交往中，因与他人比较发现自己在才能、学习、名誉、外貌等方面不如他人而产生的一种不悦、自惭、怨恨的心理。其特点是：对他人的长处、成绩心怀不满，抱以嫉妒；看到别人冒尖、出头，心里不甘心，总希望别人落后于自己；嫉妒还有一个特点，就是自己没有竞争的勇气，往往采取挖苦、讥讽、打击甚至采取带有破坏性的不良行动给他人造成危害。嫉妒影响正常思维，造成人格扭曲，从而也严重妨碍了人的心理健康和交往能力，给大学生成长和成才带来巨大的困难。

案例：小 A 与小 B 是某艺术院校大三的学生，同在一个宿舍生活。入学不久，两人成了形影不离的好朋友。小 A 活泼开朗，小 B 性格内向，沉默寡言，小 B 逐渐觉得自己像一只丑小鸭，而小 A 却像一位美丽的公主，心里很不是滋味，便认为小 A 处处都比自己强，占尽了风头，时常以冷眼对小 A。大学三年级，小 A 参加了学院组织的服装设计大赛，并得了一等奖，小 B 得知这一消息先是痛不欲生，而后怒火中烧，趁小 A 不在宿舍之际，将小 A 的参赛作品撕成碎片，扔在小 A 的床上。小 A 发现后，不知道怎样对待小 B，更想不通为什么她要遭受这样的对待。

思考与研讨：

小 A 与小 B 从形影不离到反目成仇的变化令人十分惋惜，请问：

（1）引起这场悲剧的根源是什么？
（2）如果是你遇到有同学发生这种情况，你会建议她们如何处理好人际交往关系？
（3）嫉妒心理有哪些危害，为什么说嫉妒心理是影响大学生正常交往的重要原因？
（4）你认为大学生应该如何克服嫉妒心理？

四、报复心理

所谓报复，是在人际交往中，试图以不满、怨恨甚至是攻击性的方法发泄那些曾给自己带来挫折或伤害的人的一种心理。报复心理是一种属于情感范畴的狭隘心理，它极富攻击性和情绪性。报复心理和报复行为常发生在心胸狭隘、个性品质不良者遭到挫折的时候。据社会心理学家研究表明：报复心理的产生不仅同个性特点有关，而且与挫折的归因和环境有关。报复的目的大多是索回自己受到损害的利益，报复行动常常以隐蔽的形式进行，因为报复者常常以弱者的身份出现，他们没有足够的心理承受能力和公开的反击能力，所以只有采取隐蔽的方式来进行报复。这种心理给报复者的人际交往带来了莫大的阻力和压力。想改变这种心理，需要提高报复者自身的自制力，要重视报复结果的危害性，学会宽容等等。

五、走极端心理

所谓走极端心理，是指一个人的心理失去了常态，容易走极端，要么极其脆弱，消极悲观；要么极其强烈，疯狂冲动；要么极其冷漠，无动于衷；要么极其激动，举止失措。一些大学生自我控制和自我调适能力较低，所以易于感情用事，喜怒无常。情绪好时待人处事合情合理；情绪差时，拒人于千里之外。由于大学生的心理发展尚未成熟，处于心理敏感期自制力差，遇事容易走极端，同时会产生一些其他消极情绪，如悲伤、焦虑、紧张、恐惧等陷入消极的情绪中无法自拔。他们遇事不能冷静地思考，甚至会出现一些过激行为，迷失生活方向、蔑视生命价值的学生也大有人在。特别是有些学生面对挫折和困难时，选择了自残、自杀、报复他人或报复社会等极端方式。近年来，大学生自杀的人数呈明显增长的趋势，伤人事件也时有发生。某大学曾发生过这样一个悲剧，一个品学兼优的学生，从小学到高中总是班上第一名，因为进入大学后的一次数学考试不及格而一时想不开，选择了自杀，走上了绝路。

案例：2006 年夏的一天，某教室正上着数学课，课堂上，一男生被老师抽查到黑板前推导一道公式，老师启发再三，他仍眉头紧锁，还和老师犟嘴，一向以严格著称的老师非常恼火，极不客气地批评了他，并半开玩笑地斥责他脑袋是木头做的，甚至扬言期末考试考上 80 分也不让他及格，并在黑板上写了大大的字——“蠢猪”！他的自尊心受到了极大的伤害，觉得无法接受这样的现实，心理承受了不能承受之重，他便用了最简单，也最愚蠢的办法——吃安眠药自杀来解决问题，所幸被人及时发现才避免了这一场大祸。

案例分析：轻生是一种极端行为，原因有很多。现在大学生压力要比以前大得多，因此就想寻找各种方式缓解压力。但是如果没有一个好的渠道去缓解，可能就会产生人生比较失败的消极想法，也可能是从前失败的痕迹与现在的失败产生共振，让这样一种压抑愤懑的力量成几何级扩大，最后把这样一种情绪聚焦在一个点上。可以说，愤怒的力量越大，压抑愤懑的力量也就越大，最后发泄出来的力量就越大。那么，在某一时刻，这种力量就会作用于自身，自杀或报复自然就成了自身宣泄愤怒的需要。还有的就是目标和自身能力产生差距，没有正确认识自己，摆正心态，那么负面心态一直积聚，到最后也可能完全否定自己，而寻找自杀这种解脱方式。现在许多学生都是独生子女，从小没遭遇过挫折，面临压力就会选择逃避，这也是一种很危险的心态。

六、猜忌心理

案例：一对上大一的恋人，双方都任性幼稚，恋爱半年后常因互相猜疑及鸡毛蒜皮琐事闹别扭，一闹就歇斯底里，一个哭一个哄，寻死觅活。今天女的扯颈部装饰用的水晶珠吞下，明天男的恼羞成怒喝洗手液……折腾了两三个月，无心向学，耽误了不少课，全年级的师生为此而鸡犬不宁（他俩出走后连夜满世界找寻，为防其自寻短见，轮流值班半夜暗中看守）。学校政工老师为他们费尽了脑子：耐心细致地开导，请心理咨询师调解，班干部们密切注意他们的情绪变化，通知家长到校陪护……但这两位心智不够成熟的恋人，硬是一直在闹，不顾期末考试将近，连其中一位家长都无能为力地表示：这样不听劝就只好“随她去吧！”无奈最后采取“冷处理”，强行让家长分别领回去在家休养，分开并离开特定场景后两人情绪才渐渐稳定下来，后来两人在学籍上作了些调整，严重影响了学业。

案例分析：相当一部分大学生心态不成熟，凭着自己青春期的冲动，把任何事物都看得很美好。他们缺少挫折锻炼，心理承受力太弱，遇事就猜忌别人跟自己过不去或另有所图。另外，在大学里，可能无形之中同学之间会有一个比较，如同宿舍的人都有男（女）朋友了，但是自己没有，可能就造成一个心理落差，导致情绪不稳定，精神空虚。有的则是一旦失恋后就痛苦不堪，无法恢复自己正常的生活学习，好像没了恋人就无法生活了似的。

七、逆反心理

逆反心理是指人们彼此之间为了维护自尊，对对方的要求采取相反的态度和言行的一种心理状态。逆反心理是一种反常心理，若不及时采取有效的对策来克服和防治，就会逐渐演变为病态心理或犯罪行为。具有这种心理的人常常以“顶牛”、和老师学校对着干的反常心态显示自己的高明、非凡。由于大学生独立意识和自我意识日渐增强，迫切希望摆脱家长和老师的监护，反感他们继续把自己当作孩子。为了表现自己的非凡，就对任何事情持批判的态度。加上部分学校教育的手段、方法、地点的不恰当，往往会导致逆反心理。

八、抑郁心理

抑郁心理是一种情绪低落、遇事多虑甚至焦虑的心理现象，是急躁的一种反面极端。有抑郁心理的学生常表现为心情沉重、高兴不起来、郁郁寡欢、度日如年、痛苦难熬、不能自拔。有些人也可能出现焦虑忧伤、悲观、绝望、易激动、紧张不安等现象。大学生如果不能从抑郁状态摆脱出来，乐观面向人生，有时后果会不堪设想。

案例：小林以当地第一名的成绩考入北京某重点高校，第一学期期末，本来踌躇满志准备拿奖学金的她未能如愿，她的情绪从此一落千丈，变得郁郁寡欢，无心学习，也无法处理好与同学的人际关系，还整晚失眠，最后不得不去医院精神科检查，结果诊断她患了抑郁症。

案例分析：据一项对大学生抑郁症的抽样调查显示，大学生抑郁障碍患病率达23.66%，据此推算，北京患有抑郁症的大学生不少于10万人。在大学生中有抑郁现象的比较多，究其主要原因，大多由于自我价值没有得到很好的体现。一般这样的学生情绪都比较低落、不稳定，不想搭理人，做事情提不起兴致，时间长了，容易造成心理情绪积聚，对学习、生活必然会造成影响，严重的则会患上抑郁症。如果没有找到正常渠道发泄，可能会沉迷于一些自己觉得是正面的事物上面，如虚拟网络。这就需要周围的人群关注他们，给他们温暖，生活中有这种情绪的大学生也要多和身边的朋友谈心、交流，释放出自己的压力，以缓解这些症状，从而恢复到正常状态。

九、焦虑心理

焦虑心理是一种情绪反应，是个体对当前或预感到的挫折产生的一种紧张、忧虑、不安而兼有恐惧的消极的情绪状态。不少大学生的心理素质较低，面对越来越大的现实压力和精神负担，任何一次小小的挫折或困难都有可能成为把他们压垮的最后一根稻草。进入大学以后，除了学习专业课，大学生还要自学一些社会急需的课程，再加上辅修专业的学习，计算机、英语过级考试的重压，长期处于紧张的苦读和临战之中，若就业压力过大，学习效果不理想等，长此以往，都会引发神经紧张、失眠、焦虑等心理问题。

案例：梁鹏是电影学院导演系的研究生，个子高高的，长得又很帅，但几年下来他有一个很悲观的想法：做导演需要出名，而真正出名的导演又有几个，而且自己的家是外地的，从本科到研究生一路走来实在太累了，要协调各方面的关系，这种压力压得他喘不过气来。最终，他办理了退学手续。学校的老师、同学无不为他感到惋惜。

案例分析：大学生现在面临的压力确实很大，造成心理的落差也比较大，这是与整个社会发展的形势和家庭的影响分不开的。首先是大学生的就业问题，大学的扩招，导致一些学生在上学的时候就对毕业后的就业问题产生焦虑。另外，自己和家庭对前途所设定的目标过高，有的学生有一种为家长读书的想法，想的是将来要怎样报答家长，让家长满意；有的是给自己定了一个不太符合实际的目标，一旦没有实现目标，都可能会产生很大的心理落差。这就需要学生找准自己的人生定位，正确评价和认识自己，无论怎样，知足常乐是不变的法则。另外，不要好高骛远，要脚踏实地一步步走好自己的路。

十、自负心理

自负心理就是盲目自大，缺乏自知之明，过高地估计个人的能力。有些大学生目中无人、不善人际交往、唯我独尊、爱慕虚荣，他们对自己的品质和才能往往给予过高的估价从而产生一种狂妄自大的心理，具体表现为：自以为是、任性逞能、目中无人、事事以自我为中心等。虽然在特定范围内，自负有一定积极意义，它可以激发大学生的斗志，树立必胜的信心，坚定战胜困难的信念，使他们能够勇往直前。但是，自负必须建立在正确认识客观现实的基础上，脱离实际的自负不但不能帮助事业成功，反而影响自己的生活和学习，影响工作和人际交往，严重的还会影响心理健康。

综上所述，心理健康隐患已成为影响大学生健康成长的重大问题，如果这些同学不及时让自己的心理恢复到健康状态，就可能会引发很多不良后果。比如，心理不健康的同学往往学习也不好，他们长期受心理问题困扰，无心学习和生活。此外，心理不健康的同学人际关系都不怎么样，与同学关系非常糟糕。他们的所作所为与他人格格不入，伤害他人，自己也很痛苦。还有一些同学因为心理问题而走极端。研究发现，发生在大学生中的轻生者绝大多数都有心理健康问题，他们往往因一些小事而想不开，不顾亲人的感受和痛苦，对自己的生命和身体采取不负负责的态度，轻易自残或结束自己的生命。特别需要引起关注的是，一些具有病态人格的大学生，他们心灵扭曲，怨天尤人，往往认死理，把自己的遭遇归因于社会或他人，且有反社会人格，也很容易走上犯罪之路。

案例 1：李某，大一女生。高中时学习刻苦努力，成绩一直名列前茅，进入大学后，学习依然刻苦努力、但心理压力十分沉重，几乎把所有的时间和精力全部用在了文化学习，刚开始，她的文化课学习取得了较好的成绩。与此同时，也给自己带来了超负荷的心理压力，她怕看到老师和家长期待的目光，一遇到考试就十分紧张，常伴有口干、恶心、呕吐、吃不下饭、失眠等症状，有时考试时甚至手指哆嗦、腹泻等。考试就像一块巨石压在她的心上，成绩也每况愈下。

案例 2：张某，大二学生，高考成绩一般。考入大学后，虽刻苦用功，成绩却不理想，在班上处于中下游水平。原因是数学极差。虽然情况如此，但该生对自己提出的要求很高，上数学课时尤其认真，专心记笔记，考试时却手忙脚乱，似是而非，结果与自己的期望值总是差距很大。寒假考试数学竟不及格，而当时班上只有少数同学不及格，其他科的成绩平平。但经过调整，本学期情况发生了 180 度大转弯，第一次数学测验破天荒地考了 90 分，这给了他极大自信和动力。以后他对上数学课很有兴趣，听得也很明白了，慢慢对数学产生了信心，不怕考数学了，而且还带动了其他科的学习。

思考与研讨：

对比上面两则案例，讨论一下我们应该如何调节自己的心理压力？

任务三　大学生心理健康问题产生原因

大学生的心理问题复杂多变，具有独特性，其引发原因也多种多样，在具体处理过程中应全面细致地分析其诱因，以便对症下药，迅速有效地解决问题。大体而言，产生大学生心理健康问题的主要原因如下。

一、外部环境因素

（一）社会因素

社会政治经济形势的发展变化是影响大学生心理健康的重要因素。随着改革开放不断深入，竞争加剧、生活节奏加快、毕业等于失业的尴尬、巨大的社会变革等都给大学生心理带来了很大的压力。近年来，随着在校学生人数增多，校园周边环境复杂化、生活节奏加快、文化多元及价值冲突的加深等现象，这一切必然对学生的思维方式和心理等方面产生巨大的影响，由于大学生在智力和人格上尚未成熟、完善，面对日趋复杂的环境，高校大学生也很难独善其身，从而会产生各种心理问题，表现为各种心理上的不适现象。诸如焦虑、恐惧、抑郁、冷漠、固执、消沉、暴躁等，情绪十分强烈，如不加以积极疏导，极有可能导致各种安全问题，近几年因心理问题而休退学的大学生人数也在急剧增加，发生在学校中的自杀、打架斗殴、偷盗，自虐、凶杀等事件屡见不鲜，极大地影响了校园的安全与和谐。

（二）学校因素

步入大学校园，大学生开始脱离家庭独立生存，会经历很多生活转变，很多大学生会发现理想生活与现实存在极大反差，面对的并不是梦想中的象牙塔，而是诸多的问题，如情感问题、人际交往问题、学业问题、就业问题和社会适应问题等。还有一些原先优秀的学生，进入大学校园后，发现周围比自己优秀的同学更多，一些学生无法接受这些现实，从而可能会产生种种心理疾病，例如自卑、孤独感、神经衰弱和癔症等。就大学生本身来说，原来平静的校园也会遇到各种意外事件的影响，如学生自杀或意外死亡、校园暴力、人质事件等，这些都会给大学生带来极大的心理冲击。此外，随着高教体制改革力度的加大，学校对学生的培养全面引入竞争机制，强调择优意识；与此同时，由于大学更加注重自主学习和独立思考，学习和作息时间大多由学生自己掌握，这显然不同于中学，客观上增加了对学生学习自主性的要求。再加上大学开放式的生活环境使大学的人际环境复杂化，人际交往的压力较大。长期以来，高校比较重视理论知识的学习，却对大学生的心理和精神方面的需要疏于引导，一些思想教育也由于缺乏效果而流于形式，在这样的成长过程中，大学生在需要独立面对成长过程中的各种问题时，毫无心理准备，因此必然会引发各种各样的心理问题或心理疾病。大学生有了心理疾病或心理异常，如果不予以重视，任由其发展，或者惊慌失措，负担过重，都会导致各类不堪设想的后果。

（三）家庭因素

如今的大学生都是家里的重点保护对象，可以说是享受尽了家庭和老师的无尽关怀与呵护。他们大部分人很少遇到过什么大的打击，即使生活艰难，这种艰难也是父母、家人在承担，他们对此并没有切身的体会。一旦上了大学，在遭遇挫折和打击时，他们的心理意志就容易出现问题。概括来讲，家庭因素主要有以下 5 个方面。

（1）父母对子女爱与教的错位。研究表明，中国绝大多数家庭教育方式存在问题，要么过度保护，要么过于严厉。过度保护导致依赖、被动、胆怯、任性等心理倾向；而过于严厉则导致冷漠、盲从、不灵活和缺乏自尊、自卑等心理倾向。这就使学生的社会适应能力较差，他们进入大学，远离家乡，在遇事无人帮助和理解的情况下，很容易出现心理上的不适应。

（2）家庭成员沟通不够。许多家长对孩子漠不关心，在他们的成长过程中，完全听之任之，顺其自然，家庭成员间缺乏交流，家庭沟通不够，使孩子缺失情感交流与满足，导致孩子性格孤僻，不懂得如何与他人正常交流和沟通。

（3）家庭教育存在问题。家长过度溺爱和期望值过高，家庭教育普遍存在忽视品德发展、人格教育、实践能力和社会责任感等社会性教育的倾向。家长只重视孩子的考试、升学，却不注重孩子的品德发展、交往能力、个性培养以及社会行为规范的培养等。家长的高期望值与孩子自身需求不一致时，家长的一厢情愿便会让青少年感到压抑和不满，给孩子造成疑虑、忧郁等心理疾患，导致孩子高分低能或心理不健全。

（4）家庭出现变故的影响。亲人死亡、父母离婚或遭遇地震、洪水等自然灾害也会造成大学生的心理危机。家庭变故和环境变故等事件会给毫无心理准备的人带来健康和生命的威胁。不少人感到紧张、焦虑、恐惧、抑郁，甚至寝食难安，不敢出门，悲观绝望。

（5）家庭是否和睦的影响。家庭的社会经济地位、文化素养、人际关系都会对孩子产生潜移默化的影响。若父母修养良好、家庭关系和睦，特别是父母良好的生活习惯会给孩子心理上带来积极的正向效应；而生活在父母经常吵架、父母离异家庭的子女，大都会有一些心理上的问题。

二、自身因素

（一）心理承受能力脆弱

这方面问题主要表现为以下5种情况：

（1）心理不适应变化。现代大学生的心理适应能力普遍都比较低。一方面，来自整个社会的紧张刺激增多带来的巨大压力；另一方面，不少大学生的心理素质远远跟不上社会发展要求。很多学生成长历程过于顺利，极少遭遇逆境，一旦遇到挫折，或惊慌失措、茫然痛苦；或悲观失望、萎靡不振。

（2）身体本身患有某些疾病。各种身体疾病尤其是慢性病，常使人烦躁不安，敏感多疑，情绪稳定性差，行为控制力弱，兴趣缺乏，人际关系紧张，严重者可致心理障碍。

（3）个性缺陷。大学生阅历浅，知识和经验不足，认知力、理解力、思维力和亲情力都远远落后于成年人。有些大学生敏感脆弱，个性特征都不成熟，不能一分为二地看问题，情绪容易波动、偏激，这些都容易导致不计后果的冲动行为。

（4）正确的人生观、价值观没完全树立。大学生正处于人生观、价值观逐步确立阶段，而他们面临的是多元价值体系的选择，加之各种社会思潮的影响，使他们人生观的确立变得困难而复杂、动荡而模糊，错误的人生观、价值观往往限制了他们的视野。

（5）情绪发展中的不稳定性。大学生正处于情绪最丰富、最动荡的时期，学生的生活非常容易受情绪的左右，面对问题，他们容易感情用事，缺乏冷静思考，有时甚至会以偏概全，失去客观性。

（二）来自各方面压力较大

市场经济中的激烈竞争在促进社会各方面飞速发展的同时也带来了高速度、快节奏的生活方式。特别是城市生活节奏加快，紧张的生活节奏和巨大的工作压力使人感到精神压抑、身心疲惫。这种模式已经悄然渗透到校园，步入大学想轻松度日已经不可能。而随着教育改革的不断深化，大学里的竞争与社会上的竞争相比一点也不少。这首先表现在学习上大学是为社会培养人才的，大学生不仅必须对自己的所学专业，以及相关知识有所了解和掌握，他们需要学习的东西越来越多，他们还必须学习如何有效地支配一系列的心理问题，如果没有关注这方面的问题，就会发展成心理疾病。

（三）承载的期望值过高

当今的大学生几乎承载着整个家庭的期望。在中国目前的基本国情下，受教育，特别是受高等教育的人仍占少数。因此，一旦考入了大学，他们似乎就要肩负起自己的期望与梦想，特别是从边远农村地区考入大学的学生，他们承载的甚至是整个家乡的期望，那里的父老乡亲都觉得，在艰苦的环境和条件下，能够通过自己的努力考上大学，那么，通过自己的努力，完全可以在大学里以及在未来的人生发展上做得更好。大学里人才济济，在一个新的集体里，他们是否能像在原来的集体里一样突出是不确定的。并非原来优秀的学生到了大学就一定仍然优秀，即使你考试成绩很好也并不代表你是一名合格的大学生，学校还有其他考核指标。当学生不能表现得像家长期望那样时，家长就会不断地给学生施压，使得大学生在大学起步时就背负了过高期望，最后可能被这样的期望压垮，产生各种心理问题。自我期许过高，而现实也不尽如人意，心理不平衡就会加剧，结果必然会导致各种心理问题的产生。

任务四　大学生心理安全问题的防范

大学生心理安全问题不但严重地影响大学生自身的健康发展，而且也给学校正常教育教学和管理工作带来巨大的困扰，直接影响学校教育任务的完成与教育目标的实现，为了有效改善大学生心理健康问题，需要做好以下工作。

一、从学校角度需要做好的工作

（一）充分发挥学校心理咨询作用

心理咨询通常是运用心理学和有关理论及技术，帮助大学生自强自立，提高应对挫折和各种不幸事件的能力。随着时间的推移，心理咨询被越来越多的人承认和接受，越来越多的大专院校开始设置心理咨询机构。学校心理咨询是增进学生心理健康、优化心理素质的重要途径，也是心理素质教育的重要组成部分。因此，学校通过设立心理咨询中心，不断提高心理咨询的科学性和有效性，指导学生减轻内心矛盾和冲突，排解心中忧难，开发身心潜能，帮助学生正确认识自己、把握自己，有效地适应外界环境。为确保心理咨询行之有效，学校需要设立专业人员坐诊，制定规章制度和日程安排，建立学生心理档案，对症下药，为一些需要的学生提供帮助。与此同时，心理咨询机构每年还要对新生进行全方位心理健康普查，针对不同的问题类型与程度，采取不同的应对措施，防患于未然，做到心理问题早期发现、及时干预，预防出现心理健康问题。尤其要注意的是，对一些问题学生要进行追踪，对一些患有特别严重的心理障碍和心理疾病的学生，应及时转送专业医院进行相应的治疗。

（二）开设心理教育必修课

心理素质的提高离不开相应知识的掌握，系统学习心理、卫生、健康等方面的知识，有利于学生了解心理发展规律，掌握心理调节方法，增强自我教育的能力。心理素质教育的效果在很大程度上取决于学生自我教育的主动性和积极性，取决于学生自我教育能力的高低。因此，心理素质教育就是要注重培养学生自我教育的能力，把心理素质教育渗透在各科教学之中。通过各科教学进行心理素质教育既是学校心理教育实施的途径，也是各科教学自身发展的必然要求。各科教学过程都包括极其丰富的心理教育因素，教师在传授知识过程中，要注重考虑学生的心理需求，激发学生学习的兴趣，并深入挖掘知识内在的教育意义，把人类历史形成的知识、经验、技能转化为自己的精神财富，转化成学生的思想观点、人生价值和良好的心理素质，从而提高学生的综合素质。

（三）为大学生心理健康成长创造良好的校园文化环境

大学生的健康成长离不开健康的心理社会环境，大学生心理素质的培养离不开良好的校园文化氛围。校风是校园文化建设的重要内容，也是影响学生心理发展的重要条件。良好的校风会潜移默化地优化学生的心理品质，如团结友爱的校风是学生形成群体凝聚力、集体荣誉感的土壤，有利于使人与人之间保持和谐的人际关系，促进同学之间相互沟通、相互帮助。丰富多彩的校园文化活动有助于培养学生乐观向上的生活态度和健康愉悦的情绪特征。因此，学校要重视校园文化建设，开展形式多样的文体活动和学术活动，形成健康向上的氛围、宽松理解的环境，从而帮助学生深化自我认识，充分发展个性，改善适应能力。

二、从大学生角度需要做好的工作

（一）大学生要重视心理健康问题

心理健康是大学生掌握文化科学知识的重要保证，有了良好的心态，不仅能取得好的学习效果，而且有益于终身的发展。一个具有健康心理的大学生应有着稳定、乐观、热情积极向上的情绪。因此，大学生要不断主动增强和培养自己的健康心理意识，倡导主体自我教育，树立主体意识，并体现为主体参与，不断提高自我生存、自我调控、自我激励、自我发展和自我认知的能力，使心理健康的自觉意识不断得到增强，并学会运用自我心理调控的方法，消除心理困惑，适应复杂的社会环境变化，以一颗平常心面对自己、面对集体、面对社会。此外，大学生要不断增强心理卫生意识，学习一些心理卫生知识。掌握一定的心理卫生知识，就等于把握了心理健康的钥匙，在必要时就可以用来进行自我调节。这可说是掌握了心理健康的主动权。

（二）培养科学、合理的生活习惯

良好的生活习惯，有序的生活，安定的环境，是保证心理健康的前提。既要适度安排学习时间，同时要适当安排文娱和体育活动，使自己的神经系统有张有弛，有交替和更新，从而保证自己的身心都得到发展。许多住校大学生是第一次过自主的生活，面对理论课程、实验实践活动、校园生活、讲座、学术交流与研究等众多的学业活动。为了有条不紊地进行并达到目标要求，大学生必须尽快建立起合理的生活秩序，做到三点：用来进行学习的时间要适当；确立合理的生活节奏；注意用脑卫生。

（三）注意培养和发展自己多种爱好

大学生要学会适应和应对各种压力，以培养自己适应环境和调控心理的能力，在挫折中学会成长。在学校期间，大学生要主动参与各种文体娱乐活动，让自己有更多的兴趣爱好，丰富自己的课余生活，增进人际交流，从这些活动和爱好中找到生活的乐趣。这样就可以在寂寞孤独、烦闷忧郁时，通过自我娱乐缓解内心的压抑，这对心理健康是非常有好处的。与此同时，也要积极主动参加各种形式的学术交流活动，为营造良好的学习氛围贡献力量。此外，大学生还要勇于参与社会实践，从而在实践中正确看待人生、认识社会。

（四）培养健康的情感和情绪

情感和情绪是人对客观事物是否满足自己的需要而产生的态度体验。它和人们的身心健康关系密切，是心理因素中对健康影响最大、作用最强的成分。人的任何活动都以情绪为背景，并伴有情绪色彩，愉快而稳定的情绪和情感对人的活动有增强作用，能激励大学生刻苦学习，积极进取，乐于承担社会义务，促进人际交往，提高克服困难的勇气，增强对挫折的耐受力，促进人的身心健康。而苦闷、抑郁等不良情绪或情感，则削弱人的意志，降低活动能力，使人头昏脑涨、记忆混乱、注意力分散、思维迟钝、学习效率降低，长期下去会严重地影响大学生的身心健康。因此我们在日常生活和学习中，要学会保持愉快的情绪，维护良好的心境，重视情感的自我调控。为此，首先要学会合理地宣泄，找到充分表达自己情绪的方法，既不要压抑自己，也不要放纵自己。其次，对于消极情绪，要学会几种自我疏导、自我排遣的方式。如运动就是一种很好的调节方式，有助于保持心理健康。当然，在忧郁的时候，找知心朋友或亲人倾诉，也是一种转移忧郁心理的方式。总之，不要对一件令人沮丧的事过度注意，一定要将注意力转移到其他事物上去，暂时离开这件不愉快的事，使忧闷排遣出来。

（五）建立良好的人际关系

建立良好而真诚的人际关系，是非常重要的心理保健途径。在与他人交往过程中应该意识到，现实生活中的每个人都不可能是完美无缺的，在个性、行为习惯、价值观念和情绪状态等方面都可能会有各自的优点与不足。因此，对他人要有一种宽容的态度，不要期望过高，对他人期望过高，往往会产生失望感，其结果是使自己的心理平衡受到干扰，对自己造成更大的不良影响。要学会处理好与同学、朋友及老师家长的关系；在集体中受欢迎并有自己的朋友，保持和发展融洽和谐的人际关系；情绪愉快而稳定，善于自我调节不断培养自己适应各种社会环境和自然环境的主动性与自觉性。

（六）树立符合实际的奋斗目标

一个心理健康的人，应该能对自己的能力作出客观的评价，并依此付诸社会实践。做到这一点，对于保护个体少受挫折及充分发挥才能等都是非常重要的。因此，不要对自己苛求，把奋斗目标确定在自己能力所及的范围以内，使自己通过艰苦努力，能最终实现这一目标，这些成功的体验，对于维持心理健康是极为重要的，大学生要以积极进取、服务于社会的人生观作为自己人格的核心，并以此把自己的需要、愿望、目标和行为统一起来，树立远大理想，以天下为己任，从而产生强大的学习内驱力，推动自己努力完成学业，自觉攀登科学高峰。树立切实的目标还包括不盲目地处处与人攀比和竞争，每个大学生应根据自己的实际情况，选择竞争的领域。这样，一方面有利于充分发挥自己的优势，争取获得成功；另一方面也会有助于身心的健康发展。过高的期望是产生挫折感的一个重要因素。

（七）要正确地认识自我

自我意识是个体对自己以及人我关系的认识和评价，它在人格形成、发展和人格结构中占有极重要的地位。个体的认识、情感、意志都受其影响和支配。大学生自我意识的发展状况既是以往心理发展和健康状况的反映，也是现阶段心理健康和人格发展的新起点。

在影响大学生心理健康的诸多因素中，自我意识不健全既是构成心理疾患的重要因素，又是心理不健康的重要标志。因此要提高学生的心理健康素质，最重要的是必须消除学生自身存在的不正确的“自我观”，培养其健全的自我意识。正确地认识自我，了解自身的心理健康实际，培养健全的自我意识非常重要。在学习方面，要把求知、增长才干看成一种人生乐趣，爱好广泛，努力学习，刻苦钻研，自觉完成学习任务，善于正常发挥自己的潜能，胜不骄，败不馁，不断获得满足感和成就感，能冷静地分析问题、解决问题。

（八）培养健康的心理

各种心理问题是影响大学生安全完成学业的一大障碍，绝不能掉以轻心。为了培养健康的心理，需要做好以下努力。

（1）消除逆反心理。

1）学生要培养自己的适应社会能力，在广阔的社会中，磨炼自己的思想情操，树立正确的人生观和世界观，做一个对社会有贡献的人才。

2）要从积极的意义上去理解善意的批评，只要抱着宽容的态度去理解这些事情，也就不会逆反了。

3）学生要正确认识自我，把握自我，努力改善自我，经常提醒自己遇事尽量克制，多进行沟通，增加信任度，也就多了一份理解。

4）要求家长和教师多注意孩子的心理需求，及时了解他们在想什么，想做什么，多听听他们的呼声，理解他们的欢乐与苦恼，放下长辈的架子，与学生建立起平等的长幼关系。

（2）消除自卑孤独心理。产生自卑孤独心理的原因是多方面的，消除自卑孤独心理关键是对自己现存力量感到满足。教师要帮助学生分析他们的优点，正确作出评价，发挥自己的长处；其次是千方百计提高自信心；最后是通过以勤补拙和扬长避短来克服自卑。

（3）消除敏感与脆弱心理，培养坚强的意志力。消除脆弱心理需要做到以下 4 点：

1）要求学生树立正确的人生观、世界观，提高认知水平。

2）提高学生自控能力，培养耐挫能力。

3）克服悲观消极的心态，树立自信心和上进心。

4）教给学生释放消极情绪、摆脱悲观失望的方法，即通过组织他们参加社会实践来提高他们的心理承受能力，培养多方面的兴趣来转移注意力，多结交知心朋友，寻求社会力量的帮助（如看心理医生）等。

（4）树立正确的挫折观。挫折是一种客观存在，谁都不可避免。我们要教会学生对挫折有正确的认识和思想准备，使其对在学习、生活中可能出现的挫折与困难事先有充分估计，这样就不至于在面对挫折时惊慌失措，甚至采取极端的方式来处理。

习　题

5-1　大学生心理健康的标准有哪些？
5-2　大学生常见的心理安全隐患有哪些？
5-3　大学生产生心理健康问题的原因有哪些？
5-4　为了有效改善大学生心理健康问题，需要做好哪些工作？

项目六　消防安全

消防安全教育是大学生安全素质教育的重要内容，是提升国民安全素质的基础工程。增强大学生的消防安全意识，培养预防火灾和报警、逃生、自救互救能力，保护大学生健康成长，是全社会的共同责任。本章重点进行火灾常识及危险性、火灾报警与逃生常识、消防法律法规、防火灭火基本知识、消防器材与设施使用、火灾自救互救等教育。

任务一　火灾与消防

火的应用，在人类文明漫长的发展史上有极其重要的意义，给人类带来文明和进步，光明和温暖，以火熟食、以火驱寒、以火阻兽等，对人类文明起到重要的推动作用，提高了人类的生活质量，使得人类第一次掌握了一种可以自由支配的自然力。火在带给人类巨大的“利”的同时，也具有“害”的后果。善用之为福，不善用之为祸。如果对火认识、使用不当，失去控制而导致火灾，将会给人类造成无穷的灾害。俗话说：“贼偷三次不穷，火烧一把精光。”形象、生动地刻画出了火灾的残酷无情。在人类社会发展过程中，要保障生产、生活以及人类自身安全，就必须加强对火的控制，积极有效地同火灾做斗争。

一、火灾及其危害

（一）火灾的定义和类别

国家标准《消防词汇　第1部分：通用术语》（GB/T 5907.1—2014）第一部分规定：在时间上或空间上失去控制的燃烧所造成的灾害，就是火灾。可按不同的方式进行分类：

（1）根据燃烧物质不同划分，按照国家标准《火灾分类》（GB/T 4968—2008）的规定把火灾分为A、B、C、D、E、F六类。

A类火灾：固体物质火灾。这种物质通常具有有机物性质，一般在燃烧时能产生灼热的余烬。

B类火灾：液体或可熔化的固体物质火灾。

C类火灾：气体火灾。

D类火灾：金属火灾。

E类火灾：带电火灾，即物体带电燃烧的火灾。

F类火灾：烹饪器具内的烹饪物（如动植物油脂）火灾。

（2）按一次火灾造成的人员伤亡、受灾户数、财产损失划分，依据国务院颁布的《生产安全事故报告和调查处理条例》（以下简称《条例》）的有关规定，火灾事故等级标准如下：

特别重大火灾事故：是指造成30人以上死亡，或者100人以上重伤，或者1亿元以上直接财产损失的火灾。

重大火灾事故：是指造成 10 人以上 30 人以下死亡，或者 50 人以上 100 人以下重伤，或者 5000 万元以上 1 亿元以下直接财产损失的火灾。

较大火灾事故：是指造成 3 人以上 10 人以下死亡，或者 10 人以上 50 人以下重伤，或者 1000 万元以上 5000 万元以下直接财产损失的火灾。

一般火灾事故：是指造成 3 人以下死亡，或者 10 人以下重伤，或者 1000 万元以下直接财产损失的火灾。

注意："以上"包括本数，"以下"不包括本数。

（二）火灾的危害

火灾是威胁公众生命财产安全和社会发展的最经常、最普遍的灾害之一。火灾的危害性大，会造成经济损失、人员伤亡，破坏生态平衡，影响社会稳定，带来不良的社会影响，其危害有短期的也有长期的，有物质的也有精神上的。其危害主要表现在以下几个方面：

（1）毁坏物质财富。火灾会将人们温馨家园顷刻间变为废墟，可将茂密的森林等自然资源化为乌有，也可将博物馆、古建筑、风景区等珍贵的历史文物和无价之宝毁于一旦。2003 年 1 月 19 日，武当山景区内发生火灾，作为联合国"世界文化遗产"的武当山风景区内遇真宫古建筑群化为灰烬。2014 年 1 月 11 日，云南省香格里拉县（现香格里拉市）独克宗古城发生火灾，有 1300 年历史的古城核心区变成废墟，除大量古城民房被烧毁外，基础设施严重受损，还烧毁了大量文物古迹、唐卡等。2014 年 1 月 25 日，贵州省镇远县报京侗寨发生大火，300 年历史族村寨 100 余栋房屋被烧毁，当地侗文化遭毁。2018 年 9 月 2 日晚，拥有 2000 万件藏品的巴西国家博物馆发生火灾，博物馆整个三层建筑基本被烧毁。巴西总统发表声明说：国家博物馆藏品被烧毁对巴西来说是不可估量的损失，200 年的研究和知识就这样失去了，国家历史遭受的损失更是无法计算。

（2）残害人类生命。火灾事故中，经常发生人员伤亡，有人被烧伤致残，有人丧身火海。2000 年 12 月 25 日河南省洛阳市东都商厦火灾，导致 309 人死亡，7 人受伤；2008 年 9 月 20 日广东省深圳市舞王俱乐部火灾，造成 44 人死亡，64 人受伤。根据应急管理部消防救援局的统计，2020 年全国共接报火灾 25.2 万起，死亡 1183 人，受伤 775 人，直接财产损失 40.09 亿元。火灾事故所造成的群死群伤，给人民生命财产安全造成了巨大损失。

（3）破坏生态环境。肆虐的火灾总是焚毁森林，污染大气和江河湖泊，给人类的生存环境造成巨大的破坏。例如：1987 年 5 月 6 日至 6 月 2 日长达近 1 个月的大兴安岭森林特大火灾，人民解放军、森林警察、公安消防人员、广大职工近 10 万军民经过近 1 个月的殊死搏斗，才将大火扑灭。这场大火造成 211 人丧生，266 人受伤，火灾破坏了 1000 多万亩林业资源，大火殃及 1 个县城 3 个镇，破坏的生态平衡需 80 年才能恢复。2005 年 11 月 13 日，中国石油天然气股份有限公司吉林石化分公司火灾爆炸事故，造成 8 人死亡，60 人受伤，导致松花江水体污染，波及松花江下游城市的用水安全。2020 年 3 月 30 日，四川凉山发生一起森林火灾，过火面积 1000 公顷左右，毁坏面积初步估算 80 公顷左右，大火造成 19 人不幸遇难，生态受到严重破坏。

（4）经济损失严重。现代社会各行各业密切联系，牵一发而动全身。一旦发生重特大火灾，造成的间接财产损失之大，往往是直接财产损失的数十倍。2015 年 8 月 12 日 22 时 51 分 46 秒左右，位于天津市滨海新区天津港的瑞海公司危险品仓库发生火灾爆炸事故，造成 165 人遇难、8 人失踪、798 人受伤，304 幢建筑物、12428 辆商品汽车、7533 个集装箱受损。直接经济损失 68.66 亿元，并对周边大气环境、水环境、土壤造成严重的污染。

（5）造成不良的社会和政治影响。一些火灾事故，造成人员伤亡惨重，产生巨大的社会影响，牵动着许多人的心，人们正常的生活、生产、工作秩序被打乱。如果发生在人员密集场所、名胜古迹等地方，还会造成不良的社会和政治影响。1994 年 11 月 15 日，吉林市银都夜总会因纵火发生火灾，殃及在同一建筑物内的市博物馆，烧毁建筑面积 6800m^2，不仅造成直接财产损失 671 万多元，而且将无法用金钱计算的博物馆内藏文物 7000 多件和黑龙江在该馆巡展的 1 具 7000 多万年以前的恐龙化石（长 11m，高 6.5m）烧毁，堪称世界级瑰宝、被列入《吉尼斯世界纪录大全》的吉林陨石雨中最大的 1 号陨石也在大火中分为两半，还有 2 人被烧死，既造成了难以计算的经济损失，更造成了不良的政治影响。2017 年 4 月 4 日，北京邮电大学网络数据中心发生火灾，导致北京地区多所高校教育网网络中断和瘫痪。

火灾造成的损失是相当惨重的，教训是极其深刻的，只有认真贯彻执行“预防为主、防消结合”的消防工作方针，从思想上、行动上重视防火工作，在做好防火巡查检查工作的同时，按规定设置消防设施设备、配置消防器材，做好消防设施器材的维护保养，确保消防设施器材完好可用，才能确保一旦发生火灾，能够迅速有效地扑灭火灾，最大限度地减少火灾损失和人员伤亡。

二、消防及其法律法规

（一）消防概述

（1）消防的定义。消防是火灾预防和灭火救援活动的总称。火灾预防是采取措施防止火灾发生或限制其影响的活动和过程；灭火救援是灭火和火灾现场实施以抢救被困人员生命为主的救援活动。消防工作因渗透到人类生产生活的一切领域而具有社会性；因涉及各行各业、千家万户，需要大家时刻警惕而具有经常性；因公众的积极参与不可或缺而具有群众性。

（2）消防工作的宗旨及方针。消防工作的宗旨是，预防火灾和减少火灾危害，维护社会公共安全。我国消防工作贯彻“预防为主、防消结合”的方针，按照政府统一领导、部门依法监管、单位全面负责、公民积极参与的原则，实行消防安全责任制，建立健全社会化的消防工作网络。预防为主，指无论指导思想还是具体行动，一定要把火灾预防放在首位，通过防火行政、技术和组织措施，防止火灾发生。防消结合，指在防火工作的同时，积极做好灭火准备，一旦发生火灾，能迅速及时有效地予以扑救，最大限度地减少人员伤亡和火灾损失，有效地保护生命和财产安全。

（3）消防法律法规。我国的消防法律法规包括消防的法律、行政法规、地方性法规、国务院部门规章、地方政府规章和消防技术标准。现行的消防法律是《中华人民共和国消防法》，自 2009 年 5 月 1 日起实施（1998 年 4 月 29 日第九届全国人民代表大会常务委员会第二次会议通过；2008 年 10 月 28 日第十一届全国人民代表大会常务委员会第五次会议修订通过；2019 年 4 月 23 日第十三届全国人民代表大会常务委员会第十次会议第一次修正；2021 年 4 月 29 日第十三届全国人民代表大会常务委员会第二十八次会议第二次修正），对火灾预防、消防组织、灭火救援、监督检查、法律责任等做了明确规定。

（二）从我做起，从身边做起

平安中国，人人有责。当代大学生作为公民的一分子，应该依法履行公民的消防安全义务和责任。为预防火灾，从我做起，从身边的小事做起：

（1）遵守消防法律法规。

（2）学习消防知识，传播消防知识。

（3）制定一份家庭、宿舍灭火及疏散预案。

（4）发现火灾及时报警。

（5）发现火灾隐患或消防安全违法行为，拨打 96119 电话举报。

（6）参与学校组织的消防演练。

（7）参加消防志愿者活动。

任务二　燃烧与火灾

一、燃烧概述

（一）燃烧的概念

燃烧是可燃物与氧化剂作用发生的放热反应，通常伴有火焰、发光和（或）发烟现象。燃烧具有化学反应、放热、发光三个特征。通电的电炉和灯泡虽有发光和放热现象，但没有进行化学反应，只是进行了能量的转化，故不是燃烧；生石灰遇水发生了化学反应，并且放出大量的热，但它没有发光现象，它也不是燃烧。以上这些现象虽不是燃烧，但在一定条件下，可变为火源引起燃烧或引发火灾。

（二）燃烧的基本条件

任何物质发生燃烧，都须具备可燃物、氧化剂（助燃物）、火源（温度）三个必要条件，缺少其中任何一方面，都不会引起燃烧，如图 6-1 所示。

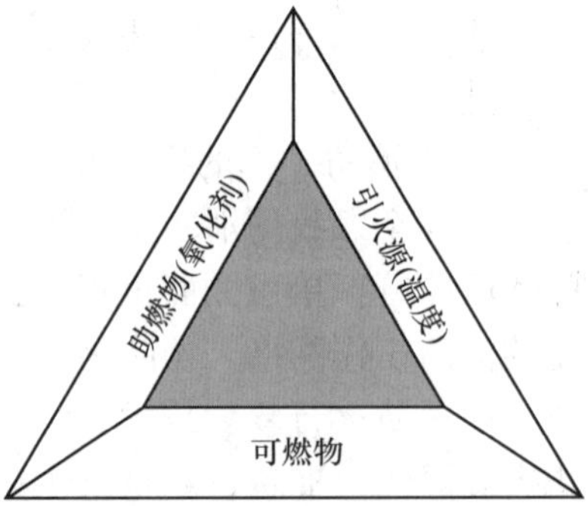

图 6-1　燃烧的基本条件

（1）可燃物。能与空气中的氧或其他氧化剂起化学反应的物质称为可燃物，如木材、氢气、汽油、煤炭、纸张、硫等。可燃物按其化学组成，可分为无机可燃物和有机可燃物两大类，绝大部分可燃物为有机可燃物，少部分为无机可燃物。按其所处的状态，又可分为可燃固体、可燃液体和可燃气体三大类，这三种可燃物，其燃烧难易程度不同，一般是气体比较容易燃烧，其次是液体，最后是固体。

可燃物是燃烧不可缺少的一个首要条件，是燃烧的内因，没有可燃物，燃烧就根本不能发生。

（2）氧化剂（助燃物）。帮助和支持可燃物燃烧的物质，即能与可燃物发生氧化反应的物质，称为氧化剂。氧化剂具有较强的氧化性能。通常我们所讲的氧化剂是指广泛存在于空气中的氧气。此外，还有能够提供氧气的含氧化合物和氯气等。

（3）火源（温度）。火源是指供给可燃物与助燃物发生燃烧反应的能量来源。一般分直接火源和间接火源两大类。大学生了解火源的种类和形式，对有效预防校园火灾事故的发生具有十分重要的意义。

1）直接火源。①明火。指生产、生活中的炉火、烛火、焊接火、吸烟火、撞击和摩擦打火、机动车辆排气管火星、飞火等。②电弧、电火花。指电气设备、电气线路、电气开关及漏电打火；电话等通信工具火花；静电火花（物体静电放电、人体衣物静电打火、人体积聚静电对物体放电打火）等。③雷击。瞬间高压放电的雷击能引燃任何可燃物。

2）间接火源。①高温。指高温加热、烘烤、积热不散机械设备故障发热、摩擦发热、聚焦发热等。②自燃起火。指在既无明火又无外来热源的情况下，物质本身自行发热、燃烧起火，如黄磷、烷基铝在空气中会自行起火；钾、钠等金属遇水着火；易燃、可燃物质与氧化剂、过氧化物接触起火等。

（三）燃烧的充分条件

具备燃烧的必要条件并不等于燃烧必然发生，在燃烧各必要条件中，还有一个量的概念，这就是发生燃烧或持续燃烧的充分条件。燃烧的充分条件是：

（1）一定的可燃物浓度。可燃气体或可燃液体的蒸气与空气混合只有达到一定比例，才会发生燃烧或爆炸。例如：汽油在-38℃以下、煤油在40℃以下、甲醇在7℃时，均不会达到燃烧所需的浓度。在这种条件下，虽有充足的氧气，但仍不能发生燃烧。

（2）一定的氧化剂浓度（氧气含量）。不同的可燃物发生燃烧，均有本身固定的最低含氧量要求。低于这一浓度，虽然燃烧的其他必要条件已经具备，燃烧仍不会发生。例如：汽油的最低含氧量要求为14.4%，煤油为15%，乙醚为12%。

（3）一定的点火能量。不同可燃物发生燃烧均有本身固定的最小点火能量要求。达到这一能量才能引起燃烧反应，否则燃烧便不会发生。如：汽油的最小点火能量为0.2mJ，乙醚（5.1%）为0.19mJ，甲醇（2.24%）为0.215mJ。

二、防火灭火基本原理

（一）防火基本原理

火灾防控管理中采取的一切防火措施，都是为了防止火灾发生或限制燃烧条件互相结合、互相利用。根据物质燃烧原理和同火灾作斗争的实践经验，防火的基本原理分为以下3个方面。

（1）控制可燃物和助燃物。在火灾防控工作中，可根据不同情况采取不同措施，破坏燃烧的基础和助燃条件，防止形成燃爆介质。

例如，用难燃或不燃材料代替易燃或可燃材料；用水泥代替木材建造房屋；用防火涂料浸涂可燃材料，以提高其耐火极限；在材料中掺入阻燃剂，进行阻燃处理，使易燃材料变成难燃或不燃材料；加强通风，降低可燃气体、蒸气和粉尘在空间的浓度，使其低于爆炸浓度下限；性质上能相互作用的物品，分开储运；易燃易爆物质生产，在密闭设备中进行；有易燃物料的设备系统，停产后或检修前，用惰性气体吹洗置换；乙炔生产、甲醇氧化等特别危险的生产，可充装氮气保护等。

（2）控制和消除火源。在日常生活、生产中，可燃物和空气是客观存在的，但绝大多数可燃物即使暴露在空气中，若没有点火源作用，也是不能着火或爆炸的。从这个意义上说，控制和消除火源是防止火灾的关键。

一般说来，实际生产、生活中经常出现的火源大致有 10 种。

1）生产用火。加热用火、维修用火、电（气）焊、喷灯、烘炉等。

2）生活用火。暖炉、炉灶、火柴、焚烧、吸烟、煮饭等。

3）炉火。锅炉、焙烧炉、加热炉、电炉等炉火。

4）干燥装置。用直接火或电加热干燥的装置，温度失控。

5）烟筒、烟道。烟筒或烟道的过热，喷出火星或火焰。

6）电器设备。配电盘、开关、电路、电动机、电灯、变压器、电热毯、电烘箱、电熨斗等电器设备，由于短路、接触不良或超负荷和长时间通电等原因产生高温、电弧或电火花。

7）机械设备。发动机的发热、机械的冲击、摩擦等发热。如内燃机的排气管发热、胶带打滑，以及梳棉机、搅拌机中混入钉子、石头等。

8）高温表面。易燃物质与高温的设备、管道的表面接触。

9）自燃。物质本身所进行的生物、物理和化学反应产生的热。

10）静电火花、雷击和其他火源。

采取严密的防范措施，严格动火用火制度，控制以上 10 种火源的产生和使用范围，对防火防爆十分重要。

（3）防止火势扩散蔓延。一旦发生火灾，应采取有效措施迅速将火灾或爆炸限制在较小的范围内，不使新的燃烧条件形成，防止造成火势蔓延扩大。

限制火灾爆炸扩散，应在城乡建筑、生产工艺设计开始时就要加以统筹考虑。对于建筑的布局、结构，以及防火防烟分区、工艺装置和各种消防设施的布局与配置等，既要考虑节省土地和投资，又要有利于生产、方便生活，更要确保安全。根据不同情况，可采取下列措施：

1）建筑物之间设置防火防烟分区、筑防火墙、留防火间距。

2）危险性较大的设备和装置，采取分区隔离、露天布置和远距离操作的方法。

3）可能形成可爆介质的厂房、库房、工段，设泄压门窗、轻质屋盖。

4）安装安全可靠的安全液封、水封井、阻火器单向阀、阻火闸门、火星熄灭器等阻火设备。

5）安装火灾自动报警、自动灭火设备或固定、半固定的灭火设施，以便及时发现和扑救初起火灾（又称初期火灾）等。

（二）灭火基本原理

任何可燃物产生燃烧或持续燃烧都必须具备燃烧的必要条件和充分条件。因此在火灾发生后，灭火就是破坏燃烧条件，使燃烧反应终止。

灭火的基本方法有冷却、窒息、隔离和化学抑制。冷却、窒息和隔离属于物理方法，化学抑制是化学方法。灭火时可采用四种方法中的一种或几种方法来达到灭火的目的。

(1) 冷却灭火。就是将水、泡沫、二氧化碳等灭火剂直接喷洒在燃烧物上，使燃烧物的温度降至着火点（燃点）以下，燃烧停止。用水扑灭一般固体物质的火灾，主要通过冷却作用来实现，水具有较大的热容量和很高的汽化潜热，冷却性能很好。用水灭火的过程中，水大量吸收热量，使燃烧物的温度迅速降低，致使火焰熄灭、火势控制、火灾终止。

(2) 窒息灭火。可燃物燃烧是氧化作用，需要在最低氧浓度以上才能进行，低于最低氧浓度，燃烧不能进行。一般氧浓度低于15%时，就不能维持燃烧。窒息灭火就是采取适当措施来防止空气流入燃烧区，使燃烧物质缺乏或断绝氧气而熄灭。如使用泡沫灭火器喷射泡沫覆盖燃烧物表面、油锅着火时立即盖上锅盖、利用湿棉被或沙土覆盖在燃烧物表面等。降低氧浓度有两种方法：

1) 用其他气体来降低空间的氧浓度。可用于降低氧浓度的气体有二氧化碳、氮气、蒸汽等。水喷淋自动灭火系统的原理就是水滴吸收热气流热量而转化成蒸汽，当空气中蒸汽浓度达到35%时，燃烧即停止。

2) 用稀释方法来降低氧浓度，这一般用于密闭或半密闭空间。条件许可时，亦可用水淹窒息法灭火。

(3) 隔离灭火。在燃烧三要素中，可燃物是燃烧的主要条件。将已着火物体与附近的可燃物隔离或疏散开，就可以中止燃烧、扑灭火灾。隔离有两种方式。

1) 将可燃物与氧和热隔离。自动喷水泡沫联用系统在喷水的同时，喷出泡沫，泡沫覆盖于燃烧液体或固体的表面，在冷却的同时，将可燃物与空气隔开，从而可以灭火。

2) 将可燃物与火焰和氧隔离。发生可燃液体或可燃气体火灾，在灭火时，迅速关闭输送可燃液体和气体管道上的阀门，切断流向着火区的可燃液体和可燃气体的输送，同时也打开可燃液体和可燃气体的管道通向安全区域的阀门，使已经燃烧或即将燃烧或受到火势威胁的容器中的可燃液体、可燃气体转移。

(4) 化学抑制。物质燃烧是通过链式反应进行的，如果能有效地抑制自由基的产生或降低火焰中的自由基浓度，即可中止燃烧。

抑制法灭火对于有焰燃烧火灾效果好，但对深度火灾，由于渗透性较差，灭火效果不理想。条件许可的情况下，采用化学抑制灭火的灭火剂应与水、泡沫等灭火剂联用，会取得满意效果。化学抑制灭火的灭火剂有卤代烷和干粉。化学抑制灭火，灭火速度快，使用得当可有效地扑灭初期火灾，减少人员和财产的损失。

任务三 灭火基础

火灾发展一般要经历初起、发展、下降三个阶段，扑救火灾最有利的时机是在火灾的初起阶段。火灾初起阶段燃烧面积不大，火焰温度不高，辐射热量不多，周围物品和建筑结构温度上升不快，扑救容易，发现时及时用灭火器、消防水枪将水等灭火剂喷洒到燃烧区将其熄灭，或用湿棉被、湿麻袋、石棉毯等不燃或难燃物质覆盖在燃烧物表面将火扑灭。

火灾发生后，火势变化是很快的，火灾初起时如果在 5~6min 内不能扑灭，就会进入发展阶段，而进入发展阶段后火灾就较难以扑救，此时需要投入的人力物力较大。因此，发生火灾后强调快，要以正确有效的灭火方法，最快的速度扼制火灾的发展，进而快速扑灭。针对不同对象的火灾，采取不同的方法以达到最佳的灭火效果。

一、常见灭火器的使用

要对付凶猛的火灾，除了具备一定的消防知识，还必须掌握常见灭火器的使用方法。灭火器是一种可由人移动的轻便灭火器具，它能在其内部作用压力下，将所充装的灭火剂喷出，用以扑灭火灾。灭火器有多种类型，适宜扑灭不同类型的火灾，使用方法也不尽相同，常见的有：

（1）手提式二氧化碳灭火器。二氧化碳灭火器适宜扑灭电气火灾、液体火灾，以及贵重设备、图书资料、仪器仪表等物品的初起火灾。手提式二氧化碳灭火器有手轮式和压嘴式两种使用方式。

1）手轮式。一手握住喷筒把手，另一手撕掉铅封将手轮按逆时针方向旋转，打开开关，二氧化碳气体即会喷出。

2）压嘴式。一手握住喷筒把手，另一手拔去保险销，将扶把上的压嘴压下，即可灭火。需要注意的是：二氧化碳是窒息性气体，对人体有害，灭火时，人员应站在上风处；在空气不流通的火场，使用二氧化碳灭火器后，必须及时通风。同时，由于二氧化碳是以液态存放在钢瓶内的，持喷筒的手应握在胶质喷管处，防止冻伤。

（2）手提式干粉灭火器。干粉灭火器适宜扑灭油类、可燃气体、电器设备等初起火灾。使用时，先打开保险销，手握住喷管，对准火源，另一手按下压嘴，即可扑灭火源，如图 6-2 所示。

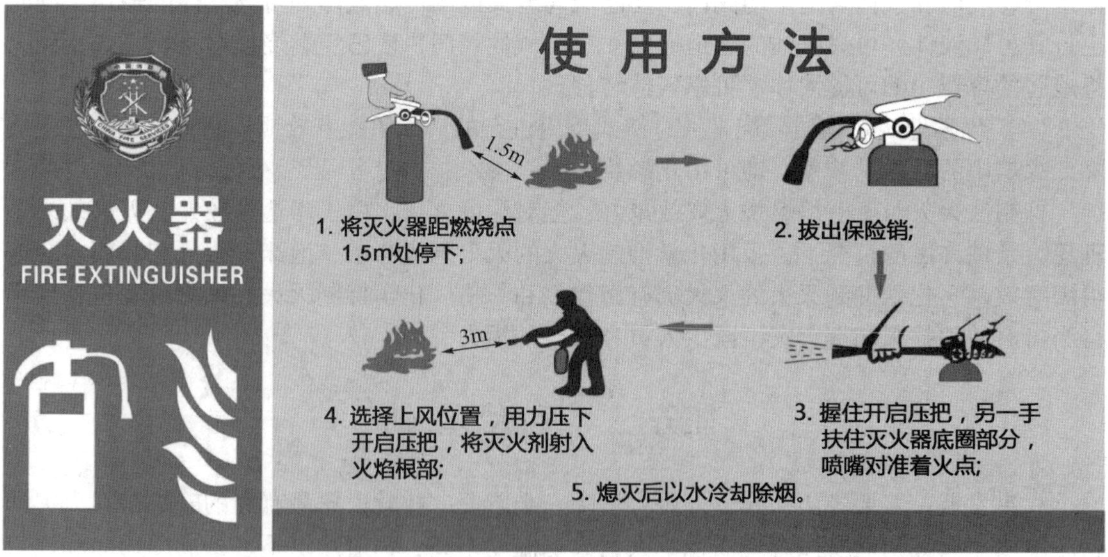

图 6-2　手提式干粉灭火器的使用方法

（3）手提式水基型灭火器。水基型灭火器在喷射后，呈水雾状，瞬间蒸发掉火场大量的热量，迅速降低火场温度，抑制热辐射，表面活性剂在可燃物表面迅速形成一层水膜，隔离氧气，起到降温、隔离双重作用，从而达到快速灭火的目的。除可燃金属起火外水基型灭火器全部可以扑救，并可绝缘36kV电，是扑救电器火灾的最佳选择。

水基型灭火器瓶身除了红色以外，还有黄、绿、银色等，操作方式与干粉灭火器类似。

（4）投掷型灭火器。投掷型灭火器是一种迷你型简捷灭火器具，只需用力将其投掷于火中，容器破碎，即可达到灭火目的。还可以将灭火剂用水稀释后泼洒在火焰上进行灭火。此外需要注意，不要直接投掷灭火弹到燃烧的油中，防止燃油飞溅。

（5）灭火毯。灭火毯是用玻璃纤维等特殊的材料编织成的灭火器材，使用时将灭火毯抽出展开后迅速覆盖在火焰上面，即可达到灭火目的，在家中或是公共场所发生火灾的时候，灭火毯还是很好的逃生工具。把灭火毯盖在身上，可以有效地防止身体被火焰灼伤。

二、室内消火栓和消防水喉的使用

（1）室内消火栓的使用。发生火灾后，首先打开消火栓箱门或用硬物击碎门上的玻璃，按动紧急启动水泵按钮，然后迅速取下水带和弹簧架上的水枪，将水带一个接口连接在消火栓接口上，铺设水带，防止打绞，另一个接口接好水枪，按逆时针方向旋转消火栓手轮，即可出水灭火。

（2）消防水喉的使用。使用消防水喉时，首先打开箱门把卷盘旋出，拉出胶管和小口径水枪，开启供水闸即可进行灭火。消防卷盘除绕自身轴旋转外，还随箱门旋转，比较灵活，不需将胶管全部拉出即能开启阀门供水。使用完毕后，先关闭供水闸阀，待胶管排除积水后卷回卷盘，将卷盘转回消火栓箱。

三、不同类型火灾的扑救

（1）电气火灾。电气设备发生火灾，首先应关闭电源开关，然后用干粉灭火器、二氧化碳灭火器等进行扑救，切不可直接用水扑救，防止触电伤亡事故。如用水、泡沫灭火，应先切断电源，然后再灭火。

（2）可燃气体泄漏或火灾。目前使用的可燃气有煤气、液化石油气、天然气、乙炔气及其他工业和民用气体。发生事故主要有两种情况：一是泄漏，二是火灾或爆炸。

一旦发生泄漏，应迅速设法关阀，控制气源流散，控制泄漏区域的一切火源（电源开关不能动，明火、火星、手机、静电等火源要立即熄灭、关闭、消除），关阀后应设法驱散气体，消除爆炸危险。使用工具关阀时要用不发火工具。泄漏量较大或不能及时关阀控制气源的，应迅速发出警报，组织人员疏散和现场警戒，控制警戒区域内一切火源，有条件的可用水雾稀释和降低可燃气体浓度，减缓扩散速度，尽力阻止爆炸，积极迎接消防队来救援。

一旦发生火灾或爆炸，首先关闭阀门，切断气源，然后用灭火器或湿布等灭火器材进行灭火；如果阀门不能关闭，又堵漏无效的，则不能将火焰扑灭，用水雾稀释和降低可燃气体浓度，冷却降低可燃气体管道、容器温度，尽量控制火势让其稳定燃烧；如果是液化气、乙炔气钢瓶等压力容器着火，在灭火时还应防止钢瓶等压力容器过热发生爆炸，同时防止钢瓶横倒，以免造成液相燃烧。

（3）厨房火灾。厨房着火，最常见的是油锅起火。起火时，立即用锅盖盖住油锅，关掉点火开关，使火窒息，切不可用水扑救或用手去端锅，以防止造成热油爆溅，灼烫伤人和扩大火势。如果油火撒在灶具上或地面上，可使用手提式灭火器扑救，或用湿布等捂盖灭火。

（4）易燃液体火灾。易燃液体（如汽油、酒精、香蕉水、甲苯等）着火，发展迅速而猛烈，有时甚至发生爆炸，且不易扑救，所以平时要做好准备，一旦发生应立即运用干粉、卤代烷、二氧化碳、泡沫灭火器灭火，或用细沙、湿毛毯等扑救，尽量控制液体的流散。切勿用水扑救，以免造成流淌火灾，如火势扩大，无法灭火时，应迅速逃离现场，离去时应将门顺手关上，以便在一定时间内控制火势扩散。

（5）室内火灾。室内发生火灾应沉着冷静，分清情况，采取相应对策，如一般衣服、织物及小件家具着火，在火势不大时，可迅速将着火物拿到室外或卫生间等较为安全的地方用水浇灭。不要在家里乱扑乱打，以免将其他可燃物引燃。

家具着火，先用水盆接水扑救。如火势得不到控制，则利用楼梯间或走道上的消火栓进行扑救，同时迅速挪开家具旁边的可燃物质。

工业原料（成品）、生产设备、危险物品等火灾，要根据燃烧物品的性质特点，选用恰当的灭火剂扑救。例如：精密仪器设备、图书档案资料、遇湿燃烧物品、较大量高浓度的强酸等不能直接用水扑救，以免造成水渍损失或爆炸；糖粉、面粉、木屑等可燃粉尘不能用直流水柱冲击，以免引起粉尘爆炸，扩大灾害损失。

如果火势一时难以控制扑灭，要先将室内的液化气罐和汽油等易燃易爆危险品抢出，如时间允许，可将室内贵重物品一并抢出。如果室内火已烧大，不可因为寻钱救物而贻误疏散良机，更不能重新返回着火房间去抢救物品。

当发现封闭的房间着火，不要随便打开门窗，防止新鲜空气进入而扩大燃烧，要先在外部察看火势。如果火势很小或只有烟雾不见火光，可以用水桶、脸盆等准备好灭火用水，迅速进入室内将火灾扑灭。如果火已烧大，就要呼喊邻居，共同做好灭火准备工作后，再打开门窗，进入室内灭火。开门时，先打开一条门缝，感觉一下室内的温度；如果室内温度不高可带水迅速进入室内灭火；如果室内温度很高，开门很有可能因补充室内新鲜空气而发生轰燃（爆燃），导致人员伤亡和燃烧面积突然扩大成灾。因此，如果室内烟雾浓、温度高，应在备足消防用水（最好利用室内消火栓）的情况下，先开一条门缝，伸进水枪，上下左右迅速射水降温，尔后进入室内灭火。注意开门时人应站在门的一侧，防止轰燃将人烧伤。

任务四　火 场 逃 生

一、火场燃烧产物的危害性

火灾现场对人体的危害主要有四种，即缺氧、高温、烟尘、毒性气体，任何一种危害都能置人于死地。

（1）缺氧。人们正常呼吸时空气中的氧气占21%左右（体积比）。在这种情况下，人们的思维敏捷，判断准确，身体各个部位不会出现不良反应。由于火场上可燃物燃烧消耗氧气，同时产生毒气使空气中的氧浓度降低。特别是建筑物内着火，在门窗关闭的情况下，火场上的氧气会迅速降低，使火场上的人员由于氧气减少而窒息死亡。当氧气在空气中的含量由21%的正常水平下降到15%时，人体的肌肉协调受到影响；如再继续下降至10%~14%，人虽然还有知觉，但判断力会明显减退，并且很快感觉疲劳；降到6%~10%时，人体大脑便会失去知觉，呼吸及心脏同时衰竭，数分钟内可死亡。但在未死亡之前，用新鲜空气或氧气及时救治，可使缺氧的人慢慢恢复。

（2）高温。由于火场上可燃物质多，火灾发展蔓延迅速，火场上的气体温度在短时间内即可达到几百摄氏度。空气中的高温能损伤呼吸道。当火场温度达到49~50℃时，能使人的血压迅速下降导致循环系统衰竭。吸入的气体温度超过70℃，会使气管、支气管内黏膜充血起水泡，组织坏死，并引起肺水肿而窒息死亡。人在100℃环境中会立即出现脱水现象，丧失逃生能力，严重者会造成死亡。

（3）烟尘。火场上的热烟尘由燃烧中析出的炭粒子、焦油状液滴以及房屋倒塌时扬起的灰尘等组成。这些烟尘随热空气一起流动，若被人吸入呼吸系统后，能堵塞、刺激内黏膜，有些甚至能危害人的生命。其毒害作用随烟尘的温度、直径大小不同而不同，其中温度高、直径小、化学毒性大的烟尘对呼吸道的损害最为严重。飞入眼中的颗粒使人流泪，损伤人的视觉；烟尘进入鼻腔和喉咙后，受害者进行呼吸时就会打喷嚏和咳嗽。气流里的烟尘冷却到一定程度，水、蒸汽、酸、醛等便会凝结在这些烟尘上，如果吸入这种充满水分的颗粒，很可能把毒性很大或是刺激性的、不同成分组成的液体带入人的呼吸系统。

（4）毒性气体。火灾中可燃物燃烧产生大量烟雾，其中含有一氧化碳、二氧化碳、氯化氢、氮的氧化物、硫化氢、氰化氢、光气等有毒气体。这些气体对人体的毒害作用很复杂。由于火场上的有害气体往往同时存在，其联合效果比单独吸入一种毒气的危害更严重。这些毒性气体对人体有麻醉、窒息、刺激等作用，损害呼吸系统、中枢神经系统和血液循环系统，在火灾中严重影响人们的正常呼吸和逃生，直接危害人的生命安全。统计资料表明，火灾死亡的人员中，80%的人都是被浓烟熏死而非烧死的，浓烟致人死亡的主要原因是一氧化碳中毒。一氧化碳的毒性在于其对血液中血红蛋白的高亲和力，其对血红蛋白的亲和力比氧气高出约250倍，因而它能阻碍人体血液中氧气的输送，引起头痛、虚脱、神志不清等症状和肌肉调节障碍等。火场中有毒气体及其致死危险浓度见表6-1。

表6-1　有毒气体及其致死危险浓度

有毒气体	产生方式	人体感觉	致死危险浓度（空气中含量）
一氧化碳（CO）	含碳物质不完全燃烧	无色无味，不易判断	1%时，呼吸1~3min引起死亡
硫化氢（H_2S）	含硫有机物（毛织品、橡胶等）不完全燃烧	臭鸡蛋味	0.07%以上时，可造成神经系统紊乱，呼吸急迫
二氧化硫（SO_2）	硫化物燃烧	强烈刺激眼睛、呼吸道	0.05%时，短时间可以引起死亡
氨（NH_3）	含氮物（丙烯类塑料）燃烧	刺激眼睛、呼吸道	0.63%时，1.5h引起死亡

续表 6-1

有毒气体	产生方式	人体感觉	致死危险浓度（空气中含量）
氰化氢 (HCN)	含氮物（晶体胺、聚酰胺、丙烯酸）不完全燃烧	苦杏仁味，气喘、恶心、呕吐	0.3%时，呼吸几口即可引起死亡
光气 ($COCl_2$)	氯化物（如聚氯乙烯塑料）的燃烧产物	干咳	千万分之一时，即会引起中毒甚至死亡

二、火场逃生组织准备工作与基本原则

在社会生活中，火灾已成为威胁公共安全，危害人民群众生命财产的一种多发性灾害。据统计，全世界每天发生火灾 1 万起左右，死 2000 多人，伤 3000~4000 人，每年火灾造成的直接财产损失达 10 多亿元。尤其是造成几十人、几百人死亡的特大恶性火灾不断发生，给国家和人民群众的生命财产造成了巨大的损失。总结以往造成群死群伤及重大经济损失的特大火灾的教训，其中最根本的一点是要提高人们火场疏散与逃生的能力。一旦火灾降临，在浓烟毒气和烈焰包围下，不少人葬身火海，也有人死里逃生。面对滚滚浓烟和熊熊烈焰，只要冷静机智运用火场自救与逃生知识，就有极大可能拯救自己、拯救他人。

（一）火场逃生需做的组织准备工作

（1）健全组织，明确分工。机关团体、企业、事业单位要成立专门的应急救援机构，指定专人负责并明确职责，同时建立若干小组如报警引导组、疏散抢险组、安全救护组等，以便帮助被困人员有序疏散。

（2）制定逃生方案。应根据火势大小和不同部位制定不同类型的应急预案和逃生方案，画出疏散图，标注所有门、窗、通道、室外特征和可能的障碍，明确规定疏散信号、疏散路线、疏散通道和疏散方法，指出从每个房间逃生的主要路线和备用路线，防止大量人员涌向一个出口，造成踩伤和挤伤事故，并根据情况的变化及时修订。拥有的逃生路线越多，逃生机会就会越大。

（3）加强逃生知识的学习和演练。了解有关科学知识，学习火场逃生知识，掌握火场逃生方法；进行逃生技能应用训练，熟悉疏散路线，了解疏散方案和行为要求；定期不定期地进行演练，实际检验每条逃生路线，确保每条计划逃生路线在紧急情况下能使用。

（4）保持通道畅通无阻。楼梯、通道、安全出口等是火灾时最重要的逃生之路，平时应保持畅通无阻，不可堆放杂物或设闸上锁。

（5）配置救生器材。新建民用建筑，特别是高层建筑、地下建筑、商场、宾馆、歌舞厅、劳动密集型工厂等人员聚集场所，疏散楼梯数量、宽度、形式及火灾自动报警、自动灭火系统等应符合规范要求，应配备必要的应急灯、疏散标志和救生网、救生袋、救生软梯、自救绳、救生气垫、滑竿、滑梯、缓降器等逃生器材。

（二）火场逃生基本原则

（1）扑灭小火，防微杜渐。火灾发生时，如果发现火势并不大，且尚未对人造成很大

威胁，且周围有足够的消防器材，如灭火器、消防栓等，在确保自身安全的情况下，应奋力将小火控制，扑灭。千万不要惊慌失措地乱叫乱跑，或置他人于不顾而只顾自己“开溜”，错过最好时机，置小火于不顾而酿成大灾。请记住：争分夺秒，沉着镇定，门窗慎开，及时扑灭初期火灾。

（2）熟悉环境，牢记出口。楼梯、疏散通道、安全出口或直通室外地平面的门等是火灾发生时最重要的逃生通道，能迅速安全地疏散人员和抢救物资，减少人员伤亡、降低火灾损失，被视为“生命通道”。不管你身处熟悉环境还是陌生环境，为了自身安全，务必留心酒店、饭店、影剧院、展览厅、体育馆等的疏散通道、安全出口及楼梯方位等，以便关键时候能尽快逃离现场。即使出差旅游在外，入住酒店，也应该留意观察楼梯、消防通道、紧急指示标志等的方向和位置，以防万一。通常在酒店房间的大门背后都贴有紧急疏散路线示意图，它简明扼要地介绍了逃生路线。即使平时不看，至少在发生火灾冲出大门逃生前，用一二十秒看一下，也能引导你向正确的方向逃生，避免在火场中晕头转向。在环境陌生的公共场所突然遭遇火灾，就必须以紧急通道的指示灯（标志）来判别正确的逃生方向，沿着其引导的路线疏散，就能逃离发生了火灾的建筑物。请记住：在安全无事时，一定要居安思危，给自己预留一条通道。

（3）保持镇静，明辨方向。遭遇火灾，面对浓烟和烈火时，首先要强令自己保持镇静，迅速判断危险地点和安全地点，决定逃生办法，尽快撤离险地。千万不要盲目跟从人流、乱冲乱窜。从火场撤离时，尽量朝空旷处跑，要尽量往较低楼层跑（特殊情况例外）。如果通道已被烟火封阻，则应背向烟火方向离开，通过阳台、气窗、天台等快速往住室外面逃生。

（4）争分夺秒，迅速逃离。火势发展较快时，要迅速逃离。跑要快，争分夺秒，不因穿衣、抢救财物延误时机。向安全出口方向跑，向远离火源和烟雾的方向逃生，在最短时间内逃离险境。在不清楚着火点和烟从哪里来时，千万不要乱走乱跑，否则有可能越跑离危险越近。鞋或其他东西掉了不要捡。穿过浓烟不要直着身子跑，要尽量使身体贴近地面，并用湿毛巾捂住口鼻迅速撤离。不要大声喊“救命”，容易消耗氧气并吸入过多的一氧化碳。请记住：逃离火场要迅速，切不可乘坐电梯。

（5）不入险地，不贪财物。在火场中，人的生命是最重要的。身处险境，应尽快撤离，不要因害羞或顾及贵重物品，而把宝贵的逃生时间浪费在穿衣或寻找、撤离贵重物品上。已经逃离险境的人员切莫重返险地。

（6）简易防护，蒙鼻匍匐。逃生时经过充满烟雾的路线，要防止烟雾中毒，预防窒息。为了防止火场浓烟呛入，可采用毛巾、口罩蒙鼻，匍匐撤离的办法。烟气温度高，较空气轻而飘浮于上部，贴近地面撤离是避免烟气吸入的最佳方法。穿过烟火封锁区，应佩戴防毒面具、头盔、阻燃隔热服等防护品，如果没有这些防护品，可向头部、身上浇冷水或用湿毛巾、湿棉被、湿毯子等将头、身裹好，再冲出去。

（7）善用通道，莫入电梯。按规范标准设计建造的建筑物，都会有两条以上逃生楼梯、通道或安全出口。发生火灾时，要根据情况选择进入相对较为安全的楼梯通道，除可利用楼梯外，还可以利用建筑物的阳台、窗台、天台、屋顶等攀到周围的安全地点，沿着落水管、避雷线等建筑结构中凸出物滑下楼也可脱险。在高层建筑中，电梯的供电系统在火灾时随时会断电或因热的作用电梯变形而把人困在电梯内，同时电梯井犹如贯通的烟囱一样直通各楼层，有毒的烟雾直接威胁被困人员的生命，因此，千万不要乘普通电梯逃生。

（8）利用工具，及时逃生。高层、多层公共建筑内一般都设有高空缓降器或救生绳，人员可以通过这些设施安全地离开危险的楼层。如果没有这些专门设施，而安全通道又已被堵，在救援人员不能及时赶到的情况下，可通过消防专用绳、梯子等工具从阳台、窗户将自己吊到地面或下层阳台、窗户逃生；无消防专用绳时，可以利用身边的绳索或床单、窗帘、衣服等自制简易救生绳，并用水打湿从窗台或阳台沿绳缓滑到下面楼层或地面，安全逃生；有能力的人可利用房间外墙壁上的供水管道逃生。

（9）灵活躲藏，固守待援。发生火灾后，如果用手摸房门已感到烫手，此时一旦开门，火焰与浓烟势必迎面扑来，逃生通道被切断。在这种自身无法冲出火场的情况下，可躲到不怕高温、有直通外界空气交换通道的房间，阳台、天台、平屋顶等可固守的地方，以及清空的仓库、防烟楼梯等无可燃物或可燃物少的地方，总之躲在相对安全的地方等待救援。如果短时间内无人救援，这时候可采取创造避难场所、固守待援的办法。首先应关紧迎火的门窗，打开背火的门窗，用湿毛巾或湿布塞堵门缝或用水浸湿棉被、门窗，然后不停地用水淋透房间，防止烟火渗入，固守在房内，直到救援人员到达。切不可钻到床底、衣柜内躲避火焰或烟雾，这些地方是火场中最危险且不易被消防人员发现的地方，难以获得及时的营救。

（10）缓晃轻抛，寻求援助。被烟火围困暂时无法逃离的人员，应尽量待在阳台、窗台等易于被人发现和能避免烟火近身的地方。在白天，可以向窗外晃动鲜艳的衣物，或外抛轻型晃眼的东西，在晚上可以用手电筒不停地在窗口闪动或者敲击东西，及时发出有效的求救信号，引起救援者的注意。因为消防人员进入室内都是沿墙壁摸索行进，所以，在被烟气窒息失去自救能力时，应努力滚到墙边或门边，便于消防人员寻找、营救；此外，滚到墙边也可防止房屋结构塌落砸伤自己。

（11）把握时机，及时转移。发生火灾时，如建筑物安全出口、疏散通道不能行走，可从着火建筑物转移到附近建筑物。同时，一楼着火可通过窗户跳出，二楼着火可双手趴住窗户或阳台边缘，两脚慢慢下放跳离，三楼以上着火时视情况选择跳到水池、沙滩、草坪、松土等处，且跳前可将棉被等先往楼下扔，跳时双手拉住窗台底部，身体下垂，自然落下，尽可能减少离地面高度，增加一些安全系数。烧伤较重者不能跳进水池、水塘，以免感染；附近没人、水池较深、不会游泳的情况不能跳。请记住：不能确保安全时，切勿盲目跳楼。

（12）跳楼有术，虽损求生。处在火灾烟气中的人，精神上往往陷于极端恐惧和接近崩溃的状态，惊慌的心理极易导致不顾一切的伤害行为，如跳楼逃生。应该注意的是，只有消防队员准备好救生气垫并指挥跳楼时或楼层不高（一般在四层以下），才能采取跳楼的方法。即使已没有任何退路，如果生命还未受到严重威胁，也要冷静地等待消防人员的救援。跳楼也要讲技巧，跳楼时应尽量往救生气垫中部跳或选择有水池、软雨篷、草地等方向跳；如有可能，要尽量抱些棉被、沙发垫等松软物品或打开大雨伞跳下，以减缓冲击力。如果徒手跳楼一定要扒在窗台或阳台上，使身体自然下垂时跳下，以尽量降低垂直落地距离。落地前要双手抱紧头部，身体弯曲成一团，以减少伤害。跳楼虽可求生，但会对身体造成一定的伤害，所以要慎之又慎。

（13）火已及身，设法扑灭。身处火场中，如果身上着火，千万不要惊慌失措，东奔西跑或胡乱拍打。奔跑时形成的风势会使火烧得更旺，同时跑动还会把火种带到别处，引燃周围的可燃物；胡乱拍打，往往顾上顾不了下，顾前顾不了后，一旦支持不住，就会造成严重烧伤，甚至丧失生命。所以，一旦不幸身上着火，应该设法脱掉衣帽。如果来不及脱掉，可以把衣服撕破扔掉。若这都来不及做，可以在没有燃烧物的地方倒在地上打滚，将身上的火苗压灭。如果有其他人在场，可用麻袋、毯子等把着火人的身体包裹起来，就能使火熄灭；或向着火的人身上浇水，或帮着将烧着的衣服撕下来，但切记不可用灭火器直接向着了火的人身上喷射，以免其中的药剂引起烧伤者的伤口感染。

（14）身处险境，自救莫忘他人。任何人发现火灾，都要尽快拨打119电话，及时向消防队报火警。火场中的儿童和老弱病残者不具备或者可能丧失了自救能力，在场的人员除自救外，还应当积极救助他们尽快逃离险境。

三、高层和超高层建筑火灾自救

现代城市，高层建筑林立。高层建筑是指高度在24～100m之间的建筑，其中50m以上的称为一类高层；100m以上的则称超高层。

近年来，随着我国经济社会的快速发展，高层及超高层建筑急剧增多，建筑高度不断攀升，体量跨度越来越大，功能更趋多元化，特别是一些高层大型城市综合体，经营业态多、人员密集，消防安全问题突出。据不完全统计，目前我国有高层民用建筑36万余栋，其中有超高层民用建筑8500多栋，高层建筑火灾时有发生。仅2017年上半年，全国就接报高层建筑火灾2517起、死亡61人、伤61人、直接财产损失4082万元。2017年2月25日江西省南昌市一高层建筑内的KTV发生火灾，死亡10人、伤13人。2017年6月14日，陕西省西安市一高层居民住宅楼电缆井发生火灾，死亡3人。2017年6月22日凌晨，浙江省杭州市上城区鲲鹏路蓝色钱江公寓2幢1单元1802室发生火情，现场抢救出的4人经抢救无效死亡。超高层建筑火灾救援一直是世界性难题，一旦发生火灾，自救很关键。

（1）充分利用建筑内的消防设施扑灭初起火灾。高层建筑一旦发生火灾，首先要镇静，不要惊慌失措，置小火于不顾而酿成大灾。要迅速找到着火的部位，若是初起火灾，要设法扑救。如果是电器起火，先关闭电源，如果是天然气、煤气、液化气起火，先关闭气源，再用灭火器将火扑灭。扑救的同时，尽快设法打火警电话报警。

（2）快速向下逃生。如果处于着火层以下楼层，在发生火灾后，由于着火层下层受烟火威胁较小，且火向下蔓延的速度较慢，所以人们可以迅速地通过楼梯疏散到地面。如果处于着火层，房间外着火时，若楼梯尚未封死，火势不十分猛烈，可以披上用水浸湿的衣被，快速冲下楼或进入疏散楼梯再撤到安全地带。从消防通道里逃生，要猫着腰，紧贴墙壁，匍匐前进。逃生时要用湿毛巾捂住口鼻，以降低浓烟的侵害，千万不要跳楼，也不能乘坐电梯逃生。此外，一般救生气垫，救援高度极限是15～20m，若所在楼层高度超过六层，一定不能盲目跳气垫逃生，否则和跳楼相差无几。房间内着火时，应逃出房间，关闭房门，呼喊示警，并打电话119报警。打电话报警时应说清地点、楼号、楼层、人员被困情况、着火物质、报警人的姓名和电话。

（3）寻找避难层。超高层公共建筑（100m以上）每隔15层左右设有避难层，避难层墙壁采用特制防火材料，设有专门的排烟设施、送风设施、消防专线电话和应急广播，并配有消火栓、消防卷盘、应急照明等必要的消防设备。避难层相当于一个火灾无法侵入的独立“防火空间”。错层楼梯设计是为了避免火灾中的“烟囱效应”，防止烟雾直接通过楼梯进入避难层。火灾发生时，对于那些由于疏散路线远或疏散通道被烟火封堵或因伤残、体弱无法及时疏散到室外的人员，避难层是最佳的躲避烟火侵袭而暂时保证安全的场所。因此，如果在超高层写字楼工作或实习，请务必花一点时间，找找身边的避难层，熟悉它的方位、路线，因为空荡荡的避难层，关键时刻能救你的命。

(4) 无法突破着火点，寻找合适的房间避难。如果下到10层的时候发现起火点在9层，且无法突破下楼，该怎么办？此时应当迅速转身上到12层以上后找一个合适的房间。必须找一间最靠主干道的房间（这样你将成为消防员们最先施救的对象），这个房间必须有窗户，没有防盗网。进入这个房间之后，第一个动作是关闭房门堵住门缝，第二个动作是封闭能看见的所有空调出风口，第三个动作是打烂这个房间的窗户，向窗外发送求救信号，在白天，可以向窗外晃动鲜艳衣物；在夜晚，可以用手电筒等在窗口闪动或者敲击窗口，发出求救信号。

(5) 日常积极查找身边火灾隐患。重点清理楼梯、走道、阳台等区域可燃杂物，清理院子内电动自行车等违规存放、充电；高层建筑常闭式防火门严禁敞开；勿从高层建筑阳台或窗口丢弃未熄灭的烟头，勿将烟头丢入阳台的下水道。

(6) 居住在高层建筑的居民应当配备家庭灭火器、灭火毯、防烟面罩、逃生绳索等简易灭火逃生器材。

四、商场、集贸市场火灾自救

(1) 利用疏散通道逃生。每个商场都按规定设有室内楼梯、室外楼梯，有的还设有自动扶梯、消防电梯等。发生火灾后，尤其是在火灾的初起阶段，这都是逃生的良好通道。在下楼梯时应抓住扶手，以免被人群撞倒。

(2) 自制器材逃生。商场、集贸市场是物资高度集中的场所商品种类繁多，发生火灾后，可利用逃生的物资是比较多的。例如，毛巾、口罩浸湿后可制成防烟工具捂住口、鼻，利用绳索、布匹、床单、地毯、窗帘来开辟逃生通道；如果商场、集贸市场还经营五金等商品，还可以利用各种机用皮带、消防水带、电缆线来开辟逃生通道；穿戴商场、集贸市场经营的各种劳动防护用品，如安全帽、摩托车头盔、工作服等可以避免烧伤和被坠落物砸伤。

(3) 利用建筑物逃生。发生火灾时，如上述两种方法都无法逃生，可利用落水管、房屋内外的突出部分和各种门、窗以及建筑物的避雷网（线）进行逃生，或转移到安全区域再寻找机会逃生。逃生时，要大胆又要细心，特别是老、弱、病、妇、幼等人员，切不可盲目行事，否则，容易发生伤亡事故。

(4) 寻找避难处所。在无路可逃的情况下应积极寻找避难处所如到室外阳台、楼房平顶等待救援；选择火势、烟雾难以蔓延的房间关好门窗，堵塞间隙，房间如果有水源，要立刻将门、窗和各种可燃物浇湿，以阻止或减缓火势和烟雾的蔓延。无论白天或晚上，被困者都应大声呼救，不断发出各种呼救信号，以引起救援人员的注意，帮助自己脱离困境。

五、影剧院火灾自救

影剧院人多、疏散通道少，这就给着火时的人员逃生带来了很大的困难。为了迅速疏散人群，影剧院里都设有消防疏散通道，并装有门灯、壁灯、脚灯等应急照明设备，标有“出口处”“安全出口”“紧急出口”等指示标志。发生火灾后，观众应按照这些应急照明指示设施所指引的方向，迅速选择就近人流量较小的疏散通道撤离。

（1）当舞台发生火灾时，火灾蔓延的主要方向是观众厅。厅内不能及时疏散的人员，要尽量靠近放映厅的一端抓住时机逃生。

（2）当观众厅发生火灾时，火灾蔓延的主要方向是舞台，其次是放映厅。逃生人员可利用舞台、放映厅和观众厅的各个出口迅速疏散。

（3）当放映厅发生火灾时，由于火势对观众厅的威胁不大，逃生人员可以利用舞台和观众厅的各个出口进行疏散。

（4）发生火灾时，楼上的观众可从疏散门由楼梯向外疏散。楼梯如果被烟雾阻隔，在火势不大时，可以从火中冲出去，虽然可能会受点伤，但可避免生命危险。此外，还可就地取材，利用窗帘布等自制救生器材，开辟疏散通道。

（5）疏散人员要听从影剧院工作人员的指挥，切忌拥挤，乱跑乱窜，堵塞疏散通道，影响疏散速度。

（6）疏散时，人员要尽量靠近承重墙或承重构件部位行走，以防被坠物砸伤。特别是在观众厅发生火灾时，人员不要在剧场中央停留。

六、歌舞厅、卡拉 OK 厅等娱乐场火灾自救

（1）逃生时必须冷静。由于歌舞厅、卡拉 OK 厅通常都在晚上营业，并且进出顾客随意性大、密度很高，加上灯光暗淡，失火时容易造成人员拥挤，在混乱中发生挤伤事故。因此，只有保持清醒的头脑，明辨安全出口方向和采取一些紧急的避难措施，才能掌握主动减少人员伤亡。

（2）积极寻找多种逃生方法。在发生火灾时，首先应该想到通过安全出口迅速逃生。特别要提醒的是由于大多数舞厅人员密度很大在逃生过程中，一旦人员蜂拥而出，极易造成安全出口堵塞，使人员无法顺利通过而滞留火场。这时就应该克服盲目从众心理，果断放弃从安全出口逃生的想法，选择破窗而出的逃生措施。对在楼层底层的歌舞厅、卡拉 OK 厅可直接从窗口跳出。对于设在二至三层的歌舞厅、卡拉 OK 厅，可用手抓住窗台往下滑，尽量减小下落高度，让双脚先着地。设在高层楼房中的歌舞厅、卡拉 OK 厅发生火灾时，首先应选择疏散通道、疏散楼梯、楼顶和阳台逃生。一旦上述逃生之路被火焰和浓烟封住，应该选择落水管道和窗户进行逃生。通过窗户逃生时，必须用窗帘或地毯等结成长条，制成安全绳，用于滑绳自救。

（3）寻找避难场所。设在高层建筑中的歌舞厅、卡拉 OK 厅发生火灾，且逃生通道被大火和浓烟堵截，又一时找不到辅助救生设施时，被困人员可以暂时逃向火势较轻的地方，向窗外发出求援信号，等待消防人员营救。

（4）互相救助逃生。在歌舞厅、卡拉 OK 厅进行娱乐活动的青年比较多，身体素质好，可互相救助逃离火场，或帮助年长者逃生。

（5）在逃生过程中要防止中毒。由于歌舞厅、卡拉OK厅四周墙壁和顶部有大量的塑料、纤维等装饰物，一旦发生火灾，将会产生大量有毒气体。因此，在逃生过程中，尽量避免大声呼喊，防止烟雾进入呼吸道。应用水浸湿衣服捂住口腔和鼻孔，一时找不到水时，可用饮料代替，并采用低姿行走或匍匐爬行，以减少烟气对人体的伤害。

案例：1994年11月27日，辽宁省阜新市艺苑歌舞厅发生特大火灾，造成233人死亡，是新中国成立以来最严重的火灾事故。火灾发生后，人们只能从哪儿进来再从哪儿出去，所以都涌向北门。结果在往外挤时，互相掣肘，将门死死卡住，一个也出不去。就这样，堵住了所有人的生路。

七、单元式住宅火灾自救

（1）利用门窗逃生。利用门窗逃生的前提条件是在火势不大，还没有蔓延到整个单元住宅，同时受困者较熟悉燃烧区内通道的情况下进行的。具体方法为：把被子、毛毯或褥子用水淋湿裹住身体，低身冲出受困区；或者将绳索一端系于窗户中横框（或室内其他固定构件上，无绳索时，可用床单和窗帘撕成布条代替），另一端系于小孩或老人的两腋和腹部，将其沿窗放至地面或下层窗口，然后破窗入室，从下层通道疏散，其他人可沿绳索滑下。

（2）利用阳台逃生。在火场中由于火势较大无法利用门窗逃生时，可利用阳台逃生。按要求高层单元住宅建筑从第七层开始每层相邻单元的阳台相互连通，在此类楼层中受困，可拆破阳台间的分隔物，从阳台进入另一单元，再进入疏散通道逃生。建筑中无连通阳台而阳台相距较近时，可将室内的床板或门板置于阳台之间搭桥通过。如果楼道走廊已被浓烟充满无法通过时，可紧闭与阳台相通的门窗，站在阳台上避难。

（3）利用空间逃生。在室内空间较大而火灾占地不大时可利用这个方法。其具体做法是：将室内（卫生间、厨房都可以，室内有水源最佳）的可燃物清除干净，同时清除与此室相连室内的部分可燃物，清除明火对门窗的威胁，然后紧闭与燃烧区相通的门窗，防止烟和有毒气体的进入，等待火势熄灭或消防人员的救援。

（4）利用时间差逃生。在火势封闭了通道时，可利用时间差逃生。由于一般单元式住宅楼为一、二级防火建筑，耐火极限为2~2.5h，只要不是建筑整体受火势的威胁，局部火势一般很难致使住房倒塌。利用时间差的具体逃生方法是：人员先疏散至离火势最远的房间内，在室内准备被子、毛毯等，将其淋湿，采取利用门窗逃生的方法，逃出起火房间。

（5）利用管道逃生。房间外墙壁上有落水或供水管道时，有能力的人可以利用管道逃生。这种方法一般不适用于妇女、老人和小孩。

八、火场逃生中的注意事项及常见错误行为

（一）火场逃生时的注意事项

（1）保持镇静，克服惊慌心理，谨防心理崩溃。许多火灾死亡者都是“先亡于心，后亡于身”的，这就要求人们具备良好的心理素质，遇事沉着冷静。烟火的出现，并非意味着已无路可逃，相反，要坚定求生信念，使心理保持稳定，正确估计火灾形势，利用一

切可利用的逃生条件脱离险境。在危难时刻，不要局限于利用原有的疏散通道，应开动脑筋多想办法，才能顺利逃生。

（2）起火初期逃生时，报警和呼救要同时进行。不要只顾逃生忘记报警，延缓报警会给自己和他人带来极大的危害。处于烟雾之中时，不应采用呼喊的方法，防止吸入烟气中毒，而应采用向窗外扔东西等方法。

（3）逃生时要随手关闭通道上的门窗。这样可以阻止和延缓烟雾向逃离的通道蔓延。

（4）克服盲目从众行为。人员聚集场所一旦起火，人们往往蜂拥而出，极易造成安全出口堵塞和挤伤踩踏现象。这时要果断放弃从安全出口逃生的想法，积极寻找多种途径逃生，如破窗逃出。

（5）火场逃生要迅速，动作越快越好。不要为穿衣服或寻找贵重物品而延误时间。

（6）不要向狭窄的角落退避。火场上经常在壁橱或床下发现尸体，火和烟是可怕的，躲避也是正常的，但不要躲藏在诸如床下、墙角、衣柜等不利逃生和不便寻找的地方。

（7）不要在烟气中直立行走、深呼吸。要尽量低姿势匍匐前进用湿毛巾捂住口鼻。

（8）不要重返火场。逃生者一旦脱离危险，就要留在安全区域，有情况及时向救助人员反映，切不可因抢救贵重物品或亲人盲目重返火场。

（9）火场上不要轻易乘坐普通电梯。原因有两个：其一，发生火灾后，往往容易断电而造成电梯“卡壳”，给救援工作增加难度；其二，电梯口直通大楼各层，火场上烟气涌入电梯井极易形成“烟囱效应”，人在电梯里随时会被浓烟、毒气熏呛而窒息。

（10）不要身穿着火的衣服跑动。应迅速将衣服脱下，如果来不及脱掉可就地翻滚，将火压灭。附近有水池、河塘等，可迅速跳入水中。

（11）不能盲目跳楼，即使被大火困在房内无法脱离，也要利用一切可行的方法，坚守“阵地”，耐心等待救援，不到万不得已时，一般不可盲目采用跳楼的方法。

（12）要正确估计火势的发展和蔓延势态。不得盲目采取行动要先考虑安全及可行性后方可采取措施。同时防止产生侥幸心理。

（二）火场逃生时常见的错误行为

（1）原路脱险。这是人们最常见的火灾逃生行为模式。因为大多数建筑物内部的平面布置、道路出口一般不为人们所熟悉，一旦发生火灾时，人们总是习惯沿着进来的出入口和楼道进行逃生。当发现此路被封死时，才被迫去寻找其他出入口。殊不知，此时已失去最佳的逃生时间。因此，当我们进入新的大楼或宾馆时，一定要对周围的环境和出入口进行必要的了解，以备不测。

（2）向光朝亮。紧急危险情况下，人们总是向着有光、明亮的方向逃生。在火场中，电源很可能已被切断或已造成短路、跳闸等，光和亮之地正是火魔肆无忌惮地逞威之处，此时如向光朝亮逃生要防止误判。

（3）盲目追随。当人的生命突然面临危险状态时，极易因惊慌失措而失去正常的判断思维能力，当听到或看到有什么人在前面跑动时，第一反应就是盲目跟随。常见的盲目追随行为有跳窗、跳楼，逃（躲）进卫生间、浴室、门角等。只要前面有人带头，追随者也会毫不犹豫地跟随其后。克服盲目追随的方法是平时要多了解与掌握一些消防自救与逃生知识，避免事到临头没有主见而随波逐流。

（4）自高向下。当高楼大厦发生火灾，特别是高层建筑一旦失火，人们总是习惯性地认为火是从下面往上着的，越高越危险，越下越安全，只有尽快逃到一层，跑出室外，才有生的希望。殊不知，这时下层可能是一片火海，盲目地朝楼下逃生，会自投火海。随着消防装备现代化的不断提高，在发生火灾时，有条件的可登上房顶或在房间内采取有效的防烟、防火措施后等待救援也不失为明智之举。

（5）冒险跳楼。人们开始发现火灾时，会立即做出第一反应，这时的反应大多还是比较理智的。但是，当选择的路线逃生失败，发现判断失误而逃生之路又被大火封死，火势越来越大，烟雾越来越浓时，人们就很容易失去理智轻率地采取高层跳楼、跳窗等不恰当的方式逃生。切不可盲目采取冒险行为，而应积极另谋生路，争取更好的求生机会。

任务五　学校消防安全

学校是师生们生活、学习、活动的地方，属于人员密集场所，也是消防安全重点单位。学校消防安全无小事，关系到教职员工和学生的生命安危和教学秩序，务必时时处处高度重视，居安思危，严格管理，消除各类事故隐患。宿舍、教室、实验室、图书馆等地是学校消防安全重点部位，要时刻做好防火工作。

一、学生宿舍火灾预防

高校学生宿舍是人员聚集场所，也是大学生学习、生活的重要场所，也是高校中火灾事故易发、多发部位。

（一）学生宿舍发生火灾的主要原因

（1）学生在宿舍内使用明火，如在床上点蜡烛、吸烟、乱扔未熄灭烟头、使用煤气炉或宿舍内焚烧杂物等。

（2）大学生违规私拉乱接电线或电源插座，电流过载或插座短路引起火灾。

（3）大学生违章使用大功率电器、电热棒等电器引起火灾。

（4）部分大学生消防安全意识淡薄。高校中，有部分大学生安全意识淡薄，又不重视安全知识学习，造成高校大学生宿舍火灾事故时有发生。

案例：2006年10月8日9时，武汉某高校一男生宿舍起火，导致火灾的原因是台灯没有关闭，电线短路引发火灾。

2008年11月14日6:10左右，上海某高校学生宿舍发生了火灾，4名女生从6楼跳楼逃生，不幸全部身亡。火灾起因为学生使用“热得快”引发电器故障并将周围可燃物引燃。

2013年4月17日9时左右，海南某高校一男生宿舍，因使用不合格的插座给计算机长时间充电而引起火灾。

2014年4月，海南某高校一女生宿舍因多名同学使用违规电器造成电源线路短路引发火灾。

2016年8月14日，烟台某高校两名留校学生在走廊使用液体酒精炉吃火锅，在没有熄灭火焰的情况下添加酒精，发生火灾，两人烧伤，其中一人烧伤面积达40%。

2016 年 8 月 17 日凌晨，烟台某高校一宿舍因蚊香点燃了可燃物导致整个宿舍全部烧毁，整个宿舍楼 300 多人在浓烟中疏散、安全撤离，所幸没有人员受伤。

2017 年 7 月，海南某高校一女生宿舍，因一名女同学使用蚊香不慎引发火灾。

2018 年 1 月，海南某高校一女生宿舍，因一名女同学使用“热得快”烧水引发火灾。

（二）如何预防宿舍火灾

（1）不在宿舍吸烟、玩火、焚烧物品，不乱扔烟头。

（2）严禁私拉乱接电线和移动插座；严禁将电源接线板放在床上；严禁在电线、灯管等设备和线路上搭挂衣物。

（3）不在宿舍里使用“热得快”电炉、电水壶等大功率电器、电热设备。

（4）不在宿舍里点蜡烛看书，不要将台灯靠近枕头、被子和蚊帐。

（5）不在宿舍存放易燃易爆物品。

（6）不在宿舍内使用酒精炉、煤气炉；点燃蚊香时需有人在场，用不燃物支垫，并远离可燃物。

（7）人走熄灯，关闭所有电源。

（8）爱护宿舍楼内的消防设施，不占用、堵塞疏散通道；留意宿舍楼内的消防器材放置地点，掌握正确的使用方法；熟悉宿舍楼内安全出口的位置和疏散通道的方向，学会疏散逃生。

二、教室火灾预防

（1）上课期间保证教室前后门畅通，严禁锁闭安全门；不在楼道、门口堆放杂物，以免影响疏散。

（2）课堂实验用的易燃易爆化学危险品，用完后应立即移置专门地点，不得在教室存放。

（3）教学用的电器、照明设备以及多媒体系统，离开时应及时关闭电源。

（4）不携带烟花爆竹、汽油等易燃易爆物品进入校园和教室，不玩火。

三、实验室火灾预防

（1）实验室内使用电炉、酒精灯应确定位置，定点使用，周围严禁有可燃物。

（2）实验室里的变压器、电感线圈等设备必须设置在不燃的基座上，其散热孔不应覆盖或放置易燃物。实验课结束后应切断实验室的全部电源。

（3）上实验课时要严格遵守各种实验的安全操作规程和物品保管使用规则，不随便乱动、自行配制或存放化学物品。

（4）楼梯间内严禁堆放物品，实验期间应保持安全出口畅通。

（5）室内应配备相应的灭火器材。

四、图书馆火灾预防

（1）电气线路铺设应符合有关电气设备安装规程，电灯与图书、资料等可燃物保持 50cm 以上的距离。

（2）不准使用明火取暖设备；不准随意乱拉电线，严禁超负荷用电。

（3）严禁将火种带入图书馆，不准在图书馆内吸烟和点蚊香；管理人员必须在每天闭馆前，对书库、档案库和阅览室等处进行认真检查，切断电源，防止留下火种形成隐患。

扩展阅读

火场逃生口诀

熟悉环境，记清方位，明确路线，迅速撤离；
通道不堵，出口不封，门不上锁，确保畅通；
听从指挥，不拥不挤，相互照应，有序撤离；
发生意外，呼唤他人，不拖时间，不贪财物；
自我防护，低姿匍匐，湿巾捂鼻，防止毒气；
直奔通道，顺序疏散，不入电梯，以防被关；
保持镇静，就地取材，自制绳索，安全逃生；
烟火封道，关紧门窗，湿布塞缝，防烟侵入；
火已烧身，切勿惊跑，就地打滚，压灭火苗；
无法自逃，向外招呼，让人救援，脱离困境。

习　题

6-1　学校宿舍、教室、实验室最常见的火灾隐患及防火措施有哪些？
6-2　在学校的食堂或图书馆发生火灾时，应该如何逃生？
6-3　身边常见的灭火器有哪些？说说至少一种的使用方法。
6-4　说说你参加最近一次消防演练的体会，以及有哪些需要改进的地方。
6-5　请你观察和回顾一下，你身边有哪些与消防有关系的事件。

项目七　实验室安全

实验室不仅是高校教学和科研的重要实践场所，也是培养学生综合能力和实践操作能力的重要基地。随着高校规模的扩大以及科研教学等方面需求的提升，开放和共享实验室资源需求的不断增多，实验室安全方面也存在一定的隐患，高校实验室安全事故时有发生。从统计数据来看，各类安全事故存在诱因复杂化、问题多样化等特点。每一起安全事故的发生都威胁着师生的生命安全，都会带来不必要的损失。本章内容旨在普及实验室常见的安全标志，以机械、化工、生物实验室为例，展示个别实验室安全操作规范，教会学生如何应对中毒等突发事件，以便从各方面做好实验室安全防范工作。

任务一　常见实验室安全标志

实验室是高校进行教学和科学研究的重要场所，然而在大学实验室里，潜藏着发生爆炸、着火、中毒、灼伤、割伤、触电等事故的危险，特别是化学实验室。化学实验室使用种类繁多的易燃、易爆、有毒化学品，有些实验还需要在高温、高压、超低温、强磁、辐射、微波或高转速等特殊条件下进行操作，稍有不慎，就可能发生着火、爆炸、化学灼伤和中毒等安全事故，有人把实验室比作“安全事故的高压锅”。实验室一旦发生安全事故，不仅会带来巨大的财产损失和人员伤亡，同时也有可能会造成严重的环境污染。

根据有关统计，58%的实验室安全事故系人为原因造成。人为原因造成的伤亡占到实验室安全事故总伤亡人数的87.6%。其中，危险化学气体引发的事故伤亡人数占事故总伤亡人数的90.5%，易燃液体事故占事故总伤亡人数的6.1%，这两类事故的伤亡人数占事故总伤亡人数的96.6%。

因此，实验室安全无小事，不管是实验操作过程，还是实验前期防护，都容不得半点马虎。严格遵守实验室安全管理条例，做好预防措施非常有必要。实验室安全常识是我们每个人都要牢记的，特别是实验室的安全标志。实验室常见安全标志包括警告、禁止、指令、提示4种。

一、实验室常见警告标志

实验室常见警告标志如图7-1所示。

图 7-1　实验室常见警告标志

扫码看彩图

二、实验室常见禁止标志

实验室常见禁止标志如图 7-2 所示。

扫码看彩图

图 7-2　实验室常见禁止标志

三、实验室常见指令标志

实验室常见指令标志如图 7-3 所示。

图 7-3　实验室常见指令标志

扫码看彩图

四、实验室常见提示性标志

实验室常见提示性标志如图 7-4 所示。

图 7-4　实验室常见提示性标志

扫码看彩图

任务二　不同类型实验室安全事项

根据不同的标准，可以将实验室分为不同的类型。根据归属层次，实验室可以分为国家级实验室、省级实验室、校级实验室；根据服务面向，实验室可以分为教学型实验室、科研型实验室、综合服务型实验室；根据学科性质，实验室可以分为基础实验室、专业基础实验室、专业实验室等。根据功能和仪器设备的配置情况，还可以将实验室划分为机械类、化学类、生物类、计算机类等实验室。

一、机械类实验室安全

机械设备由驱动装置、变速装置、传动装置、工作装置、制动装置、防护装置、润滑系统、冷却系统等部分组成，包含数控设备、金工加工设备、特种设备等。

（一）数控设备使用安全

（1）数控设备属于贵重设备，使用前必须经过专门的培训，并经指导教师的同意后方可使用；进入数控实训场地后，应服从安排，不得擅自启动或操作数控机床系统。参加实验或实训的学生必须在指导教师的指导下使用数控设备。

（2）使用数控机床前，必须先检查电源线、控制线及电源电压，还应检查数控机床各轴有无回到机床零点；装夹、测量工件时要停机进行。禁止穿高跟鞋、拖鞋上岗，不允许戴手套和围巾进行操作。

（3）开机前，应该仔细检查机床各部分机构是否完好，各传动手柄、变速手柄的位置是否正确，按要求对数控机床进行开机前的润滑保养；数控设备运行时，操作者不得离开岗位，如有异常情况应立即按复位键、急停开关或关掉电源，并报告指导教师。

（4）操作数控系统面板时，对各按键及开关的操作不得用力过猛，不允许用扳手或其他工具进行操作。

（5）手动对刀时，应注意选择合适的进给速度；手动换刀或自动换刀时，刀架距工件要有足够的转位距离，以不至于发生碰撞为准；完成对刀后，要做模拟换刀试验或模拟校对加工试验，防止正式操作时发生撞坏刀具、工件或设备等事故。

（6）在数控加工过程中，因观察加工过程的时间多于操作时间，所以一定要选择好操作者的观察位置，不允许随意离开实训岗位，以确保安全。

（7）操作数控系统面板及操作数控机床时，严禁两人同时操作。

（8）机床在正常运行时，禁止打开电气柜的门。

（9）数控加工程序必须经过严格检验，方可进行运行操作。

（10）自动运行加工时，操作者必须思想集中，左手手指应放在程序停止按钮上，眼睛观察刀尖运动情况，右手控制修调及补修调开关，控制机床拖板运行速度。发现问题及时按下程序停止按钮，确保刀具和数控机床安全，防止各类事故发生。

（11）若数控机床发生事故，操作者要注意保护现场，并向指导教师或技术人员如实说明事故发生前后的情况，以便分析问题，查找事故原因。

（12）实训结束后，数控机床应复位，使各驱动轴回到机床零点，按规定打扫、保养数控机床，做好文字记录。

（二）金工加工设备使用安全

（1）实验前准备规范。

1）检查穿戴，套上袖套，不穿拖鞋、高跟鞋，不穿裙子，不穿着含有带状或易脱落饰物的服装。长发同学必须戴工作帽。严禁戴手套操作，以免被机床运转机构绞住，造成事故。

2）检查安全防护、制动、限位和换向等装置，应齐全完好。

3）检查机械、液压、气动等操作手柄、开关是否处于非工作的位置上，以免上电时机床突然启动，引发事故。

4）检查电器配电箱，配电箱应关闭牢固，电气开关处于关停状态。

（2）实验中操作规范。

1）坚守岗位，单人操作；待岗人不得乱窜、溜出本岗区，不得影响他人操作。因故离开机床时要停车，并关闭电源、气源、水源。

2）按工艺规定进行加工，禁止随意加大进刀量、磨削量和切削速度，以免因进刀过大导致刀具崩裂甚至工件飞出伤人。

3）传动及进给机构的机械变速，刀具与工件的装夹、调正以及工件工序间的人工测量等均应在切削、磨削终止，刀具、磨具退离工件后，并停车进行。

4）机床上的导轨面、工作台面和卡盘上，禁止直接放置工具、工件及其他杂物。

5）机床发生事故时应立即按总停按钮，保护事故现场，报告有关部门分析处理。

（3）实验后工作规范。

1）将机械、液压、气动等操作手柄、开关扳到非工作位置上。数控机床应复位，使各驱动轴回到机床零点。

2）停止机床运转，切断电源、气源、水源。

3）清除废屑，清扫工作现场，认真擦净机床。导轨面、转动及滑动面、定位基准面、工作台面等处加油保养。

4）认真记录机械的运行情况。

（三）特种设备使用安全

特种设备是指涉及生命安全、危险性较大的锅炉、压力容器（含气瓶）、压力管道、电梯起重机械、客运索道、大型游乐设施和场（厂）内专用机动车辆。其中锅炉、压力容器（含气瓶）、压力管道为承压类特种设备；电梯、起重机械、客运索道、大型游乐设施为机电类特种设备。

（1）实验室特种设备包括线切割、高温电炉光学冷加工设备等。对这类设备要加强管理，防止因操作和管理不善而造成操作者和周围人员受到伤害。

（2）对特种设备的管理应执行国家和上级有关部门的各项规定。

（3）实验室对特种设备应建立专门的技术资料档案，包括全部随机原始资料和运行记录资料（设备登记卡，使用登记证，安装、检验、修理、鉴定记录，设备改造时的质量证明、文件、技术资料、设备问题的记录和评价资料）。

（4）特种设备的安全防护装置和安全控制装置必须符合国家规定的要求，严禁拆卸和损坏。

（5）特种设备的运行必须建立并执行安全技术操作规程、交接班制度、维护保养制度、定期检验和检修制度、事故登记和报告制度。

（6）操作人员必须经过培训，取得合格证。操作时应严格遵守安全操作规程，不得擅离职守和违章作业。

二、化学类实验室安全

在化学类实验室工作，经常会与有毒、有腐蚀性、易燃烧和具有爆炸性的化学药品直接接触，也常常使用易碎的玻璃和瓷质器皿以及高温加热设备，因此，必须特别重视安全工作。

（一）预防实验中毒

（1）一切药品瓶必须有标签；在使用过程中如有毒药品撒落，应马上收起并洗净落过毒物的桌面和地面，开窗通风。

（2）严禁试剂入口，严禁鼻子接近瓶口鉴别试剂。

（3）严禁食品进入实验区域，离开实验室、喝水及吃食品前一定要洗净双手。

（4）使用或处理有毒物品时应在通风橱内进行，且头部不能进入通风橱。

（5）实验废液不能直接倒在水槽中，应当分类收集后交专业回收单位处理。

（6）有毒物质应按实验室的规定办理审批手续后领取，使用时严格操作，用后妥善处理。

（二）防止化学腐蚀、灼伤、烫伤

（1）取用腐蚀性、刺激性药品时应戴上手套。

（2）在研磨苛性碱和其他腐蚀性体物质时，要注意防范小碎块溅散，以免灼伤眼睛、面部等。

（3）稀释浓硫酸等强酸或氢氧化钠、氢氧化钾等发热固体药品时，须在烧杯等耐热容器内进行，且必须在搅拌下将酸缓慢地加入水中，不能用普通容器操作。

（4）从烘箱中拿出高温烘干的仪器或药品时，应使用埚钳或戴上手套，以免烫伤。

（三）防止燃烧和爆炸

（1）挥发性药品应放在通风良好的地方，存放易燃药品应远离热源。

（2）室温过高时使用挥发性药品应设法先进行冷却再开启，不能使瓶口对着自己或他人的脸部。

（3）身上或手上沾有易燃物时，应立即清洗，不能靠近灯火。

（4）严禁将氧化剂与可燃物一起研磨，易发生爆炸的操作不能对人进行。

（5）高压气瓶移动或启用时不得激烈振动，高压气体的出口不得对着人。

三、生物类实验室安全

目前，生物安全问题也不仅仅局限于生物类实验室，生物学科已与化工、材料、物理、医学等许多学科形成交叉，生物安全管理的范畴也不断延伸。生物实验室污染物种类繁杂，传染性强，毒性大。若实验过程中产生的高浓度包含有害微生物的培养液、培养基，未经严格灭菌处理而外排，会造成严重的后果；而高传染性生物性污染物将可能引起流行性疾病的大规模暴发。

（一）生物安全级别与实验室设置

实验室相关设施配置及操作必须严格按照世界卫生组织制定的《实验室生物安全手册》（第三版）执行。根据国家对实验室生物安全的分类管理规定，可将实验室分为Ⅰ级、Ⅱ级、Ⅲ级、Ⅳ级。实验室设置前，应报国家有关部门批准，确定实验室级别，取得相应资格证书。

（1）危险度Ⅰ级（无或极低的个体和群体危险度）指不太可能使人或动物致病的微生物。

（2）危险度Ⅱ级（个体危险度中等，群体危险度低）指微生物能够使人或动物致病，但对实验室工作人员、社区、牲畜或环境不易造成严重伤害。

（3）危险度Ⅲ级（个体危险度高，群体危险度低）微生物通常能引起人或动物的严重疾病，但一般不会发生感染个体向其他个体的传播，并且有对感染有效的预防和治疗措施。

（4）危险度Ⅳ级（个体和群体的危险均高）指微生物通常能引起人或动物的严重疾病，并且很容易发生个体之间的直接或间接传播，对感染一般没有有效的预防和治疗措施。

（二）生物类实验室进入规定

（1）在处理危险度Ⅱ级或更高危险度级别的微生物时，在实验室门口应有国际通用的生物危害警告标志。

（2）实验室安全管理人员应根据实验室的具体情况，制定保证实验室生物安全的操作程序。

（3）进入实验室工作的人员必须经过生物安全知识培训，获得相应部门颁发的证书后，方可上岗。

（4）相关专业的学生必须接受生物安全教育或培训。

（5）实验室的门应保持关闭。

（6）儿童不应被批准或允许进入实验室工作区域。

（三）生物类实验室人员防护

（1）在实验室工作时，任何时候都必须穿着防护服、隔离服或工作服。

（2）在进行可能直接或意外接触到血液、体液以及其他具有潜在感染性的材料或感染性动物的操作时，应戴上合适的手套。手套用完后，应先消毒再摘除，随后必须洗手。

（3）在处理完感染性实验材料和动物后，以及在离开实验室工作区域前，都必须洗手。

（4）为了防止眼睛或面部受到泼溅物、碰撞物或人工紫外线辐射的伤害，必须戴安全眼镜、面罩（面具）或其他防护设备。

（5）严禁穿着实验室防护服离开实验室（如去餐厅、茶室、办公室、图书馆和卫生间）。

（6）不得在实验室内穿露脚趾的鞋子。

（7）禁止在实验室工作区域进食、饮水、吸烟、化妆和处理隐形眼镜。

（8）禁止在实验室工作区域储存食品和饮料。

（9）在实验室内用过的防护服不允许和日常服装放在同一个柜子内。

（10）高压蒸汽灭菌是清除生物污染时的首选方法。

（四）生物类实验室废弃物的处置

生物类实验室的废弃物主要包括感染性废物、损伤性废物和化学性废物。感染性废物指携带病原微生物，具有引发感染性疾病传播危险的废物。损伤性废物，指能够刺伤或者割伤人体的废弃的医用锐器。化学性废物，指具有活性、毒性、腐蚀性、易燃易爆性的废弃化学物品。

（1）将废弃物按类别分别置于专用包装物或容器内，确保包装物或者容器无破损、渗漏或其他缺陷，破损的包装应按生物类废物处理。

（2）废物盛放不能过满，大于 3/4 时就应封口，封口紧密严实，注明实验室名称和废弃物数量。

（3）运送时防止废弃物流失、泄漏、扩散和直接接触身体；应使用防渗漏、无锐利边角、易于装卸和清洁的专用运送工具，各种包装和运送工具应有专用生物类废物标识。

（4）做好废弃物登记，包括来源、种类、质量和数量、交接时间、最终去向和经办人签名等。

（五）生物类实验室事故应急处理方法

（1）皮肤伤（包括皮肤的破损、针刺和切割伤）。应尽可能挤出损伤处的血液，除尽异物，用肥皂和清水冲洗伤口或被污染的皮肤，使用适当的皮肤消毒剂，必要时进行医学处理。

（2）眼睛溅入液体。立即用生理盐水连续冲洗至少 10min，必须迅速避免揉擦眼睛。

（3）衣物污染。尽快脱掉实验服，以防止感染物污染皮肤并进一步扩散；洗手并更换实验服；将已污染的实验服放入高压灭菌器，并换上干净的衣物或一次性衣物。

（4）误食病原菌菌液。应立即吐到容器内，并对容器进行消毒，用 1∶1000 高锰酸钾溶液漱口；可根据菌种不同，服用抗菌药物予以预防。

（5）容器破碎及感染性物质溢出。应当立即用布或纸巾覆盖受感染性物质污染或受感染性物质溢洒的破碎物品，然后在其上面倒上消毒剂。用于清理的布、纸巾和抹布等应当放在盛放污染性废弃物的容器内。在所有操作过程中都应戴手套。如果发生大面积泄漏，所有人员必须立即撤离相关区域，在生物安全人员的指导下来清除污染。

四、计算机类实验室安全

（1）定期组织机房管理员进行安全学习，开展安全检查，消除事故隐患。

（2）实验室内不得乱拉电线，禁止私用电热器等大功率用电设备。

（3）值班人员下班离室前，必须认真检查电源开关、灯、空调和窗户是否完全关闭，最后锁门离开。

（4）实验室钥匙必须妥善保管，不得转借，不准私配，工作调动时应立即交回，若有遗失必须及时报告。

（5）实验室不得挪作他用，不得住宿和存放私人物品。

（6）实验室的消防设备，不准随意移动；实验室的走廊过道不准堆放物品，保持畅通。

（7）保持实验室环境卫生整洁，禁止在实验室内吸烟，乱扔垃圾、杂物，严禁将饮料和各类食品带入实验室；严禁运行任何含有反动、不健康信息或者含病毒的软件程序或浏览此类网页。

（8）任课老师需根据教学大纲的要求提前联系好机房管理员，以便及时安装好授课所需软件，确保教学正常进行。

（9）任何人不得私自拆卸计算机，不得擅自修改和拆接网络拓扑结构及其连接方式。

（10）计算机使用人员不能擅自把系统中的信息复制出系统，不得修改和删除计算机系统文件和数据库，不得擅自改变系统环境。如需更改，必须记录在案。

任务三　实验室中毒应急处理

一、吸入中毒的应急处理方法

（1）一氧化碳中毒。中毒症状：轻度中毒会出现头晕、四肢无力、恶心、呕吐、耳鸣、面色红转苍白等症状。中毒深者会出现呼吸困难、抽搐、昏迷等症状。应急处理方法：赶快打开门窗，将轻度中毒者抬到空气流通处，解开其衣扣，使其呼吸不受阻碍。若呼吸不畅，立即进行人工呼吸。中毒严重者立即送具有高压氧舱设备的医院抢救。

（2）二氧化硫中毒。中毒症状：轻度中毒会出现眼及咽喉部的刺激。中度中毒会出现声音嘶哑、胸部压迫感、吞咽困难等症状。严重者会呼吸困难、产生知觉障碍甚至死亡。应急处理方法：赶快打开门窗，将轻度中毒者抬到空气流通处。对呼吸困难者应予输氧，但切勿进行人工呼吸。中度中毒者要尽快送医院诊治。

(3) 硫化氢中毒。中毒症状：轻度中毒者会出现眼部灼痛、畏光流泪、咳嗽、恶心、呕吐、头痛等症状；中毒严重者会出现意识不清，呼吸迅速转向麻痹、抽搐、昏迷甚至死亡。应急处理方法：赶快打开门窗，将轻度中毒者抬到空气流通处，对黏膜损伤者及时用生理盐水冲洗患处。将呼吸困难者立即送医院抢救。

(4) 氨中毒。中毒症状：吸入者会出现黏膜刺激或损伤、眼睑浮肿、咳嗽、呼吸困难、呕吐、角膜溃疡。应急处理方法：赶快打开门窗，先将吸入者抬到空气流通处，及时联系送医院诊治；眼睛或皮肤灼伤处用清水冲洗。

二、吞食药品中毒的应急处理方法

因吞食药品中毒而发生痉挛或昏迷时，非专业医务人员不可随便进行处理。要立刻找医生治疗，并告知其吞食的化学药品的种类、数量以及发生时间等情况。如果短时间内无法送达医院，则可采取以下方法处理：

(1) 为降低胃中药品的浓度，延缓毒物被人体吸收的速度并保护胃黏膜，将吞食的药品名称远程报告给医生，在其指导下，选用合适的稀释液，让中毒者服用。

(2) 用手指或匙子的柄摩擦吞食者喉头或舌根，使其呕吐。但吞食酸、碱之类腐蚀性药品或烃类液体时，因有呕吐物进入气管的危险，不可催吐。

三、皮肤伤（包括皮肤的破损、针刺和切割伤）的应急处理方法

(1) 用自来水不断淋湿皮肤。

(2) 一面脱去衣服，一面在皮肤上浇水。

(3) 不要使用化学解毒剂。

任务四　实验室安全与环境保护

说起实验室环境保护，就不得不提 2015 年 1 月 1 日实施的《中华人民共和国环境保护法（修订案)》。修订后的环境保护法将保护环境确立为我们国家的基本国策。这部被称为“史上最严”和“长了牙齿”的环保法，增加了政府在环境监管方面的责任以及对企业污染环境的惩罚力度。值得注意的是，新法还规定了学校必须把环保知识纳入教育内容，学校负责培养学生的环保意识。高等学校既要有做好教学科研的责任和义务，也要有保护环境的责任和义务。

一、严禁将实验废弃物随意丢弃

生化类实验室污染物种类复杂，传染性强，毒性大。若实验过程中产生的高浓度含有害微生物的培养液、培养基未经严格灭菌处理而外排，会造成严重的后果，而高传染性生

物性污染物则可能引起流行性疾病的大规模暴发。因此，严禁将实验废弃物与普通生活垃圾混装，严禁将废弃物直接倒入城市污水管网或随意丢弃。

小贴士

污染环境罪

污染环境罪是指违反防治环境污染的法律规定，造成环境污染，后果严重，依照法律应受到刑事处罚的行为。《中华人民共和国刑法》规定：违反国家规定，排放、倾倒或者处置有放射性的废物、含传染病病原体的废物、有毒物质或者其他有害物质，严重污染环境的，处 3 年以下有期徒刑或者拘役，并处或者单处罚金；后果特别严重的，处 3 年以上 7 年以下有期徒刑，并处罚金。

根据《最高人民法院、最高人民检察院关于办理环境污染刑事案件适用法律若干问题的解释》，具有以下情形之一的，认定为“严重污染环境”：

（1）在饮用水水源一级保护区、自然保护区核心区排放、倾倒、处置有放射性的废物、含传染病病原体的废物、有毒物质的；

（2）非法排放、倾倒、处置危险废物 3t 以上的；

（3）非法排放含重金属、持久性有机污染物等严重危害环境、损害人体健康的污染物超过国家污染物排放标准或者省、自治区、直辖市人民政府根据法律授权制定的污染物排放标准 3 倍以上的；

（4）私设暗管或者利用渗井、渗坑、裂隙、溶洞等排放、倾倒、处置有放射性的废物、含传染病病原体的废物、有毒物质的；

（5）2 年内曾因环境违法受过 2 次以上行政处罚，又实施前列行为的；

（6）致使乡镇以上集中式饮用水水源取水中断 12h 以上的；

（7）致使基本农田、防护林地、特种用途林地 5 亩以上，其他农用地 10 亩以上，其他土地 20 亩以上基本功能丧失或者遭受永久性破坏的；

（8）致使森林或者其他林木死亡 $50m^3$ 以上，或者幼树死亡 2500 株以上的；

（9）致使公私财产损失 30 万元以上的；

（10）致使疏散、转移群众 5000 人以上的；

（11）致使 30 人以上中毒的；

（12）致使 3 人以上轻伤、轻度残疾或者器官组织损伤导致一般功能障碍的；

（13）致使 1 人以上重伤、轻度残疾或者器官组织损伤导致一般功能障碍的；

（14）其他严重污染环境的情形。

二、避免不相容的废弃物混装

实验室应依据废弃物类别、特性配备符合相关技术规范的收集容器，分类收集实验室废弃物时，应避免不相容的废弃物混装、固液混装。避免不相容的废弃物混装，是指禁止将会发生相互反应的危险废物混装在同一容器内。部分不相容的危险废物见表 7-1。

表 7-1　部分不相容的危险废物混装时的危险

不相容危险废物		混装时的风险
甲	乙	
氧化剂	还原剂	产生爆炸反应及热量
氰化物	酸类	产生氰化氢，吸入少量即会致命
次氯酸盐	酸类	产生氯气，吸入可能致命
铜、铬及多种重金属	酸类	刺激眼睛及烧伤皮肤
强酸	强碱	产生热量，引起爆炸
氨盐	强碱	产生氨气，刺激眼睛及呼吸道

三、降低生物暴露感染风险

说到生物暴露感染，不得不提的便是生物气溶胶。气溶胶是悬浮于气体介质中的粒径为 0.001～100μm 的固态或液态微小粒子形成的相对稳定的分散体系；而生物气溶胶则是空气中任何生物来源的气溶胶。无论是哪一种生物实验室，只要是操作可感染性物质，生物气溶胶的产生就是不可避免的。如离心、混匀、接种、制片、移液、加样等操作均可产生气溶胶污染。它的特点在于看不见、摸不着，可在实验室内长时间漂浮并随气流在室内流动，实验人员会在自然呼吸中就不知不觉地吸入而造成感染，并有可能造成严重的公共卫生问题——后果可以参考《生化危机》《釜山行》等电影。

（一）生物类实验室感染源与暴露感染途径

（1）生物类实验室常见感染源有：

1）培养物和储存物。

2）实验动物。

3）标本。

4）被上述内容污染的物品。

（2）生物类实验室常见暴露感染途径有：

1）呼吸道摄入。

2）经口摄入。

3）针刺或锐器刺伤。

4）皮肤、黏膜污染。

5）动物叮咬。

（二）预防生物暴露感染的措施

虽然生物类实验室危险因素很多，但是通过规范的实验室安全建设、严格的安全管理制度和良好的微生物操作规范，潜在的实验室生物危害是可以避免的。

（1）把危害因子限制在物理防护设备（如生物安全柜）内操作，使其污染的范围尽可能缩减至最小。

（2）在操作有害因子时进行有效的个人防护，使其不能直接接触到人体。

（3）设置密闭、负压、合理分区的实验室屏障，使实验室的空气不能进入开放的环境，防止污染环境。

（4）对废气、废物、废水、实验室其他物体和围场内表面都要进行有效的消毒、除菌，废弃物灭菌后应作为有害废物处理。

（5）采取高效空气过滤器（HEPA）过滤通风，净化外排的空气。

小贴士

实验室通风柜使用时的注意事项

（1）在实验开始以前，必须确认通风柜处于运行状态，才能进行实验操作。

（2）实验结束后至少还要继续运行 5min 以上才可关闭通风机，以排出管道内的残留气体。也可考虑安装排风时间延时器，确保通风机延迟运行。

（3）实验时，在距玻璃视窗 150mm 内不要放任何设备，大型实验设备周围要有充足的空间，不应影响空气的流通，前面视窗尽量关闭使用。

四、防护放射性辐射

（一）什么是放射性辐射

某些物质的原子核能发生衰变，释放出我们肉眼看不见也感觉不到、只能用专门仪器才能探测到的射线。物质的这种性质叫作放射性。放射性物质是那些能自然向外辐射能量、发出射线的物质。一般都是原子质量很高的金属，像钚、钍、铀等。放射性物质放出的射线有 3 种，它们分别是 α 射线、β 射线和 γ 射线。

（二）放射性辐射对人体的危害

放射性物质进入人体的途径包括呼吸道吸入、消化道摄入、皮肤或黏膜（包括伤口）浸入。短时间大剂量的射线照射会导致人体产生病变；长时间小剂量的射线照射有可能产生遗传效应。2014 年，天津某公司在南京进行作业期间，丢失一枚放射源铱-192。此事一度震惊全国，引起了普遍关注。尽管后来这串链状物被找回，但当初捡到后又丢弃铱-192 的南京居民王某却因铱-192 的辐射受伤严重。王某在事发地做保洁时，看到这个掉在地上亮眼的铁链状东西，以为是贵重物品，就装进自己裤子口袋里，带回了家。尽管接触放射源前后只有 3 个多小时，但王某很快就出现身体不适，大腿皮肤溃烂水肿，经诊断为骨髓型放射病，最终右腿畸形，丧失了劳动能力。

（三）放射性设备安全管理规定

（1）使用放射性同位素和射线装置的实验室需报政府环保部门审批，获得《辐射安全许可证》。涉辐射场所需设置明显的放射性标识，并对放射源实行专人管理和记录，经常检查，做到账物相符。

（2）涉辐人员必须通过环保部门组织的培训，取得《辐射安全与防护培训合格证书》。培训超过有效期的需要接受复训。

(3) 涉辐人员在从事涉辐实验时，必须采取必要的防护措施，规范操作，避免空气污染、表面污染及外照射事故的发生，并正确佩戴个人剂量计，接受个人剂量检测。

(4) 放射性物品须报环保部门批准后，方可购买。对于进口的放射性物品，还须报生态环境部审批。

(5) 若遇到放射源跌落、封装破裂等意外事故，应及时关闭门窗和所有通风系统，立即向上级有关部门报告，启动应急响应机制，并通知邻近工作人员迅速离开，严密管制现场，严禁无关人员进入，控制事故影响的区域，减少和控制事故的危害和影响。

(四) 辐射防护类型

(1) 时间防护。减少接触时间。每次受到辐射的剂量大小与接触时间成正比。接触时间愈长，受到辐射的剂量愈大。

(2) 距离防护。增大与放射性物品的距离。辐射剂量与距离成反比。

(3) 屏蔽防护。不同的射线对屏蔽方式的要求也不同。一般在放射性物品和人体之间放置 7 个半值层厚度的屏蔽物，就可使辐射剂量率降低至 1%。

小贴士

辐射剂量单位

辐射剂量的主单位是西弗（Sv），得名于瑞典生物物理学家、辐射防护专家罗尔夫·马克西米利安·西弗。西弗是个非常大的单位，因此通常使用毫西弗（mSv）来度量，1mSv＝0.001Sv。此外还有微西弗（μSv）这个单位，1μSv＝0.001mSv。当剂量超过 4000 毫西弗时，在没有医学监护的情况下，有 50%的致死率，而当剂量超过 6000 毫西弗时，则可能致命。

习　题

7-1　高校实验室存在哪些类型的安全隐患?

7-2　怎样防范实验室安全事故的发生?

项目八　紧 急 自 救

生命健康是人类社会一切文明进步的基础和前提，但是，各种意外伤害和突发急症却时刻威胁着人们的生命健康，学习掌握应急救护的知识和技能，不仅可以急救他人，也可以自救，使人人都成为生命的守护者，最大限度地保护生命健康。急救，就是针对短时间内威胁人体生命安全的意外伤害和急症所采取的一种紧急救治措施。通过初步的急救和处理，挽救危急伤病员的生命，并尽可能减轻伤病员的痛苦，预防并发症的发生，为进一步治疗打好基础。如有条件的话，应将伤病员安全地护送到医院，做进一步检查和治疗。

任务一　猝死及其预防

世界卫生组织（WHO）对猝死的定义：正常或者看似正常的人，不可预料地突然发病，并在1h内因自然疾病死亡。临床主要表现是心搏骤停和呼吸停止。猝死有三大特征：发病突然、高发病率、多发生在医院外。如：2016年11月1日晚上9时许，湖北某高校一名大一的男生在学校操场跑步时突然倒地，经抢救无效死亡。2016年10月7日晚，海南某高校一名大三的男生与同学们在打篮球时，不慎双脚相绊面朝下栽倒在地，当场出现呼吸困难等症状，意外猝死。2016年9月21日，广东某职业学院艺术设计系大三学生骆某疑因突发疾病猝死在教室。

一、猝死发病前征兆

目前，据国家心血管病中心发布的《中国心血管病报告》，每年我国心源性猝死发病人数超过54万，相当于每天约1500人因心源性猝死离世。发病率相当高！猝死发病率这么高，来得这么突然，我们一定要重视一些发病前征兆。

（1）近期出现胸闷、心慌。如果近期突然出现活动后胸闷，休息一段时间可缓解；或者以前偶尔有胸闷的症状，近期症状变得更加频繁，更加严重。遇到这种情况，应尽快到医院就诊。

心慌往往是心率加快的主观感受。不定期出现的心率加快通常是快速性心律失常的结果。多数心律失常的危险性较小，不会引发猝死，但如果是频繁发作的室性心律失常，则有发展为室颤的风险。另外，很多老年人出现心慌是房颤作祟，如果房颤伴发心脏传导疾病，也很容易进展为室颤。室颤发作后，很短的时间即可导致死亡。因此，频繁心慌发作也应及时就诊。

（2）疼痛。疼痛反应是猝死的发病征兆中，最易被我们抓住和感知的信号。当感到胸部出现剧烈、紧缩、压榨性的疼痛，且感到透不过气时，就要提高警惕。

典型的冠心病就表现为胸痛，一般发生在胸骨后方，整个边界不是很明确，它的面积会适当大一点儿（跟手掌面积差不多），或者说不清到底哪疼，主要是闷痛的感觉。而针扎的刺痛或者是“按着疼”的感觉往往跟心脏关系不大。

在超负荷工作和学习的状态下，出现容易疲惫、健忘、颈部肩部紧缩感、头痛、肌肉痛、胸闷、注意力难以集中、情绪低落、失眠、自杀倾向等症状，提示猝死风险，应该调整身体和心理状态，如症状不好转，也应该就诊完善相关检查。

(3) 潜在病因。除了疼痛，还要警惕可能导致猝死的潜在病因。比如，是否有易形成血栓的病史。例如一位骨折病人，他曾在一段时期内被限制运动，那么他就容易发生静脉血栓，而静脉血栓一旦掉下来，则可能发生肺梗死。

(4) 憋气、明显的发绀、口唇发紫、血氧下降。如果工作性质是久坐或长期站立，血液循环不好，当病情发作时，除了疼痛外，若还有憋气、明显的发绀、口唇发紫、血氧下降等，要高度怀疑可能是肺栓塞。

(5) 重度的血压升高。对于主动脉夹层患者，发病征兆是剧烈疼痛，而且在疼痛的同时会伴有重度的血压升高。

日常生活中，我们不仅要重视猝死的征兆，也要提高对容易发生心脏猝死的高危人群的重视：第一，家族中直系亲属有心脑血管疾病和猝死病史；第二，诊断明确的心脑血管疾病患者，如心肌肥厚、冠心病、心脏瓣膜病、致死性心律失常、脑血管病等；第三，具备多个心脑血管疾病危险因素，如高血压、糖尿病、高脂血症、吸烟、肥胖、工作压力大等。

二、诱发猝死的因素

造成猝死的因素非常多样，对于年轻人来说，各种不健康的生活方式导致心梗发生是猝死的重要原因。现在生活节奏快，压力大，吸烟、酗酒和熬夜的情况也越来越普遍，很多年轻人血糖、血压和血脂都有问题，心肌梗死的诱发因素也越来越年轻化。另外年轻人容易疏忽对自身身体健康状况的关注，没有养成定期做身体检查的习惯。

(1) 精神因素。负性情绪一直是心脏疾病的大敌，情绪波动过大常会诱发心源性猝死。抑郁焦虑会加速心血管病的形成，特别是心肌梗死。生活压力过大会导致高血压、冠心病等多种疾病，并增加心律失常、血管痉挛的风险，诱发猝死。

(2) 长期熬夜和过度劳累。经常熬夜会使人的交感神经和副交感神经处于功能失调状态，诱发心律失常、心脏早搏，易引发心源性猝死。研究表明，每晚睡眠时间不超过 5h 的人，发生急性心肌梗死的风险是 6~8h 睡眠的人的 2.3 倍。长时间高强度的工作，会让神经一直处在高度兴奋状态，导致血压升高，心脏的负担加重。

(3) 抽烟喝酒。抽烟会使血压升高、心率加快，抽烟人群发生心肌梗死的风险是正常人的 3 倍；长期饮酒可导致心力衰竭等多种疾病。

(4) 长期久坐不动。久坐的人，血液流速缓慢，黏稠度较高，下肢容易形成静脉血栓。突然运动时，血栓有可能脱落，造成肺梗死，严重可能诱发猝死。

(5) 肥胖。肥胖人群（即体重指数=体重(kg)÷身高(m)的平方大于 30 的人）易发生心源性猝死。

三、猝死的预防

猝死往往比较突然，常常在没有一点防备的情况下直接夺走生命。面对这种状况我们要采用科学的急救方法，同时做好预防。

(1) 发现他人猝死（症状：无意识、无呼吸、无脉搏）。首先要减少患者活动，放松，有条件的及时吸氧气。然后及时拨打120电话。另外心梗发生后，最关键的是要及时用药，如硝酸甘油、速效救心丸、阿司匹林等。如果心脏骤停或意识丧失，要在黄金4min之内立即进行心肺复苏（详见本项目任务二），直到急救人员到来。

(2) 观察自身有无猝死的症状并定期体检。参照上文所述征兆，养成定期体检的习惯。

(3) 改掉不良习惯，防患于未然。

1）控制好情绪。遇到重大变故时，要控制好情绪，先冷静下来，回避刺激，暂时忽视目前的不幸和痛苦，多与家人朋友倾诉交流，或听音乐来转移自己的注意力，尽量减少焦虑、悔恨等消极情绪。

2）学会放松。在生活工作学习中，尽量避免给自己太大的压力，注意劳逸结合。平时可以适度运动，增强身体素质。培养良好的生活习惯，不喝酒、不抽烟。

3）合理饮食。避免摄入含过多的动物性脂肪及大量胆固醇的食物，要限制热量种类，维持均衡的蛋白质摄入量。多吃新鲜蔬菜和水果，蔬菜水果含维生素C、钾、镁等元素，能够保护心脏和血管。

4）减少熬夜。熬夜会影响心血管健康，无论是长期的慢性熬夜还是急性的通宵熬夜都会增加普通人群心源性猝死的风险！

任务二　心肺复苏

心肺复苏（Cardiopulmonary Resuscitation，CPR）是最基本和最重要的抢救呼吸、心搏骤停者生命的医学方法，可以通过徒手、辅助设备及药物来实施，以维持人工循环、呼吸和纠正心律失常。至今，现代心肺复苏技术已走过50年历程，全球已有3亿多人学习了这项技术，实际应用则超过上千万次，数以百万计的心搏骤停者因CPR而获得新生。

一、心肺复苏适应病症

心肺复苏适用于由多种原因引起的心跳、呼吸骤停的伤病者。如急性心肌梗死、严重创伤、电击伤、挤压伤、踩踏伤、溺水、中毒等。

二、心肺复苏操作程序

（一）准备复苏

首先要将患者摆放在正确的体位：仰卧于硬板床或地上（或胸下垫胸外按压板）。现场急救人员跪立于患者一侧，宜于右侧，近胸部部位，双腿与肩同宽，身体中轴平行患者双肩水平。解开患者的衣物，暴露前胸。

（二）开始急救

1. 胸外按压

(1) 定位。双乳头连线中点。难以准确判断乳头位置时（如体型肥胖、乳头下垂等)，可采用滑行法，即一手中指沿患者肋弓下方向上方滑行至两肋弓交汇处，食指紧贴中指并拢，另一手的掌根部紧贴于第一只手的食指平放，使掌根横轴与胸骨长轴重合，即胸骨下半部。

(2) 手法。将双手十指相扣，一只手掌紧贴在患者胸壁，另一只手掌重叠放在此手背上，手掌根部长轴与胸骨长轴确保一致，有力压在胸骨上。

(3) 按压方法。按压时上半身前倾，腕、肘、肩关节伸直，以关节为支点，垂直向下用力，借助上半身的重力以掌根为着力点进行按压，如此有力、快速、有节奏地持续进行。

(4) 按压原则。

1) 频率：100~120 次/min（30 次/15~18s）。

2) 按压深度：5~6cm。

3) 按压间隙应让胸廓充分回弹，按压与放松比大致相等。

4) 放松时掌根部不能离开胸壁，以免按压点移位。

5) 尽量避免胸外按压的中断。

6) 手指不能接触胸壁，以避免用力不均对患者造成损伤。

2. 开放气道

患者意识丧失时，因肌张力下降，舌和唾液可能把咽喉部阻塞（舌后坠是造成呼吸道阻塞最常见的原因）；有自主呼吸时，吸气过程气道内呈负压，也可将舌或唾液（或两者同时）吸附到咽后壁，造成气道阻塞。当无头颈部创伤时，可以采用仰头举颏打开气道；怀疑有头颈部损伤时，应避免头颈部过度后仰，不宜使用仰头举颏法，可采用托颌法。

(1) 仰头抬颏法。将一只手置于患者的前额，然后用手掌推动，使其头部后仰；将另一只手的手指置于颏骨附近的下颌下方，提起下颌，使颏骨上抬，保证下颌与耳部的连线与地面垂直。

(2) 托颌法。把手放置于患者头部两侧，肘部支撑在患者躺卧平面上，握紧下颌角，用力向上托下颌，如患者紧闭双唇，可用拇指把口唇分开。如果需要，可以口对口人工呼吸。对怀疑有头颈部创伤患者，用此法更为安全，不会因颈部活动而加重颈椎和脊髓损伤。

注意：开放气道的同时应迅速清除病人口鼻内的污泥、土块、痰、涕、呕吐物等，使呼吸道通畅。有假牙者应取出假牙，以防其脱落阻塞气道。

3. 人工呼吸

实施口对口人工呼吸 2 次：保持气道通畅，一手捏紧患者鼻孔，吸气后紧贴患者口唇，完全包住患者口部，口对口密闭吹气。与此同时，观察患者的胸廓是否因气体的灌入而扩张，每次通气时间要在 1s 以上，气吹完后，松开捏着鼻子的手，让气体呼出。即：开放气道→捏鼻子→口对口→“正常”吸气→缓慢吹气（1s 以上）→胸廓明显抬起→松口、松鼻→气体呼出，胸廓回落。

注意：

(1) 每 6~8s 进行一次通气（即呼吸频率 8~10 次/min）。

(2) 胸外按压与人工呼吸比例为 30∶2。

(3) 人工呼吸非必须，未经训练的非专业救援者可仅进行单纯胸外按压式心肺复苏，同样有效。

4. 判断复苏效果

急救中大约每 2min 或 5 个按压吹气周期重新评估病人是否恢复意识，检查颈动脉搏动，观察呼吸。

5. 急救终止

出现以下情况时，可终止急救：

（1）患者自主呼吸及心跳获得良好恢复，甚至恢复了意识，此时可结束心肺复苏。

（2）由其他急救人员接替抢救，或者专业急救人员到场，承担了复苏工作。

（3）心肺复苏持续 30min 以上，仍无心搏及自主呼吸现场又无进一步救治和送治条件，可考虑终止复苏。

（4）脑死亡，如深度昏迷，瞳孔固定、角膜反射消失，将病人头向两侧转动，眼球原来位置不变等，如无进一步救治和送治条件，现场可考虑停止复苏。

（5）当现场出现危险，威胁到抢救人员的安全（如雪崩、山洪暴发）以及医学专业人员认为病人死亡，无救治指征时。

急救程序如图 8-1 所示。

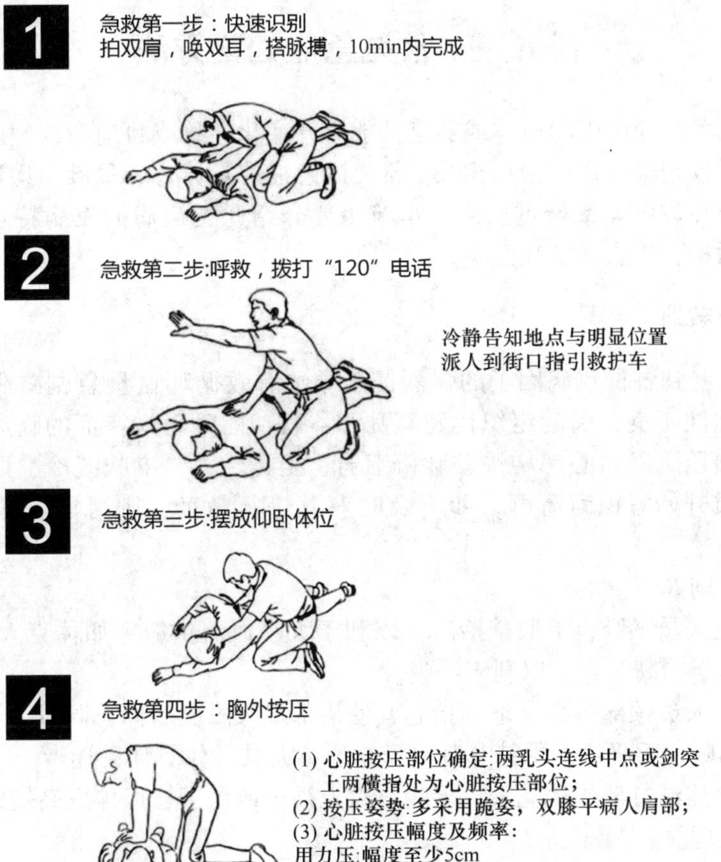

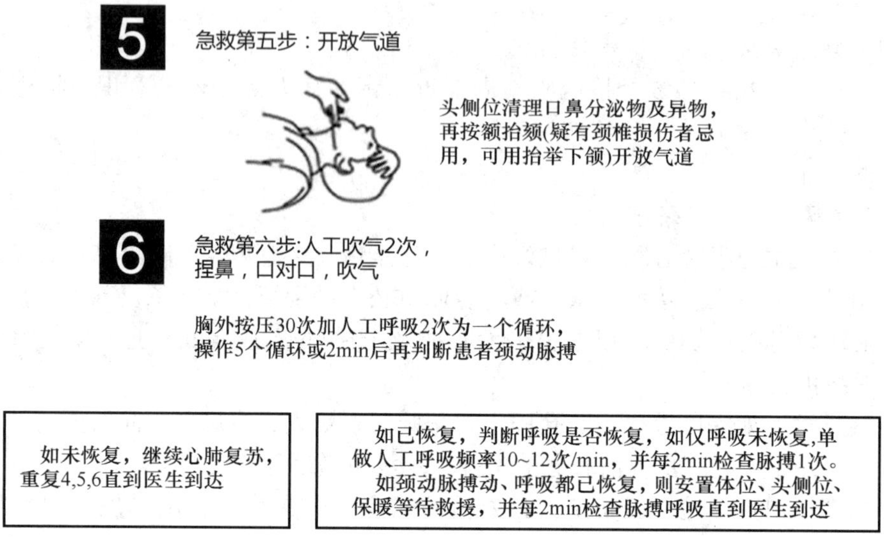

图 8-1　急救程序

任务三　常见急症处置方法

常见急症指各种原因引起机体或器官功能急性变化导致威胁生命或健康的突发临床症状，早期有效干预与临床预后密切相关。常见的急症有：休克、晕厥、昏迷等。这类疾病如未及时处理，往往可导致严重后果。本节主要介绍此类疾病的发病特点和院外处理原则，以便及时救护，将患者送往医院。

一、休克及救助

休克是机体受到各种致病因子的强烈侵袭导致有效循环血量急剧减少，使全身组织器官、微循环灌注不良，引起组织代谢紊乱和器官功能障碍为特征的临床综合征。人员休克时表现为血压下降、心率增快、脉搏细弱、全身乏力、皮肤湿冷、面色苍白或静脉萎陷。休克人员开始意识尚清醒，如不及时对其进行救助，则可能进入昏迷状态甚至死亡。

应急救护原则如下：

（1）将休克人员平卧，下肢稍抬高，以利于大脑血流供应。如休克人员有呼吸困难，则将其头部和躯干抬高一点，以利于呼吸。

（2）将休克人员颈部垫高，下颌抬起，使头部最大限度后仰，同时头偏向一侧，防止呕吐物和分泌物吸入呼吸道，保持其呼吸道畅通，尤其是休克伴昏迷者。

（3）注意给体温过低的休克人员保暖，盖上被子或毯子，但伴发高烧的感染性休克人员应给予降温处理。

（4）保持安静，避免随意搬动休克人员，以免增加其心脏负担，使休克加重。

（5）如因过敏导致的休克，应尽快使休克人员脱离致敏场所和致敏物质。

（6）有条件的要立即让休克人员吸氧。

（7）一旦发现人员出现休克，应立即拨打120急救电话，或尽快送至就近医院抢救。

二、晕厥及救助

晕厥亦称晕倒、昏厥，晕厥人员由于脑部一时性血液不足或脑血管痉挛而发生暂时性知觉丧失而突然昏倒。容易发生晕厥的人包括：老年人、身体虚弱或体质不好的人、较长时间没吃饭或吃饭少的人、长期缺乏运动和锻炼的人、服用降血压药物的人、严重心脏病或其他慢性病的患者。情绪紧张、气候闷热、过度疲劳、疼痛恐惧等可诱发血管神经性晕厥。高血压、心律失常、心肌炎、心肌梗死等疾病可导致心脑疾病晕厥发生。

应急救护原则如下：

（1）迅速使晕厥人员平卧，将其腰带、领扣松解，打开门窗，便于空气流通。

（2）将晕厥人员头部稍低，双足略抬高，保障脑部供血。

（3）随时清除晕厥人员口、咽中的分泌物，以使呼吸通畅。

（4）对呼吸暂停的晕厥人员，应立即进行口对口人工呼吸。

（5）可针刺或用手指掐晕厥人员的人中、内关、合谷等穴位，促使其苏醒。

（6）如晕厥人员有心脏病史，并怀疑是心脏病变引发的晕厥时，应取半卧位，以利呼吸。

（7）注意对晕厥人员身体的保暖，随时观察其呼吸、脉搏等情况。

（8）待晕厥人员清醒后，可给其服用温糖水或热饮料。在晕厥人员晕厥时，切忌经口给其任何饮料及药物。

（9）经救助仍未清醒者，应立即拨打120急救电话，或尽快送至就近医院抢救。

三、昏迷及救助

昏迷是意识障碍的最严重类型。昏迷的发生提示患者的脑皮质功能障碍，完全失去了对外界事物的感知和反应。昏迷的判断并不十分困难，只要给予患者一定的刺激（如大声呼叫同时轻拍患者肩部等）并观察患者就能很快得出结论，如患者对刺激没有做出反应同时有自主呼吸，这就说明患者发生了昏迷。由疾病导致的昏迷往往是缓慢发生的，而且患者有导致昏迷的基础疾病。而突然发生的昏迷则可能是意外事件造成的，如急性中毒、电击、淹溺等。

应急救护原则如下：

（1）立即呼叫救护车，所有的昏迷都提示病情危重，故应尽快拨打医疗急救电话，让患者尽快得到专业医务人员的帮助。

（2）保持患者呼吸道通畅，清理口腔异物，用手指将患者口腔内的呕吐物勾出；将患者采取稳定侧卧体位，这样既能避免重力作用导致的咽部组织下坠，又有利于呕吐物的排出。

（3）及时实施呼吸支持，可为患者实施人工呼吸，如持续口对口人工呼吸，有条件时实施气管插管。

（4）密切观察病情，注意患者的神志、血压、脉搏、呼吸等生命体征，如出现心跳呼吸停止，应立即予以心肺复苏。

四、癫痫及救助

癫痫俗称“羊角风”，是一组由于脑部神经元异常放电过度所引起的以突然、短暂、反复发作的中枢神经系统功能失常为特征的临床综合征。常由颅脑外伤、感染、中毒、卒中等损害引起。

应急救护原则如下：

（1）发现癫痫发作，应立即扶住患者，平放地上，以免摔伤。

（2）对于已经倒地的患者，应置于平地，头偏向一侧。清除口腔异物，保持呼吸道通畅，如有条件予以吸氧。

（3）移除可能造成伤害的物体，松开衣物并通风。将薄的折叠毛巾或衣物垫在患者头下方以保护患者头部，不要限制呼吸道。

（4）一旦癫痫发作结束，立即评估气道和呼吸，并予以相应的治疗。

（5）拨打急救电话，将患者送往就近医院诊治。

任务四　意外伤害

常见的意外伤害有中暑、烧烫伤、晒伤、动物咬伤、电击伤、骨折等。人们应该对意外伤害有一定的认识，并尽量避免其发生，一旦发生，要将其危害降低至最小限度。在意外伤害救护现场，要牢记救护中的安全原则，做好自我保护，避免发生更大的伤害。

一、中暑

中暑者可出现口渴、出汗、头晕、耳鸣、胸闷、心悸等表现，重症患者可表现为面色苍白、皮肤湿冷、血压下降、脉搏减弱但速度加快，甚至晕厥、昏迷、抽搐。

应急救护原则如下：

（1）立即将患者移至阴凉、通风或温度较低的环境（如空调房等），安静平卧。

（2）口服淡盐水或含盐清凉饮料，还可服用藿香正气水、十滴水、人丹等。

（3）体温升高者，可采用冰块或冷水毛巾擦浴（同时扇风）全身（除胸部），不断按摩其四肢及躯干，用冰袋冷敷双侧腋下、颈部及腹股沟区等部位。

二、烧伤和烫伤

烧烫伤是生活中常见的意外，由火焰、沸水、热油、电流、热蒸汽、辐射、化学物质（强酸强碱）等引起。烧烫伤造成组织局部损伤，轻者损伤皮肤，出现肿胀、水疱、疼痛；重者皮肤烧焦，甚至血管、神经、肌腱等同时受损。烧烫伤引起的剧痛和皮肤渗出等因素可导致休克，晚期出现感染、脓毒症等并发症而危及生命。

应急救护原则如下：

（1）先除去伤因，脱离现场，保护创面，维持呼吸道通畅。

（2）立即用冷的自来水（15～25℃）持续冲洗（或浸泡伤处）降温直至疼痛缓解；避免用冰块直接冷敷，特别是烧伤面积较大时（20%以上）。同时紧急呼救。

（3）迅速剪开取下伤处的衣裤、袜类，切不可强行剥脱，取下受伤处的饰物。

（4）轻微的烧烫伤可涂外用烧烫伤药膏，一般3~7日治愈；严重烧烫伤，表皮水泡不要刺破，不要在创面上涂任何油脂或药膏，应用清洁的敷料（纱布、毛巾等）或保鲜膜覆盖伤部，以保护创面，防止感染，并立即送医院。

（5）严重口渴者，可口服少量淡盐水或淡盐茶水。条件允许时，可用烧伤饮料。

三、晒伤

如果受太阳直接照射的时间太久，皮肤会发红发痒变软甚至起泡。在海拔高的地方，即使在阴沉的天气里，皮肤也会被晒伤，水面和雪对太阳的反射会加剧晒伤。

应急救护原则如下：

（1）将患者转移到阴凉处，然后用一块软布蘸凉水轻轻擦拭皮肤。

（2）给患者喝水，并继续用凉水擦拭皮肤。

（3）如果皮肤感觉像针扎一样的痛，可以服用布洛芬或对乙酰氨基酚（常称扑热息痛）缓解；芦荟胶等也有一定的减轻晒伤反应的效果；选择宽松、棉质的衣服，让皮肤透透气。

（4）如果晒伤的皮肤出现大水疱、感觉特别疼、皮肤肿胀、有发烧寒战的情况、感到恶心反胃、头痛、头晕，甚至意识模糊等，尽快到医院就诊。

四、动物咬伤

动物咬伤会引起细菌感染，因此为安全起见，应接种破伤风疫苗或狂犬病疫苗。携带狂犬病病毒的动物嘴边常有泡沫或表现异常，因此不管被任何动物咬伤都应当立即治疗。

犬咬伤应急救护原则如下：

（1）立即用冷水或者肥皂水清洗伤口至少15min，防止感染。

（2）不包扎伤口，立即到疾控中心注射狂犬病疫苗和破伤风疫苗。

（3）对于暴露者，可到医院咨询处置方案。

蛇咬伤应急救护原则如下：

（1）被毒蛇咬伤不要惊慌，不要大声呼叫或奔跑，避免加速毒素的吸收和扩散。

（2）放低伤口，避免伤口高于心脏。切勿切开、吸吮或挤压伤口。

（3）用绷带由伤口的近心端向远心端包扎整个伤肢，包扎时要注意松紧合适（能放入一个手指）。这是通过降低淋巴回流速度减慢蛇毒扩散的安全有效方法。

（4）被毒蛇咬伤后不能饮酒。

（5）记录蛇的资料，在不能确定是否为毒蛇的情况下都按被毒蛇咬伤的方法处理。

（6）立即拨打急救电话，迅速送往有条件的医院救治。尽快采取抗蛇毒血清治疗，注射破伤风疫苗。

此外，如果在海边感到触电样疼痛或灼伤感，有可能是被海蜇所蜇伤，受伤者可以先用海水清洗伤口，或者尽快用毛巾泥沙等擦去黏附在皮肤上的触手和毒液，并立即就医。千万不要用淡水冲洗，因为淡水会刺激毒液释放。

五、电击伤

如果发现有人触电，作为救助者必须争分夺秒，充分利用当时当地的现有条件，使触电者迅速脱离电源。绝不可用手直接去拉触电者，这样不仅使触电者再次充当导体增加了电流的损伤，而且使救助者自身安全受到威胁。

应急救护原则如下：

（1）关闭电源，如触电发生在家中，可迅速采取拔去电源插座、关闭电源开关、拉开电源总闸刀的办法切断电流。

（2）斩断电路，如果在野外郊游、施工时因碰触被刮断在地的电线而触电，可用木柄干燥的大刀、斧头、铁锹等斩断电线，中断电流。

（3）挑开电线，如果人的躯体因触及下垂的电线被击倒，电线与躯体连接得很紧密，附近又无法找到电源开关，救助者可站在干燥的木板或塑料等绝缘物上，用干燥的木棒、扁担、竹竿、手杖等绝缘物将接触人身体的电线挑开。

（4）拉开触电者，触电者的手部如果与电线连接紧密，无法挑开，可用大的干燥木棒将触电者拨离触电处。触电者脱离电源后往往神志不清，救助者应立即使用心肺复苏术进行抢救，同时拨打 120 急救电话。

六、骨折

骨折是指骨的完整性破坏或连续性中断。骨折后，尽可能保持伤肢于伤后位置，不要任意牵拉或搬运病人。最好用夹板固定，如无夹板可就地取材，可用木棍、树枝等。

应急救护原则如下：

（1）现场搬运过程中，如颈椎骨折者，需一人双手托住枕部、下颌部，维持颈部伤后位置，另两人分别托起腰背部、臀部及下肢。胸腰椎骨折者，需一人托住头颈部，另两人分别于同侧托住胸腰段及臀部，另一人托住双下肢，维持脊柱伤后位置。髋部及大腿骨折者，需一人双手托住腰及臀部，伤员用双臂抱住救护者的肩背部，另一人双手托住伤员的双下肢。

（2）途中搬运过程中，伤员在搬运车上宜平卧，一般情况下，禁用头低位，以免加重脑出血、脑水肿。如遇昏迷病人，应将其头偏向一侧，以免呕吐物吸入气管，发生窒息。头部应与车辆行进的方向相反，以免晕厥，加重病情。护送中如病人有生命危险，应一边抢救一边护送。

任务五 常见灾害逃生与救护

一、台风灾害预防措施

台风属于热带气旋的一种。热带气旋是发生在热带或亚热带洋面上的低压涡旋，是一种强大而深厚的“热带天气系统”。

台风来临，在校学生应从以下 9 个方面做好防范措施。

（1）寝室应提前备好紧急备用箱，箱中应有收音机、手电筒与常用药品，台风来临前，应准备充足的水源、面包等食物以备不时之需。

（2）台风期间不出门，注意关好门窗，清理阳台上的杂物和花瓶，以防被风刮落。切断电源。

(3) 台风期间，要特别关注 96121 气象信息和新闻媒体的信息，随时了解灾情和政府有关部署，事先做好各项防灾抗灾准备。

(4) 寝室楼层较低的同学如果有需要可以转移到较高楼层。

(5) 台风预警信号等级从强到弱分别为红、橙、黄、蓝，气象台同时会依据台风将要产生的影响预报“消息”“警报”和“紧急警报”，学生应时刻关注相关报道，及时做好预防工作。

(6) 注意时刻关注排水管道情况，防止排水堵塞。

(7) 将放置室外的物品全部转移至室内，容易被吹动物品应注意加固。

(8) 台风天严禁离校，不得轻易离开寝室或者跑去楼顶。

(9) 如遇紧急情况、危险时，可以选择拨打 110 或当地政府的防灾电话请求救援。

二、雷电预防

雷雨天气是空气在极度不稳定状况下，所产生的剧烈天气现象，它常挟带强风、暴雨、闪电、雷击，甚至伴随有冰雹或龙卷风出现，因此会造成严重灾害。

(1) 在寝室时，注意关闭门窗，预防雷电直击室内或者防止侧击雷和球雷的侵入。

(2) 不要使用手机等电子物品，尤其是不要接打电话，不要连接无线网络。

(3) 不宜淋浴，水能导电而致人伤亡。

(4) 雷雨天气来临时，切断一切电源，将电源插头全部拔掉，以防引雷入室，造成不必要损失。

(5) 不宜在大树下躲避雷雨，如万不得已，则须与树干保持 3m 距离，下蹲并双腿靠拢。

(6) 如果在雷电交加时，头、颈、手处有蚂蚁爬走感，头发竖起，说明将发生雷击，应赶紧趴在地上，这样可以减少遭雷击的危险，并拿去身上佩戴的金属饰品、发卡、项链等。

(7) 在户外躲避雷雨时，应注意不要用手撑地，同时双手抱膝，胸口紧贴膝盖，尽量低下头，因为头部较之身体其他部位最易遭到雷击。

(8) 在户外时，不要登高，远离金属物品。若当时正在驾驶机动车，千万不要下车。

三、海啸灾害逃生与救护

海啸就是由海底地震、火山爆发、海底滑坡或气象变化产生的破坏性海浪，海啸的波速极快，短时间内能横过大洋；波长可达数百千米，可以传播几千千米而能量损失很小；在大海中波高并不明显，但到达海岸区域波长减短波高急剧增高，高达数十米，形成含有巨大能量的“水墙”。海啸主要受海底地形、海岸线几何形状及波浪特性的控制，呼啸的海浪冰墙每隔数分钟或数十分钟就重复一次，摧毁堤岸，淹没陆地，夺走生命财产，破坏力极大。

“下降型”海啸：某些构造地震引起海底地壳大范围的急剧下降，海水首先向突然错动下陷的空间涌去，并在其上方出现海水大规模积聚，当涌进的海水在海底遇到阻力后，即翻回海面产生压缩波，形成长波大浪，并向四周传播与扩散，这种下降型的海底地壳运动形成的海啸在海岸首先表现为异常的退潮现象。

“隆起型”海啸：某些构造地震引起海底地壳大范围的急剧上升，海水也随着隆起区一起抬升，并在隆起区域上方出现大规模的海水积聚，在重力作用下，海水必须保持一个等势面以达到相对平衡，于是海水从波源区向四周扩散，形成汹涌巨浪。这种隆起型的海底地壳运动形成的海啸波在海岸首先表现为异常的涨潮现象。

（1）地震与海啸往往是相伴而生，地震海啸发生的最早信号是地面强烈震动，地震波与海啸的到达有一个时间差，人们应及时预防，并远离海边。

（2）如果发现潮汐突然反常涨落，海平面显著下降或者有巨浪袭来，都应以最快速度撤离岸边。

（3）海啸前海水异常退去时往往会把鱼虾等许多海生动物留在浅滩，场面蔚为壮观。此时千万不要前去捡鱼或看热闹，应当迅速离开海岸，向内陆高处转移。

（4）每个人都应该有一个急救包，里面应该有足够 72h 用的食物、饮用水和其他必需品。这一点适用于海啸、地震和一切突发灾害。

四、龙卷风的灾害逃生与救护

龙卷风是从卷积云向地面延伸的极具强烈破坏性的漏斗状旋转风。龙卷风的快速旋转速度可高达 800km/h，并可在几秒钟内毁灭所有在它经过时遇到的东西。龙卷风破坏力极大，可将沿途一切事物抛向天空。

（1）有地下室的房屋。远离窗户，立刻进入地下室，躲在坚实的桌子或工作台下，远离重物防止砸伤。

（2）在寝室。远离窗户，进入空间小的房间最好是中间位置的房间。面部朝下，双手护住头部，将身体尽可能放低。用厚的垫子，如床垫或毯子盖在身体上，以防掉落的碎物砸伤身体。

（3）室外。尽快进入附近建筑物。如无建筑物，请立即平躺在地面上，面部朝下，双手护住头部，选空旷地区，远离树木、标志物或汽车，防止受伤。

五、泥石流灾害逃生与救护

泥石流是一种自然灾害，属于山区特有的一种自然地质现象。多由暴雨、融水携带大量泥沙而产生的特殊洪流，是高浓度的固体和液体的混合颗粒流。它的运动过程介于山崩、滑坡和洪水之间，是各种自然因素（地质、地貌、水文、气象等）、人为因素综合作用的结果。泥石流灾害的特点是规模大、危害严重；活动频繁、危及面广，且重复成灾。

自救方法有如下几点：

（1）面对泥石流，切记不能向下游方向跑，应选择泥石流垂直方向跑，尽可能地跑到高处，速度要快。

（2）遇泥石流脱险方法主要有：

1）山谷徒步，遭遇大雨，迅速跑向谷顶或安全的高处，切记不能停留于谷底。

2）注意观察周围环境，特别留意特殊声音，如打雷似的响声，如听到要高度警惕，这很可能是泥石流将至的前兆。

3）开阔的高地作为营地，尽可能避开有滚石和大量堆积物的山坡下面，远离山谷和河沟底部。

4）不要停留在房间内，尽快逃离到开阔地区，远离危险。

六、踩踏伤害逃生与救护

人群集聚地容易发生踩踏事件，如学校走廊、热门景点、电影院、运动场、商城等地，意外的不可知性，人的从众心理，都会造成踩踏事件。

（一）逃生与防护

（1）在人群中，不要过于着急，切记不可摔倒。如遇人员摔倒，不可急于低身去扶倒地的人，应大声告知身边与身后的人不要前行，防止悲剧的发生。

（2）如人员众多，在前行过程中应保持如下姿势：左手握拳，右手握住左手手腕，双肘撑开平放胸前，以形成一定空间保证呼吸。

（3）在安全撤离的过程，要尽量选择在人群边缘行走，或是选择靠墙行走，切记不要在人群之中行走，中心人最为密集，压力大，空间小，易发生危险，且不利于被营救。

（4）若不慎摔倒后，应该双膝前屈，护住胸腔和腹腔的重要脏器，侧躺在地。两手十指交叉相扣、护住后脑和颈部；两肘向前，护住双侧太阳穴，保护身体脆弱部位。

（二）现场救护要点

（1）进入现场抢救受伤者，如是火灾现场，应按火灾救护的要求，将伤者救出。

（2）在救助过程中，首先要将受伤人员抬到指定救护地点，然后对受伤者进行身体排查，是否骨折或受其他外伤，并进行相应的护理。

（3）被踩踏者，在营救之后，要注意其呼吸情况，脉搏跳动情况，是否造成内脏的损伤，然后施救。

（4）如遇受害者出现心脏骤停，应即刻进行心肺复苏。

（5）在营救伤者之后，对其进行简单的处理，并送往相应的医疗机构救治。

七、洪水灾害逃生与救护

洪水是因暴雨、山雪融水等自然因素导致水位上涨，而引起的自然灾害。

（1）遭遇山洪暴发，应保持冷静，观察周边环境，远离洪水途经地点、地势低洼处，尽可能地选择往两侧撤离，而且要向高处撤离，若无法躲避，也应找寻安全地点进行休息等待救援，切记不要涉水过河。如若被困，及时联系当地政府防汛部门，寻求救援。

（2）如遇洪水，在时间允许的情况下，应有组织、有计划按制定撤离路线向高地撤离。若被洪水困住，要选择正确的漂浮物，在水上进行转移，如木船、木排等。

（3）在洪水暴发时，不要轻易涉水，远离产生漩涡的地方，若发现高压线倒地，切记不能涉水，避免触电。

（4）处于山丘环境中，被洪水围困于住宅楼或高台中，要快速切断电源、关闭煤气，耐心等待救助或山洪退去。

（5）若发现房屋出现裂缝，且有扩大的趋势，要迅速撤离。

八、地震灾害逃生与救护

地震是多发自然灾害，板块挤压诱发地震，虽然无法控制，但是往往能够提前预测，因此掌握预防知识，学会自救互救，能将灾害损失降到最低程度。

（一）我国与多数国家均采用12度烈度表

（1）1~2度。只有地震仪才能记录到，人们一般无感觉。

（2）3度。少数位于室内且完全静止的人能感受到轻微的震动。

（3）4~5度。人们的感受有差别，室内悬挂物会轻微摆动和有尘土掉落的现象。

（4）6度。老旧房屋会损坏，且少部分会倒塌。人难以稳定地行走，器皿倾斜。

（5）7~8度。大部分房屋遭到破坏，高大烟囱可能断裂，有时有喷砂、冒水现象，人站立不住。

（6）9~10度。房屋严重破坏，地表裂缝很多，湖泊、水库中将有大浪出现，部分铁轨弯曲变形。

（7）11~12度。房屋普遍倒塌，地面严重变形，地下管道完全不能使用。由于房屋倒塌，压死大量人畜，埋没许多财产。

发生地震，切莫慌张，要时刻清醒，就近躲避，切记不要在慌乱中跳楼。地震逃生的原则，接到预报立即逃生，保持清醒，选择最佳逃生方式，按照具体情况，进行躲避。在撤离后，地震警报未消除前，不要重返室内。

（二）地震逃生的措施

（1）首先选择承重墙较多的房间，躲在坚固家具下。在地震中，持续时间较短，家人与自身的生命安全是首要的，不要贪恋财物，要迅速躲避且用坐垫等物品保护头部。

（2）摇晃时立即关火，失火时立即灭火，有利于将地震灾害控制到最小。

（3）有选择地向户外逃生，不要乱跑，尽量选择开阔地带将自身重心降低，护住头部，远离广告牌等易掉落物品。

（4）发生地震时及时将门打开，防止因地震导致错位将门卡死，无法逃离，平时做好防灾准备，如梯子、绳索等能够用到的物品。

（5）在公共场合，尽量听从工作人员的指挥，如商场、影院等地。因为人员聚集地最容易发生危险，通常选择地下通道是比较安全的。

（6）地震发生时，如发生火灾，即刻会充满烟雾，要压低身体，尽量减少烟雾的吸入。切记不要使用电梯逃生。

（7）行驶汽车中，发生地震，应就近停车，但要注意远离十字路口及安全逃生通道，保障自身安全的同时不要阻碍他人逃生。

（8）在负责人及警察等带领下，徒步避难，尽可能少地携带物品，切记不要开车或骑自行车，要互帮互助。

（9）不信谣，不传谣。地震发生，保持清醒的头脑，这点尤为关键。

（三）地震现场救护要点

（1）自救要点。

1）被埋压者不要放弃生存下去的希望，不要慌张、恐惧，要有信心一定能逃出去。

2）被埋压者无法自我脱险时，保持冷静，挣脱开手脚，捂住口鼻，防止倒塌建筑物的灰尘引起窒息。

3）被埋压者要清除压在身上的物体，设法支撑可能坠落的重物，创造生存空间。

4）被埋压者切记不可盲目大声呼救，当听到救援人员搜救时，可以选择敲击金属物体，保持体力。

5）被埋压者尽可能搜索可食用的饮水和食品，延续生命，静待救援。

（2）互救要点。

1）注意是否有被埋压者的呼喊、呻吟、敲击器物的声音。

2）根据房屋结构，先确定被埋压者的位置再行抢救，防止再次受伤。

3）先救能救的，容易救的，扩大互救队伍。

4）外援抢救队伍要首先抢救医院、学校、旅馆等密集人群。

5）抢救被埋压者时，不可用利器刨挖，首先应使其头部暴露，迅速清除其口鼻内尘土，再行抢救。

6）对于埋压在废墟中时间较长的幸存者，首先应输送饮料和食品，然后边挖边支撑，注意保护幸存者的眼睛。

7）对于颈椎和腰椎受伤者，切忌猛挖硬拽，要在其暴露全身后再慢慢移出，用硬木板担架送往医疗点。

8）对一息尚存的危重伤者，应尽可能在现场进行急救，然后迅速送往医疗点或医院。

9）做好次生灾害中的抢救工作和救灾后的卫生防疫工作。

习　题

8-1　心肺复苏程序包括哪些步骤？

8-2　晕厥的症状及救护措施是什么？

8-3　癫痫发作的应急救护原则是什么？

8-4　烧伤程度的分类及相应的救护原则是什么？

8-5　犬咬伤与蛇咬伤的应急救护原则是什么？

8-6　发生地震时，如果你正好在室内，应采取什么样的自救措施？

项目九　生产安全

任务一　机械安全

随着国家制造业的全面发展，生产技术不断提高，全自动甚至是智能化生产线已得到了普遍使用，企业的生产效率得以大大提高。但由于操作人员、系统设备和环境系统的危险因素不能及时被发现，由机械引发的人身和设备意外事故依然存在，机械伤害事故在生产经营单位的工伤事故中占了相当大的比例。

一、机械伤害的类型

机械装置所造成的危险，是通过两个方面表现出来的。第一种称为机械危害，它包括了其部件在工作状态下及失效时发生的因夹、挤压、冲压、剐蹭和部件及材料的弹射所造成的伤害，这些危险比较容易识别；第二种称为非机械危害，它包括了电气故障、化学品暴露、高温、高压、噪声、振动和辐射等所造成的伤害。

（一）机械伤害类型

（1）夹伤。人的身体及四肢在机器的闭合或往返运动中被夹住。在有些情况下，肢体被卷进闭合运动的部件中时，也会发生夹伤。例如，在使用抓夹工具不当时，会夹伤手指。

（2）撞伤。在受到机器的运动部件的撞击时，会造成伤害。

（3）接触伤害。当人体接触到机器的锋利的或锉状的表面时，会发生伤害。另外，接触高温或带电部件，也会造成伤害。

（4）卷动伤害。头发、耳环、衣物等卷入机器的运动部件造成伤害。

（5）射伤。在机器运转时，因机器部件或工件被抛出而造成的伤害。例如，碎条、细渣、熔滴或机器部件的碎片抛出造成的伤害。

（二）机械伤害原因

（1）机械的不安全状态。防护、保险、信号装置缺乏或有缺陷，设备、设施、工具、附件有缺陷，个人防护用品有缺陷，生产场地环境（包括照明、通风）不良或作业场所狭窄、杂乱，操作工序设计或配置不安全，交叉作业过多，地面有油、液体或其他易滑物，物品堆放过高、不稳。

（2）操作者的不安全行为。忽视安全、操作错误，包括未经许可开动、关停、移动机器，按错按钮，转错阀门、扳手、手柄的方向；拆除安全装置或调整错误造成安全装置失效；用手代替工具操作或用手拿工件进行机械加工；使用无安全装置的设备或工具；机械运转时加油、修理；攀、坐不安全位置（如平台护栏、吊车吊钩等）；进入必须使用个人防护用品、用具的作业场所，未使用各种个人防护用品、用具；装束不安全（如操纵带有旋转零部件的设备时戴手套，穿高跟鞋、拖鞋进入车间等）；无意或为了排除故障而靠近危险部位。

（3）管理上的缺陷。设计、制造、安装或维修上的缺陷或错误，领导对安全工作不重视，在组织管理方面存在缺陷，教育培训不够，操作者业务素质差、缺乏安全知识和自我保护能力。

二、预防机械事故的措施

（1）实现机械安全的措施。主要有以下4个方面：

1）消除产生危险的原因（即实现本质安全）。

2）减少或消除接触机器的危险部件的需求。

3）使人们难以接近机器的危险部位（或提供安全装置，使得接近这些部位不会导致伤害）。

4）提供保护装置或者防护服。

上述措施是依次序给出的，这些措施也可以结合起来使用。

（2）保护操作者和有关人员安全的措施。操作者及机器邻近处人员的安全，可以通过采用下列措施来达到：

1）通过培训来提高人们辨别危险的能力。

2）通过对机器的重新设计，使危险更加醒目（或者使用警示标志）。

3）通过培训，提高避免伤害的能力。

4）增强采取必要的行动来避免伤害的自觉性。

三、安全设计

（1）本质安全。本质安全是通过机器的设计者，在设计阶段采取措施来消防机械危险的一种机械安全方法。其中包括：在设计中消除危险的部件，使人们不能接触到危险的部件，减少在危险区域内处理工作的需求，提供自动反馈设备并使运动的部件处于密封状态之中等。

（2）控制装置的选择。在设计和选用控制开关及操作装置时，应遵守下面的要求：

1）现场安装位置应该合理。

2）消除误启停的风险。

3）具有大小、颜色等明显的识别特性和标识。

4）方向合理（操作装置的运动方向与机器的运动相协调）。

（3）失效安全功能。设计者应该保证当机器发生故障时不出危险。

这一类装置的例子中包括操作限制开关、限制不应该发生的冲击及运动的预设制动装置、设置把手和预防下落的装置、失效安全的限电开关等。

（4）安全装置拆除联锁功能。为防止设备检修期间的无意启动，应设计有安全装置拆除后的保护停运功能，如安全罩、安全帽等安全保护装置。因此在日常检查过程中也要及时检查安全罩、安全帽、事故按钮罩等安全装备的状态，并保持其可靠性和可用性。

（5）设备布置。合理的转机、管道、电缆等设备的布局形式可以使事故明显减少。安全的布局要考虑如下的因素：

1）空间。便于操作、管理、维护、调试和清洁。

2）照明。包括工作场所的通用照明（自然光及人工照明，但要防止眩目）和为操作机器而特需的照明。

3）管、线布置。不要妨碍在机器附近的安全出入，避免磕绊，有足够的上部空间。

4）维护保养时的出入安全。

四、机械工具操作注意事项

机械工器具使用要求主要有：

（1）使用工具前应进行检查，不完整的工具不准使用。

（2）大锤和手锤的锤头须完整，其表面须光滑微凸，不得有歪斜、缺口、凹入及裂纹等情形。大锤及手锤的柄必须用整根的硬木制成，不准用大木料劈开制作，安装牢固，并将头部用楔栓固定。锤把上不可有油污。不准戴手套或用单手抡大锤，周围不准有人靠近。

（3）用凿子凿坚硬或脆性物体时（如生铁、生铜、水泥等），须戴防护眼镜，必要时装设安全遮栏，以防碎片打伤旁人。凿子被锤击部分有伤痕、不平整、沾有油污等，不准使用。

（4）锉刀、手锯、木钻、螺丝刀等的手柄应安装牢固，没有手柄的不准使用。

（5）砂轮必须进行定期检查。砂轮应无裂纹及其他不良情况。砂轮必须装有用钢板制成的防护罩，其强度应保证当砂轮碎裂时挡住碎块。防护罩至少要把砂轮的上半部罩住。禁止使用没有防护罩的砂轮（特殊工作需要的手提式小型砂轮除外）。

（6）使用砂轮研磨时，应戴防护眼镜或装设防护玻璃。用砂轮磨工具时应使火星向下。不准用砂轮的侧面研磨。

（7）无齿锯应符合上述各项规定。使用时操作人员应站在锯片的侧面，锯片应缓慢地靠近被锯物件，不准用力过猛。

（8）使用钻床时，须把钻眼的物体安设牢固后，才可开始工作。清除钻孔内金属碎屑时，必须先停止钻头的转动。不准用手直接清除铁屑。使用钻床不准戴手套。

（9）使用锯床时，工件必须夹牢，长的工件两头应垫牢，并防止工件锯断时伤人。

（10）使用撬杠作业时，支垫物应可靠，并采取措施防止被撬物倾倒或滚落。在使用加力杆时，必须保证其强度和嵌套深度满足要求，以防折断或滑脱。

（11）千斤顶必须与荷重面垂直，其顶部与重物的接触面间应加防滑垫层。严禁超载使用，不得加长手柄或超过规定人数操作。使用油压式千斤顶时，任何人不得站在安全栓的前面。

五、风动工具的使用

（1）熟悉风动工具使用方法和修理方法的工作人员，不准擅自使用或修理风动工具。

（2）风动工具的锤子、钻头等工作部件，应安装牢固，以防在工作时脱落。工作部件停止转动前不准拆换。

(3) 风动工具的软管必须和工具连接牢固。连接前应把软管吹净。只有在停止送风时才可拆装软管。

(4) 在移动的梯子上使用风动工具时，必须将梯子固定牢固。

六、喷灯的使用

不熟悉喷灯使用方法的人员不准擅自使用喷灯。喷灯必须符合下列要求，才可以点火：

(1) 油筒不漏油，喷火嘴无堵塞，丝扣不漏气。

(2) 油筒内的油量不超过油筒容积的3/4。

(3) 加油的螺丝塞拧紧。

用喷灯工作时，应遵守下列各项规定：

(1) 点火时不准把喷嘴正对着人或易燃物品。

(2) 油筒内压力不可过高。

(3) 工作地点不准靠近易燃物品和带电体。

(4) 尽可能在空气流通的地方工作，以免燃烧气体充满室内。

(5) 不准把喷灯放在温度高的物体上。

(6) 禁止在使用煤油或酒精的喷灯内注入汽油。

(7) 喷灯用毕后，应放尽压力，待冷却后，方可放入工具箱内。

(8) 喷灯的加油、放油以及拆卸喷火嘴或其他零件等工作，必须待喷火嘴冷却泄压后再进行。

案例：一起戴手套抡大锤伤人事故

某年8月10日，某电厂基建工地汽机房12m平台，汽机班施工人员李某在汽轮机低压缸处戴手套抡大锤敲击紧固的螺栓，身体站立不稳，大锤脱手而出，将从低压气缸下面经过的王某砸伤。此次事故原因是李某违章操作，抡大锤时戴手套，且对工作环境未做充分的了解。

任务二 电气安全

电气安全是指因电气产品质量不合格、安装质量不合格、使用方法不正确和维修不规范等原因引发的故障或事故，如人身触电死亡、设备损坏、电气火灾、电气爆炸事故等。电气安全包括人身安全与设备安全两方面。人身安全是指电工及其他参加工作人员的人身安全；设备安全是指电气设备及其附属设备、设施的安全。

一、电气伤害的类型

(1) 按照伤害方式来分，可以分为电击伤害事故和电伤伤害事故。

1) 电击。电击是电流通过人体，破坏人的心脏、中枢神经系统、肺部等重要器官的正常工作而对人体造成伤害。由于人体触及带电导线、漏电设备的外壳或其他带电体，以及由于雷击或电容放电，都可能导致电击。人体遭受电击所产生的效应和后果的严重程度受电流大小、持续时间、电流通过人体的路径及电流的种类等的影响，轻者有打击疼痛感，重者致死。

2）电伤。电伤是电流的热效应、化学效应或机械效应对人体造成的伤害。包括电弧烧伤、烫伤、电烙印、电气机械性伤害、电光眼等不同形式的伤害。与电击相比，电伤多属局部性伤害，但电伤往往伴随着电击同时发生。

（2）按照事故性质来分，可以分成人身伤害事故、电磁场伤害事故、雷电伤害事故、静电伤害事故、异常停电事故和因电引起的火灾事故。

1）雷击。雷击放电具有电流极大，电压极高，冲击性极强的特点。雷击不仅造成设备的严重毁坏，还可能伤及人、畜，甚至引起爆炸和火灾。

2）电气火灾事故。电线短路产生火花落在易燃物上引起的火灾或电气设备使用不当引起的火灾。

3）电气爆炸事故。由于电气设备在爆炸危险环境使用，并在使用中产生火花、电弧或高温而成为引燃源。

二、电气事故的原因

电气故障及停电常见的主要原因有：绝缘损坏；工作系统不合理；电流保护器不合理（保险丝、闸盒）；接地不合理；人员的粗心大意和自以为是；仪器过热；漏电；接触不良；接插件没有保护；电路中元件参数不对；维护及测试不良。

三、电气事故的预防

（一）直接触电防护措施

直接触电防护措施是指防止人体各个部位触及带电体的技术措施，主要包括绝缘、屏蔽、安全间距、安全电压、限制触电电流、电气联锁、漏电保护等。

（1）绝缘。在靠近电路的非绝缘部分工作时，要考虑绝缘问题。在所有的情况下，使装置“断开”应是一个主要的目标，除非这样做不可能。可以使用各种永久或临时的绝缘体，如电缆套、橡皮套等。

（2）屏护。即用屏障或围栏防止触及带电体。屏障或围栏除能防止无意触及带电体外，还应能使人意识到超越屏障或围栏会遇到危险而不会有意触及带电体。

（3）安全距离。电气安全距离，是指人体、物体等接近带电体而不发生危险的安全可靠距离。如带电体与地面之间、带电体与带电体之间、带电体与人体之间、带电体与其他设施和装置之间，均应保持一定的距离。通常，在配电线路和变、配电装置附近工作时，应考虑线路安全距离、变、配电装置安全距离、检修安全距离和操作安全距离等。各电压等级的安全距离见表 9-1。

表 9-1 设备不停电时的安全距离

电压等级/kV	安全距离/m
10 及以下（含 13.8）	0.70
20、35	1.00

续表 9-1

电压等级/kV	安全距离/m
66、110	1.50
220	3.00
330	4.00
500	5.00
750	7.20
1000	8.7

注：表中未列电压等级按高一档电压等级安全距离。

（4）安全电压。安全电压是指不致使人直接致死或致残的电压，一般环境条件下允许持续接触的“安全特低电压”是 36V（也可能是 24V、12V AC/DC，36V 最常见）。我国确定安全电压有 42V、36V、24V、12V、6V 五个额定等级，我国采用的安全电压以 36V 和 12V 居多。各电压等级的使用场合见表 9-2。

表 9-2　安全电压的使用场合

电压等级/V	使 用 场 合
42	有触电危险的手持电动工具
36	比较干燥的一般场所
24	潮湿、有导电金属粉尘等场所
12	特别潮湿、金属容器等人体大面积接触带电体的场所
6	水下作业

（5）安全电流。安全电流是指通过人体的最低安全电流。电击对人体的危害程度，主要取决于通过人体电流的大小和通电时间长短，安全电流为 10mA。当人体电阻一定时，人体接触的电压越高，通过人体的电流就越大，对人体的损害也就越严重。

电流强度越大，致命危险越大；持续时间越长，死亡的可能性越大。能引起人感觉到的最小电流值称为感知电流，交流为 1mA，直流为 5mA；人触电后能自己摆脱的最大电流称为摆脱电流，交流为 10mA，直流为 50mA；在较短的时间内危及生命的电流称为致命电流，如 100mA 的电流通过人体 1s，可足以使人致命，因此致命电流为 50mA。在有防止触电保护装置的情况下，人体允许通过的电流一般可按 30mA 考虑。电流大小与人体相关器官感觉见表 9-3。

表 9-3　电流大小与人体相关器官感觉

电流/mA	50Hz 交流电	直 流 电
0.6~1.5	手指开始感觉发麻	无感觉
2~3	手指感觉强烈发麻	无感觉
5~7	手指肌肉感觉痉挛	手指灼热感和刺痛
8~10	手指关节与手掌感觉痛，手已难以脱离电源，但尚能摆脱电源	灼热感增加
20~25	手指感觉剧痛，迅速麻痹，不能摆脱电源，呼吸困难	灼热更增，手的肌肉开始痉挛

续表 9-3

电流/mA	50Hz 交流电	直 流 电
50~80	呼吸麻痹，心房开始震颤	强烈灼痛，手的肌肉痉挛，呼吸困难
90~100	呼吸麻痹，持续 3min 后或更长时间后，心脏麻痹或心房停止跳动	呼吸麻痹

(6) 设备可靠接地。使用金属的盒、管、架等提供一个与地相连的电极。应由有资格的人员定期地对系统进行检查和测试。

(7) 电气作业安全措施是指人们在各类电气作业时保证安全的技术措施，主要有电气值班安全措施、电气设备及线路巡视安全措施、倒闸操作安全措施、停电作业安全措施、带电作业安全措施、电气检修安全措施、电气设备及线路安装安全措施等。

(8) 电气保护。当出现电流过大时，会采用电磁原理发现并自动切断电路。短路保护：电气控制线路中的电器或配线绝缘遭到损坏、负载短路、接线错误时，都将产生短路故障。主要包括以下形式：

1) 过电流保护。它是指电动机或电器元件超过其额定电流的运行状态。

2) 过载保护。过载是指电动机运行电流超过其额定电流但小于 1.5 倍额定电流的运行状态，此运行状态在过电流运行状态范围内。

3) 失压保护。电动机正常运转时如因为电源电压突然消失，电动机将停转。一旦电源电压恢复正常，有可能自行启动，从而造成机械设备损坏，甚至造成人身事故。

4) 欠电压保护。当电源电压降至 60%~80%额定电压时，将电动机电源切断而停止工作的环节称为欠电压保护环节。

5) 过电压保护。电磁铁、电磁吸盘等大电感负载及直流电磁机构、直流继电器等，在通断时会产生较高感应电动势造成电磁线圈击穿而损坏。

6) 漏电保护器（漏电保护开关）。它是一种电气安全装置，将漏电保护器安装在低压电路中，当发生漏电和触电时，且达到保护器所限定的动作电流值时，就立即在限定的时间内动作自动断开电源进行保护；漏电保护器主要保护作用是在一定条件下，对可能致命的触电事故进行保护。

(二) 间接触电防护措施

间接触电防护措施是指防止人体各个部位触及正常情况下不带电而在故障情况下才变为带电的电器金属部分的技术措施，主要包括保护接地或保护接零、绝缘检查等。

(1) 保护接地。将在故障情况下可能呈现危险的对地电压的设备外露可导电部分进行接地称为保护接地。接地保护一般用于配电变压器中性点不直接接地（三相三线制）的供电系统中，用以保证当电气设备因绝缘损坏而漏电时产生的对地电压不超过安全范围。适用于中性点不接地的三相电源系统中。

(2) 保护接零。电气设备在正常情况下不带电的金属部分与电网的保护零线相互连接。这种安全技术措施用于中性点直接接地，电压为 380/220V 的三相四线制配电系统。保护接零的基本作用是当某相带电部分碰连设备外壳时，通过设备外壳形成该相对零线的单相短路，短路电流促使线路上过电流保护装置迅速动作，把故障部分断开电流，消除触电危险。

（三）安全管理措施

包括持证上岗、警告标示和标志、工作票制度、操作票制度、巡回检查制度等。

（1）持证上岗。电工作业指对电气设备进行运行、维护、安装、检修、改造、施工、调试等作业，主要包括高压电工作业、低压电工作业和防爆电气作业三种类型，只有经过培训取得相应作业证书才能从事相关工作。

1）高压电工作业。指对1kV及以上的高压电气设备进行运行、维护、安装、检修、改造、施工、调试、试验及绝缘工、器具进行试验的作业。需要取得高压电工作业证。

2）低压电工作业。指对1kV以下的低压电器设备进行安装、调试、运行操作、维护、检修、改造施工和试验的作业。需要取得低压电工作业证。

3）防爆电气作业。指对各种防爆电气设备进行安装、检修、维护的作业。适用于除煤矿井下以外的防爆电气作业。须取得防爆电气作业证。

（2）安全标识。明显、准确、统一的标识是保证用电安全的重要因素。标识一般有颜色标识、标示牌标识和型号标识等。颜色标识表示不同性质、不同用途的导线；标示牌标识一般作为危险场所的标志；型号标识作为装置特殊结构的标识。

安全色是指表达安全信息的颜色，表示禁止、警告、指令、提示等。国家规定的安全色有红、蓝、黄、绿四种颜色。红色表示禁止、停止；蓝色表示指令，必须遵守的规定；黄色表示警告、注意；绿色表示指示、安全状态、通行。对比色是使安全色更加醒目的反衬色，有黑、白两种，如安全色需要使用对比色时，应按如下方法使用，即红与白，蓝与白，绿与白，黄与黑。也可以使用红白相间、蓝白相间、黄黑相间条纹表示强化含义。使用安全色标志时，不能用有色的光源照明，照度不应低于《工业企业照明设计标准》的规定。安全色应防止耀眼。

在电气上用黄、绿、红三色分别代表L1、L2、L3三个相序，也称A，B，C或U，V，W，A相为黄色，B相为绿色，C相为红色。三相系统中有三相四线制和三相五线制。三相四线制多了一根N线，三相五线制多了N线和PE线，A、B、C、N、PE，ABC黄绿红是三根火线，N线蓝色是零线，PE也就是黄绿双色的是地线。ABC任意两根测试电压是380V，N和ABC任意一根测试电压是220V。

（3）安全标志。安全标志是提醒人员注意或按标志上注明的要求去执行，保障人身和设施安全的重要记号。安全标志一般设置在光线充足、醒目、稍高于视线的地方。常见的电气安全标志牌见表9-4。

1）对于隐蔽工程（如埋地电缆等），在地面上要有标志桩或依靠永久性建筑挂标志牌，注明工程位置。

2）对于容易被人忽视的电气部位（如封闭的架线槽、设备上的电气盒等），要用红漆画上电气箭头。

3）使用标志牌，以提醒工作人员不得接近带电部分，不得随意改变刀闸的位置等。

4）移动使用的标志牌要用硬质绝缘材料制成，上面要有明显标志，均根据规定使用。

表 9-4　常见的电气安全标志牌

名　称	样　式	悬挂位置
禁止合闸　有人工作		一经合闸即可送电到检修设备或检修措施涉及的开关和刀闸的操作机构上
在此工作		室内外工作地点以及施工设备上
止步　高压危险		（1）工作地点临近带电设备的遮栏上，室外工作地点的围栏上。（2）禁止通行的过道上。（3）高压试验地点。（4）室外架构上。（5）工作地点邻近带电设备的横梁上
从此上下		通往检修地点、现场设备或工作场所的出入口处
禁止攀登　高压危险		高压设备、线路以及检修工作邻近的可上下的梯子处

续表 9-4

名　称	样　式	悬挂位置
已接地		看不到接地线的工作设备上

四、施工现场临时用电

（一）临时用电范围

临时用电是安全生产的重要部分，施工现场的变压器、配电箱、（箱内）电气接线、临时电缆、孔洞封堵、临时照明等均属于临时照明范畴。

（二）相关规定

《电力建设安全工作规程》（DL 5009. 1—1997）、《施工现场临时用电安全技术规范》（JGJ 46—2005）和《电业安全工作规程（发电厂和变电所电气部分）》DL 408—1991）中有如下相关规定。

（1）变压器 。35kV 及以下施工用电变压器的户外布置：变压器采用柱上安装时，其底部距地面的高度不得小于 2. 5m；变压器安装应平稳牢固，腰栏距带电部分的距离不得小于 0. 2m；变压器在地面安装时，应装设在不低于 0. 5m 的高台上，并设置高度不低于 1. 7m 的栅栏。带电部分到栅栏的安全净距：10kV 及以下的应不小于 1m，35kV 的应不小于 1. 2m，在栅栏的明显部位应悬挂“止步、高压危险”的警告牌；变压器中性点及外壳接地连接点的导电接触面应接触良好，连接应牢固可靠，接地电阻不得大于 4Ω。

（2）配电箱及电源柜。

1）配电系统应设置配电柜或总配电箱、分配电箱、开关箱，实行三级配电。

2）现场集中控制的开关柜或配电箱的设置地点应平整，不得被水淹或土埋，并应防止碰撞和物体打击。开关柜或配电箱附近不得堆放杂物。

3）总配电箱应设在靠近电源的区域，分配电箱应设在用电设备或负荷相对集中的区域，分配电箱与开关箱的距离不得超过 30m，开关箱与其控制的固定式用电设备的水平距离不宜超过 3m。

4）每台用电设备必须有专用的开关箱，严禁用同一个开关箱直接控制 2 台及 2 台以上用电设备（含插座）。

5）配电箱、开关箱应装设端正、牢固。固定式配电箱、开关箱的中心点与地面的垂直距离应为 1. 4～1. 6m。移动式配电箱、开关箱应装设在坚固、稳定的支架上。其中心点与地面的垂直距离宜为 0. 8～1. 6m。

6）配电箱、开关箱的金属箱体、金属电器安装板以及电器正常不带电的金属底座、外壳等必须通过PE线端子板与PE线做电气连接，金属箱门与金属箱必须通过采用编织软铜线做电气连接。

7）配电箱、开关箱内不得放置任何杂物，应保持整洁；配电箱、开关箱内不得随意挂接其他用电设备；配电箱、开关箱内的电器配置和接线严禁随意改动；配电箱、开关箱的进线和出线严禁承受外力，严禁与金属尖锐端口、强腐蚀介质和易燃易爆物接触。

8）开关柜或配电箱应坚固，其结构应具备防火、防雨的功能。箱、柜内的配线应绝缘良好，排列整齐，绑扎成束并固定牢固。导线剥头不得过长，压接应牢固。盘面操作部位不得有带电体明露。

9）配电箱必须装设漏电保护器，做到一机一闸一保。

10）配电室、开关柜及配电箱应加锁、设警告标志，并设置干粉灭火器等消防器材。

11）所有电气设备的金属外壳均应有良好的接地装置。使用中不得将接地装置拆除或对其进行任何工作。

（3）电气接线。

1）电源开关外壳和电线绝缘有破损不完整或带电部分外露时，应立即找电气人员修好，否则不准使用，不准使用破损的电源插头插座。

2）导线进出开关柜或配电箱的线段应加强绝缘并采取固定措施。

3）严禁将电线直接钩挂在闸刀上或直接插入插座内使用。

4）临时电缆。①用电设备的电源引线长度不得大于5m。距离大于5m时应设便携式电源箱或卷线轴；便携式电源箱或卷线轴至固定式开关柜或配电箱之间的引线长度不得大于40m，且应用橡胶软电缆。②电缆线路应采用埋地或架空敷设，严禁沿地面明设，并应避免机械损伤和介质腐蚀；电缆直接埋地敷设的深度不应小于0.7m，并应在电缆紧邻上、下、左、右侧均匀敷设不小于50mm厚的细砂。③电源线路不得接近热源或直接绑挂在金属构件上，不得架设在脚手架上。

5）孔洞封堵。①电缆及其管、沟穿过不同区域之间的墙、板孔洞处，应以非燃性材料严密堵塞。②对电缆可能着火蔓延导致严重事故的回路、易受外部影响波及火灾的电缆密集场所，应设置适当的阻火分隔。③电缆廊道内宜每隔60m划分防火隔断。

6）临时照明。①现场的临时照明线路应相对固定，并经常检查、维修。照明灯具的悬挂高度应不低于2.5m，并不得任意挪动；低于2.5m时应设保护罩。②在有爆炸危险的场所及危险品仓库内应采用防爆型电气设备和照明灯具，开关必须装在室外。在散发大量蒸汽、气体和粉尘的场所，应采用密闭型电气设备。③碘钨灯等特殊照明灯的金属支架应稳固，并采取接地或接零保护，支架不得带电移动。④脚手架上禁止乱拉电线。必须安装临时照明线路时，木竹脚手架应加绝缘子，金属管脚手架应另设木横担。⑤工棚内的照明线应固定在绝缘子上，距建筑物的墙面或顶棚不得小于2.5cm，穿墙时应套绝缘套管，管、槽内的电线不得有接头。

五、电气事故案例

案例1：一起带接地刀闸送电事故

某年6月10日，公用6kV B段带电，公用6kV A段由公用6kV母线联络开关带；化学水6kV B段母线由公用6kV B段带，化学水6kV A段母线由母联开关带，6kV A段公用母线至化学水 6kV A 段母线电源开关拉出间隔外，开关下口接地刀闸在合位。化学水 6kV A 段进线刀闸拉出间隔外。运行三值根据发电部位布置，安排 1 号机组人员恢复化学水 6kV A 段为正常运行方式，即将化学水 6kV 母线 A、B 段分别由公用 6kV A、B 段带。1 号机组长李某与副值王某从计算机中调取标准操作票，做操作准备，但未找到对应的标准操作票。经值长同意后，李某带着王某便带着化学水 6kV 系统图前往现场操作。李某、王某二人首先到公用 6kV 配电间检查公用 6kV A 段至化学水 6kV A 段开关在间隔外，从电源柜后用手电窥视接地刀闸，认为在断开位（实际接地刀闸在合位，前侧接地刀闸机械位置指示器指示在合位，二人均未到前侧检查）。随后，李某、王某二人到化学水 6kV 配电间，经对 6kV A 段工作电源进线刀闸车外观进行检查后，由李某将刀闸车推入试验位置，关上柜门，手摇刀闸车至工作位置，摇动过程中进线刀闸发生“放炮”。

案例 2：一起角磨机绝缘损坏伤人事故

某年 8 月 11 日晚，某打磨车间田某使用角磨机打磨焊疤时，因角磨机长期未使用，绝缘功能丧失，且未按期进行检验，使用中漏电将田某击倒，后抢救无效死亡。

案例 3：某建筑工地，操作工王某发现潜水泵开动后漏电开关动作，便要求电工把潜水泵电源线不经漏电开关接上电源。起初电工不肯，但在王某的多次要求下照办了。潜水泵再次启动后，王某拿一条钢筋欲挑起潜水泵检查是否沉入泥里，当王某挑起潜水泵时，即触电倒地，经抢救无效死亡。

任务三　危险化学品安全

根据《危险化学品安全管理条例》，危险化学品包括爆炸品、压缩气体和液化气体、易燃液体、易燃固体、自燃物品和遇湿易燃物品、氧化剂和有机过氧化物、有毒品和腐蚀品等。

生产、储存、使用、经营、运输危险化学品的单位的主要负责人对本单位的危险化学品安全管理工作全面负责。

一、危险化学品分类

根据《化学品分类和危险性象形图标识通则》（GB/T 24774—2009）以及《全球化学品分类和标签协调系统》（GHS），将化学品按照其物理危害、健康危害及环境危害分为 27 类。见表 9-5。

表 9-5　化学品分类

危害类型			类　别	参照标准
物理危害	1	爆炸物	1.1 项~1.6 项	GB 20576
	2	易燃气体	第 1 类；第 2 类	GB 20577
	3	易燃气溶胶	第 1 类；第 2 类	GB 20578
	4	氧化性气体	第 1 类	GB 20579
	5	压力下气体	压缩气体；液化气体；冷冻液化气体；溶解气体	GB 20580
	6	易燃液体	第 1 类；第 2 类；第 3 类；第 4 类	GB 20581

续表 9-5

危害类型			类　别	参照标准
物理危害	7	易燃固体	第 1 类；第 2 类	GB 20582
	8	自反应物质和混合物	A 型；B 型；C 型；D 型；E 型；F 型；G 型	GB 20583
	9	自热物质和混合物	第 1 类；第 2 类	GB 20584
	10	自燃液体	第 1 类	GB 20585
	11	自燃固体	第 1 类	GB 20586
	12	遇水放出易燃气体的物质	第 1 类；第 2 类；第 3 类	GB 20587
	13	金属腐蚀物	第 1 类	GB 20588
	14	氧化性液体	第 1 类；第 2 类；第 3 类	GB 20589
	15	氧化性固体	第 1 类；第 2 类；第 3 类	GB 20590
	16	有机过氧化物	A 型；B 型；C 型；D 型；E 型；F 型；G 型	GB 20591
健康危害	17	急性毒性	第 1 类；第 2 类；第 3 类；第 4 类；第 5 类	GB 20592
	18	皮肤腐蚀/刺激	第 1 类：1A 类、1B 类、1C 类；第 2 类	GB 20593
	19	严重眼部损伤/眼部刺激	第 1 类；第 2 类：1A 类、1B 类	GB 20594
	20	呼吸或皮肤致敏	呼吸过敏，第 1 类、第 2 类；皮肤过敏，第 1 类、第 2 类	GB 20595
	21	生殖细胞突变性	第 1 类：1A 类、1B 类、1C 类	GB 20596
	22	致癌性	第 1 类：1A 类、1B 类；第 2 类	GB 20597
	23	生殖毒性	第 1 类：1A 类、1B 类；第 2 类	GB 20598
	24	特异性靶器官系统毒性 单次接触	第 1 类；第 2 类；第 3 类	GB 20599
	25	特异性靶器官系统毒性 反复接触	第 1 类；第 2 类	GB 20601
	26	吸入危害	第 1 类；第 2 类	《全球化学品分类和标签协调系统》（GHS）
环境危害	27	环境危害	对水生环境的急性危害：第 1 类、第 2 类、第 3 类； 对水生环境的慢性危害：第 1 类、第 2 类、第 3 类、第 4 类	GB 20602

二、化学品安全标签

我国于 2009 年 6 月 1 日发布了安全标签编制的强制性国家标准——《化学品安全标签编写规定》（GB 15258—2009），并于 2010 年 5 月 1 日正式实施，其主要技术内容与联合国 GHS 制度完全一致。

（一）安全标签样例

通常情况下，危险化学品安全标签由信号词、象形图、危险说明、防范说明、产品标识以及供应商标识6个要素组成，缺一不可，表示其所具有的危险性和安全注意事项，在市场上流通时由供应者提供的附在化学品包装上的，用于提示接触危险化学品的人员，具体示例如图9-1所示。

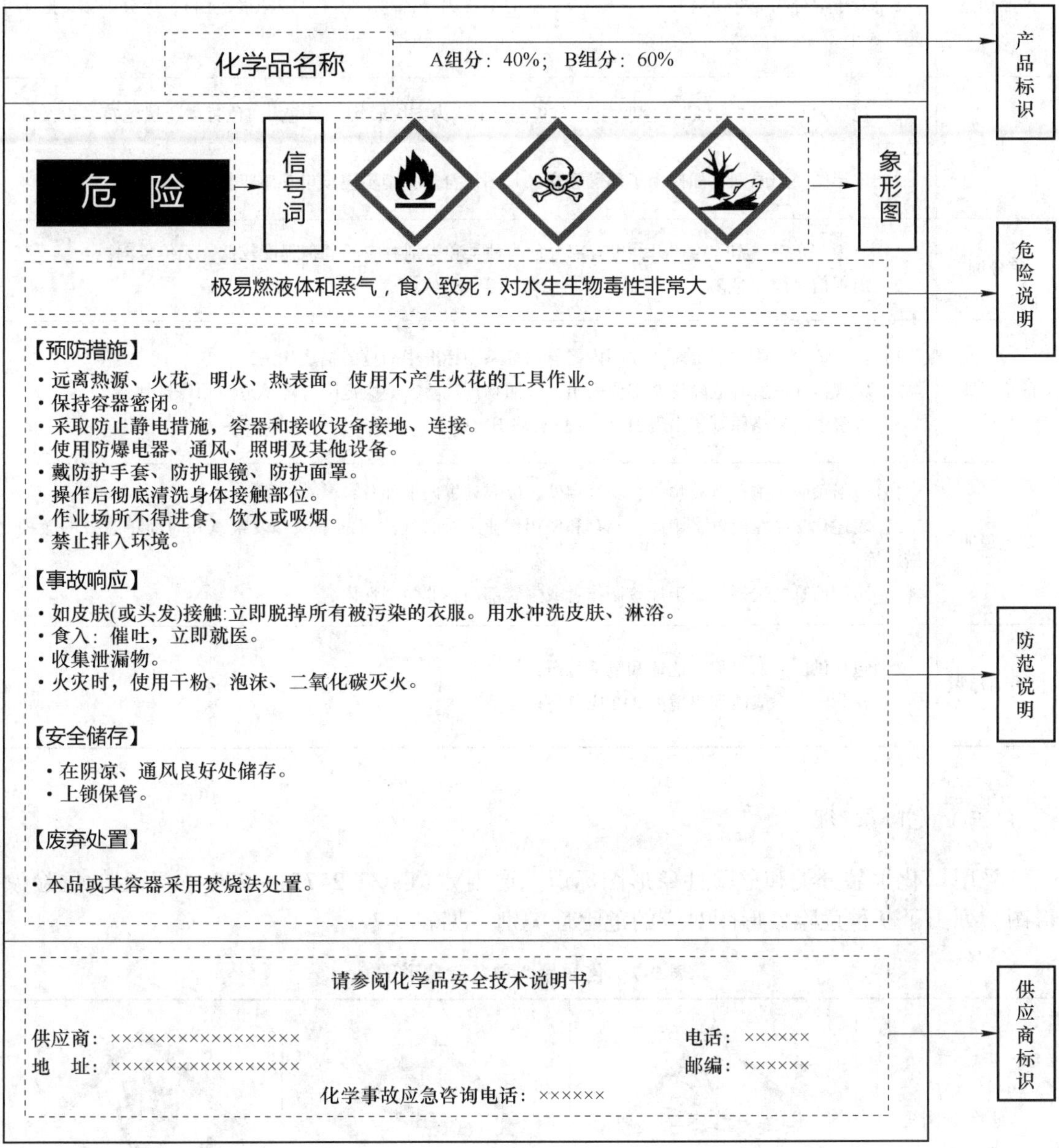

图9-1　危险化学品安全标签样例

（二）标签要素说明

危险化学品标签要素说明见表9-6。

表 9-6　危险化学品标签要素说明

标签要素	要　　求
产品信息	1）包括中英文名称等，名称要求醒目清晰，位于标签上方； 2）对于混合物应标出对其危险分类有贡献的主要成分名称及浓度（或浓度范围），组分个数一般不超过 5 个
象形图	1）包含“火焰”“腐蚀”“感叹号”等 9 种，形状为方块形状，颜色为白色背景、黑色符号以及红色边框； 2）象形图使用原则，如使用了骷髅和交叉骨图形符号，则不应该出现感叹号图形符号等
信号词	1）分为“危险”和“警告”，也有部分危险种类和类别对应的危害程度较低，无信号词； 2）出现信号词“危险”时，则不应再出现“警告”
危险说明	1）描述危险性质的固定短语在国内需与国标系列标准中的危害描述相一致； 2）常规情况，所有危险说明都应列出，按照物理危险、健康危险、环境危险顺序排列； 3）危险说明省略原则，出现 H314 时可省略 H318 等
防范说明	1）包括预防措施、事故响应、安全存储、废弃处置四个部分； 2）表述化学品在处置、搬运、储存和使用作业中所必须注意的事项和发生意外时简单有效的救护措施等； 3）防护信息的选择权属于标签制作者或主管部门，非强制性内容
供应商标识	1）包括供应商的名称、地址和电话号码； 2）在我国，一般需列出境内 24h 应急咨询电话

（三）危险象形图

采用《化学品分类和危险性象形图标识　通则》（GB/T 24774—2009）规定的危险象形图，列出了 9 种危险象形图对应的危险性类别，见表 9-7。

表 9-7　化学品 9 种危险象形图

危险象形图			
该图形对应的危险性类别	爆炸物 自反应物质和混合物：A、B 型； 有机过氧化物，A~B 型	压力下气体	氧化性气体； 氧化性液体； 氧化性固体； 有机过氧化物：B~F 型

续表 9-7

危险象形图			
该图形对应的危险性类别	易燃气体； 易燃气溶胶； 易燃液体； 易燃固体； 自反应物质和混合物：B～F 型； 自燃液体； 自燃固体； 自热物质； 遇水放出易燃气体物质	金属腐蚀物； 皮肤腐蚀/刺激：第 1 类； 严重眼损伤/眼睛刺激：第 1 类	急性毒性：第 1 类、第 2 类、第 3 类
危险象形图			
该图形对应的危险性类别	急性毒性：类别 4； 皮肤腐蚀/刺激：第 2 类； 严重眼损伤/眼睛刺激：第 2A 类； 皮肤致敏性 特异性靶器官系统毒性单次接触：第 3 类	呼吸系统致敏性； 生殖细胞突变性； 致癌性； 生殖毒性； 特异性靶器官系统毒性 单次接触：第 1 类、第 2 类； 特异性靶器官系统毒性 反复接触； 吸入危害	环境危害

三、危险货物运输标志

根据《危险货物分类和品名编号》（GB 6944—2012），危险货物是指具有爆炸、易燃、毒害、感染、腐蚀、放射性等危险特性，在运输、储存、生产、经营、使用和处置中，容易造成人身伤亡、财产损毁或环境污染而需要特别防护的物质和物品。

危险货物运输标志通常是由一个或多个简单的几何图形和一些英文字母、数字及简单的文字组成，用以描述危险货物的主要危险特性，以及运输时应该注意的事项。

在我国《危险货物包装标志》（GB 190—2009）、联合国《关于危险货物运输的建议书 规章范本》（TDG）中，将危险货物运输标志分为运输标记和运输标签，运输标记 4 个；运输标签 26 个，其图形分别标示了 9 类危险货物的主要特性。对于危险货物，除非有特殊规定，否则在包件上需显示危险货物的正确运输名称，以及字母“UN”打头的相应联合国编号。

（一）危险货物分类

根据《危险货物分类和品名编号》（GB 6944—2012）和《危险货物品名表》（GB 12268—2012），危险货物分为 9 类，分别为爆炸品；气体；易燃液体；易燃固体、易于自燃的物质、遇水放出易燃气体的物质；氧化性物质和有机过氧化物；毒性物质和感染性物质；放射性物质；腐蚀性物质；杂项危险物质和物品，包括危害环境物质。

（二）运输标记

危险货物运输标记见表 9-8。

表 9-8　危险货物运输标记

标记名称	危害环境物质和物品标记	方向标记	高温运输标记
标记图形			
图形说明	符号：黑色；底色：白色	符号：黑色或正红色；底色：白色	符号：正红色；底色：白色

（三）运输标签

危险货物运输标签见表 9-9。

表 9-9　危险货物运输标签

第一类：爆炸物					
标签图形					
项号	1.1　1.2　1.3	1.4	1.5	1.6	
名称	爆炸性物品或物质				

续表 9-9

第二类：气体					
标签图形					
项号	2. 1	2. 1	2. 2	2. 2	2. 3
名称	易燃气体	易燃气体	非易燃气体	非易燃气体	有毒气体
第三类：易燃液体					
标签图形					
项号	3	3			
名称	易燃液体	易燃液体			
第四类：易燃固体					
标签图形					
项号	4. 1	4. 2	4. 3		
名称	易燃固体	易于自燃的物质	遇水放出易燃气体的物质		
第五类：氧化性物质和有机过氧化物					
标签图形					
项号	5. 1	5. 2	5. 2		
名称	氧化性物质	有机过氧化物	有机过氧化物		

续表 9-9

第六类：毒性和感染性物质					
标签图形					
项号	6. 1	6. 2			
名称	毒性物	感染性物质			
第七类：放射性物质					
标签图形					
项号	7A	7B	7C	7E	
名称	一级放射性物质	二级放射性物质	三级放射性物质	裂变性物质	
第八类：腐蚀性物质					
标签图形					
项号	8				
名称	腐蚀性物质				
第九类：杂项危险物质和物品					
标签图形	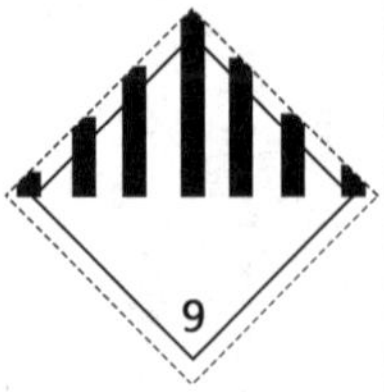				
项号	9				
名称	杂项危险物质和物品				

四、安全标签与运输标志的组合使用

当危险货物采用包装运输（非散货运输）时，不可避免需要同时考虑张贴安全标签和运输标签。然而，在两者组合使用时，需满足相关规则与要求。通常分为以下两种情况。

（一）单一容器使用方法

单一包装又称单一容器，顾名思义就是指承载货物的容器直接进行运输的包装方式。危险货物在此种包装条件下进行运输时，需要在包装上同时张贴运输标签及安全标签，缺一不可。在张贴过程中，运输标签可以放在安全标签的另一面版，将之与其他信息分开，如图9-2所示；也可将运输标签放在安全标签的同一面版与之靠近的位置，针对这种情况，若安全标签的象形图与运输标签所代表的危害性质相同时，安全标签中对应的象形图则应删除。

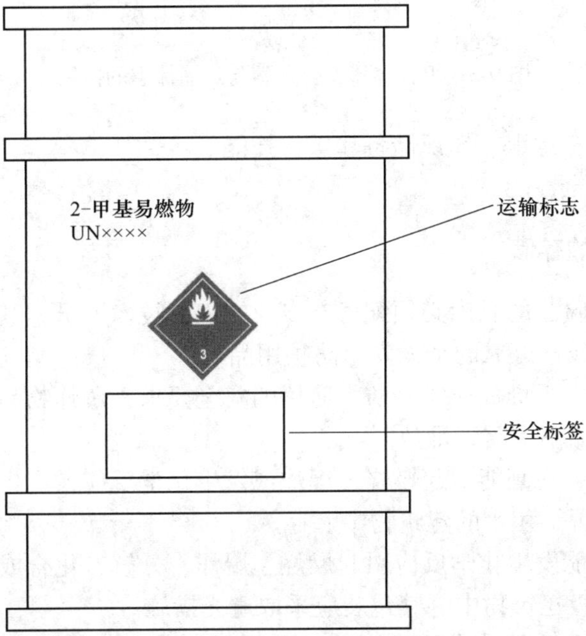

图9-2　单一容器安全标签与运输标志的使用

（二）组合容器使用方法

组合包装又称为组合容器，是为了运输目的而组合在一起的一组包装，一般由一个外包装和一个或多个内包装组成。采用组合包装运输时，内包装要求加贴安全标签，外包装则仅需加贴运输标签，如图9-3所示。同时，仅针对此种情况，内包装中的象形图可由代表相同含义的运输标签替代。当货物属于普通货物时，则外包装无需加贴运输标签。

五、危险化学品的防护

（1）熟悉、研究并严格执行相关的法律法规，建立符合企业自身的相关规章制度。
（2）加强人员培训，确保与危险化学品管理、操作、运输的相关人员具备相关资质。

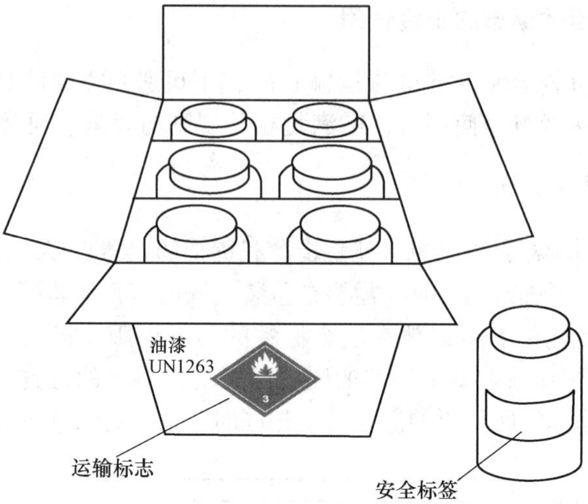

图 9-3　组合容器安全标签与运输标志的使用

（3）提高人员安全意识、知识储备和操作技能。

（4）提升设备安全性能。

六、危险化学品的存储

（1）贮存化学危险品的仓库必须配备有专业知识的技术人员，其库房及场所应设专人管理，管理人员必须配备可靠的个人安全防护用品。

（2）化学危险品露天堆放应符合防火防爆的安全要求，爆炸物品、一级易燃物品、遇湿燃烧物品、剧毒物品不得露天堆放。

（3）遇火、遇热、遇潮能引起燃烧、爆炸或发生化学反应，产生有毒气体的化学危险品不得在露天或在潮湿、积水的建筑物中贮存。

（4）受日光照射能发生化学反应引起燃烧、爆炸、分解、化合或能产生有毒气体的化学危险品应贮存在一级建筑物中。其包装应采取避光措施。

（5）爆炸物品不准和其他类物品同贮，必须要单独隔离限量贮存，仓库不准建在城镇，还应与周围建筑、交通干道、输电线路保持一定安全距离。

（6）压缩气体和液化气体必须与爆炸物品、氧化剂、易燃物品、自燃物品、腐蚀性物品隔离贮存。易燃气体不得与助燃气体、剧毒气体同贮。

（7）氧气不得与油脂混合贮存，盛装液化气体的容器属压力容器的，必须有压力表、安全阀、紧急切断装置，并定期检查，不得超装。

（8）易燃液体、遇湿易燃物品、易燃固体不得与氧化剂混合贮存，具有还原性氧化剂应单独存放。

（9）有毒物品应贮存在阴凉、通风、干燥的场所，不要露天存放，不要接近酸类物质。

（10）腐蚀性物品，包装必须严密，不允许泄漏，严禁与液化气体和其他物品共存。

七、发生危险化学品事故采取的应急处置措施

发生生产安全事故后，生产经营单位应当立即启动生产安全事故应急救援预案，采取下列一项或者多项应急救援措施，并按照国家有关规定报告事故情况：

（1）迅速控制危险源，组织抢救遇险人员。

（2）根据事故危害程度，组织现场人员撤离或者采取可能的应急措施后撤离。

（3）及时通知可能受到事故影响的单位和人员。

（4）采取必要措施，防止事故危害扩大和次生、衍生灾害发生。

（5）根据需要请求邻近的应急救援队伍参加救援，并向参加救援的应急救援队伍提供相关技术资料、信息和处置方法。

（6）维护事故现场秩序，保护事故现场和相关证据。

（7）法律、法规规定的其他应急救援措施。

八、案例

案例 1：一起浓硫酸烧伤事故

2011 年某月某日 9 时 05 分左右，某氯碱化工厂指挥者李某在检修过程中安排一人拆卸过滤器前后压力表下手阀，当时王某在装置东监护施工队更换非净化风管线，李某让王某过来帮忙，王某与李某一同拆卸阀门，这时经过的聂某在一边帮忙递工具。当李某和王某把阀门螺栓都拆除后，李某用双手掰阀门，没有掰动，这时乔某从外操室出来，便让李某、王某、聂某让开，三人后退两步，这时，乔某便使劲向阀门上踢了一脚，阀门掉了，但管线内带压的介质浓硫酸便喷溅到四人身上（四人均未穿防酸碱服装），造成王某小腹表皮严重灼伤（冲洗不当），乔某两大腿上部严重灼伤，李某、聂某胳膊、脸部有轻微灼伤点。

案例 2：某公司“3·21”特别重大爆炸事故调查报告

1. 事故概况

2019 年 3 月 21 日 14 时 48 分，位于江苏省盐城市响水县生态化工园区的某公司发生特别重大爆炸事故，造成 78 人死亡、76 人重伤，640 人住院治疗，直接经济损失 198635. 07 万元。

2. 事故经过

事故调查组调取了 2019 年 2 月 21 日现场有关视频，发现有 5 处视频记录了事故发生过程。

（1）“6 号罐区”视频监控显示：14 时 45 分 35 秒，旧固废库房顶中部冒出淡白烟，如图 9-4 所示。

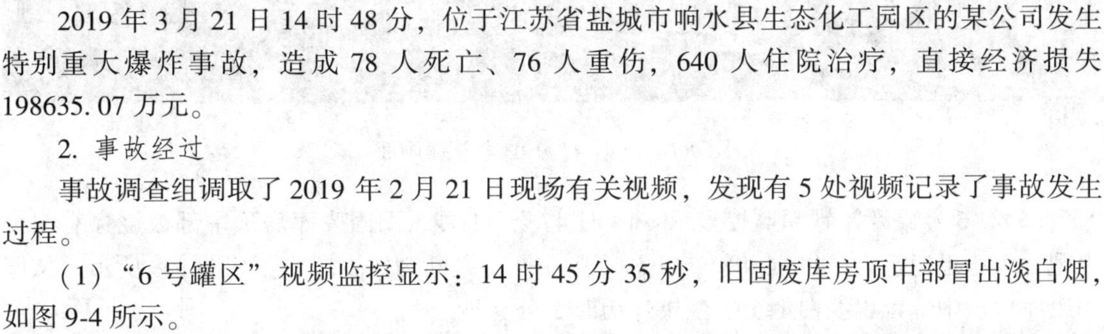

图 9-4　14 时 45 分 35 秒视频画面

（2）“新固废库外南”视频监控显示：14 时 45 分 56 秒，有烟气从旧固废库南门内由东向西向外扩散，并逐渐蔓延扩大，如图 9-5 所示。

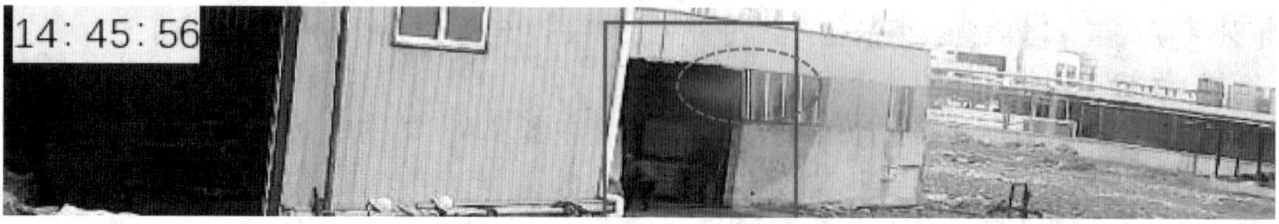

图 9-5　14 时 45 分 56 秒视频画面

（3）“新固废库内南”视频监控显示：14 时 46 分 57 秒，新固废库内作业人员发现火情，手提两个灭火器从仓库北门向南门跑去试图灭火，如图 9-6 所示。

图 9-6　14 时 46 分 57 秒视频画面

（4）“6 号罐区”视频监控显示：14 时 47 分 03 秒，旧固废库房顶南侧冒出较浓的黑烟，如图 9-7 所示。

图 9-7　14 时 47 分 03 秒视频画面

（5）“6 号罐区”视频监控显示：14 时 47 分 11 秒，旧固废库房顶中部被烧穿有明火出现，火势迅速扩大。14 时 48 分 44 秒视频中断，判断为发生爆炸，如图 9-8 所示。从旧固废库房顶中部冒出淡白烟至发生爆炸历时 3 分 9 秒。

图 9-8　14 时 47 分 11 秒视频画面

3. 事故直接原因

事故调查组通过深入调查和综合分析认定，事故的直接原因是该公司旧固废库内长期违法贮存的硝化废料持续积热升温导致自燃，燃烧引发硝化废料爆炸起火。事故调查组通过调查逐一排除了其他起火原因，认定为硝化废料分解自燃起火。经对样品进行热安全性分析，硝化废料具有自分解特性，分解时释放热量，且分解速率随温度升高而加快。实验数据表明，绝热条件下，硝化废料的贮存时间越长，越容易发生自燃。该公司旧固废库内贮存的硝化废料，最长贮存时间超过七年。在堆垛紧密、通风不良的情况下，长期堆积的硝化废料内部因热量累积，温度不断升高，当上升至自燃温度时发生自燃，火势迅速蔓延至整个堆垛，堆垛表面快速燃烧，内部温度快速升高，硝化废料剧烈分解发生爆炸，同时殉爆库房内的所有硝化废料，共计约 600t 袋（1t 袋可装约 1t 货物）。

4. 事故现场破坏情况

根据现场破坏情况，将事故现场划分为事故中心区和爆炸波及区。事故中心区北至纬一路，南至大和路，西至江苏之江化工有限公司，东至 301 县道，面积约为 0.5km^2。爆炸形成了直径 120m 积水覆盖的圆形坑。排水后发现爆炸形成以该公司旧固废库硝化废料堆垛区为中心基准点，直径 75m、深 1.7m 爆坑。

爆炸中心 300m 范围内的绝大多数化工生产装置、建构筑物被摧毁，造成重大人员伤亡。事故引发周边 8 处起火。

中国地震台网测得此次爆炸引发 2.2 级地震。经测算，此次事故爆炸总能量约为 260t TNT 当量。

5. 企业主要问题

该公司无视国家环境保护和安全生产法律法规，长期违法违规贮存、处置硝化废料，企业管理混乱，是事故发生的主要原因。

（1）刻意瞒报硝化废料。在明知硝化废料具有燃烧、爆炸、毒性等危险特性情况下，始终未向环保（生态环境）部门申报登记，甚至通过在旧固废库内硝化废料堆垛前摆放“硝化半成品”牌子、在硝化废料吨袋上贴“硝化粗品”标签的方式刻意隐瞒欺骗。

（2）长期违法贮存硝化废料。没有按危险废物要求进行管理，而是将大量的硝化废料长期存放于不具备贮存条件的煤棚、固废仓库等场所，超时贮存问题严重，最长贮存时间甚至超过 7 年。

（3）违法处置固体废物。多次违法掩埋、转移固体废物，偷排含硝化废料的废水。

（4）固废和废液焚烧项目长期违法运行。以调试、试生产名义长期违法焚烧硝化废料，每个月焚烧 25 天以上。

（5）安全生产严重违法违规。在实际控制人犯罪判刑不具备担任主要负责人法定资质的情况下，让硝化车间主任挂名法定代表人，严重不诚信。

任务四　有限空间安全

一、有限空间包含的分类

（1）密闭设备：包含锅炉、烟道、除尘器、脱硫吸收塔、贮罐、压力容器、管道、风机塔筒、风机机舱、车载槽罐、反应塔（釜）、冷藏箱、船舱内等。

（2）地上有限空间：如化学品或溶液罐（池）、配电室、渣仓、灰仓、石膏仓、储藏室、发酵池、垃圾站、温室、冷库、粮仓、料仓等封闭空间。

（3）地下有限空间：如地下管道、地下室、地下仓库、地下工程、暗沟、隧道、涵洞、地坑、废井、地窖、污水池（井）、沼气池、化粪池、下水道等。

二、一般缺氧危险作业要求与安全防护措施

（一）作业前

当从事具有缺氧危险的作业时，按照先检测后作业的原则，在作业开始前，必须准确测定作业场所空气中的氧含量，并记录下列各项：

（1）测定日期。

（2）测定时间。

（3）测定地点。

（4）测定方法和仪器。

（5）测定时的现场条件。

（6）测定次数。

（7）测定结果。

（8）测定人员和记录人员。

在准确测定氧含量前，严禁进入该作业场所，根据测定结果采取相应措施，并记录所采取措施的要点及效果。

（二）作业中

在作业进行中应监测作业场所空气中氧含量的变化并随时采取必要措施。在氧含量可能发生变化的作业中应保持必要的测定次数或连续监测。

（三）主要防护措施

（1）监测人员必须装备准确可靠的分析仪器，并且应定期标定、维护，仪器的标定和维护应符合相关国家标准的要求。

（2）在已确定为缺氧作业环境的作业场所，必须采取充分的通风换气措施，使该环境空气中氧含量在作业过程中始终保持在 0.195 以上，严禁用纯氧进行通风换气。

（3）作业人员必须配备并使用空气呼吸器或软管面具等隔离式呼吸保护器具。严禁使用过滤式面具。

（4）当存在因缺氧而坠落的危险时，作业人员必须使用安全带（绳），并在适当位置可靠地安装必要的安全绳网设备。

（5）在每次作业前，必须仔细检查呼吸器具和安全带（绳）。发现异常应立即更换，严禁勉强使用。

（6）在作业人员进入缺氧作业场所前和离开时应准确清点人数。

（7）在存在缺氧危险作业时，必须安排监护人员。监护人员应密切监视作业状况，不得离岗。发现异常情况，应及时采取有效的措施。

（8）作业人员与监护人员应事先规定明确的联络信号，并保持有效联络。

（9）如果作业现场的缺氧危险可能影响附近作业场所人员的安全时，应及时通知这些作业场所。

（10）严禁无关人员进入缺氧作业场所，并应在醒目处做好标志。

三、特殊缺氧危险作业要求与安全防护措施

当作业场所空气中同时存在有害气体时，必须在测定氧含量的同时测定有害气体的含量，并根据测定结果采取相应的措施。在作业场所的空气质量达到标准后方可作业。

在进行钻探、挖掘隧道等作业时，必须用试钻等方法进行预测调查。发现有硫化氢、二氧化碳或甲烷等有害气体逸出时，应先确定处理方法，调整作业方案，再进行作业。防止作业人员因上述气体逸出而患缺氧中毒综合征。

在密闭容器内使用氩、二氧化碳或氦气进行焊接作业时，必须在作业过程中通风换气，使氧含量保持在 0.195 以上。

在通风条件差的作业场所，如地下室、船舱等，配制二氧化碳灭火器时，应将灭火器放置牢固，禁止随便启动，防止二氧化碳意外泄出。在放置灭火器的位置应设立明显的标志。

当作业人员在特殊场所（如冷库等密闭设备）内部作业时，如果供作业人员出入的门或窗不能很容易地从内部打开而又无通信、报警装置时，严禁关闭门或窗。

当作业人员在与输送管道连接的密闭设备内部作业时，必须严密关闭阀门，或者装好盲板。输送有害物质的管道的阀门应有人看守或在醒目处设立禁止启动的标志。

当作业人员在密闭设备内作业时，一般应打开出入口的门或盖。如果设备与正在抽气或已经处于负压状态的管路相通时，严禁关闭出入口的门或盖。

在地下进行压气作业时，应防止缺氧空气泄漏至作业场所。如与作业场所相通的空间中存在缺氧空气，应直接排出，防止缺氧空气进入作业场所。

四、有限空间防火

《涂装作业安全规程　有限空间作业安全技术要求》（GB 12942—2006）第 5.1.3 条规定：“严禁火种或可燃物落入有限空间；警戒区内应按 GBJ 140 设置灭火器材，专职安全员应定期检查，以保持有效状态；专职安全员和消防员应在警戒区定时巡回检查、监护安全生产。”

《涂装作业安全规程　有限空间作业安全技术要求》（GB 12942—2006）第 5.1.7 条规定：“在有限空间进行涂装作业时，不论是否存在可燃性气体或粉尘，都应严禁携带能产生烟气、明火、电火花的器具或火种进入有限空间。”

五、有限空间气体测量数值要求

有限空间不同气体性质及危害见表 9-10。

表 9-10　有限空间不同气体性质及危害

序号	气体名称	理化特性	危　害
1	硫化氢 H_2S	高毒、无色、有恶臭的气体，溶于水。熔点：-82.9℃，沸点：-61.8℃	1. 爆炸极限（V%）：4.3%～45.5%。 2. 强烈的神经毒物，对黏膜有强烈刺激作用
2	一氧化碳 CO	无色无味的气体，密度比空气略小，不溶于水。具有可燃性、毒性	1. 爆炸极限（V%）：12.5%～74.2%。 2. 一氧化碳在血中与血红蛋白结合引起组织缺氧，造成急性中毒
3	氨气 NH_3	有刺激性气味的无色、有毒气体，极易溶于水，易液化	1. 爆炸极限（V%）：16%～25%。 2. 氨气主要经呼吸道吸入中毒
4	二氧化硫 SO_2	无色有毒气体，有强烈刺激性气味。易液化，易溶于水	被湿润的黏膜表面吸收生成亚硫酸、硫酸。对眼及呼吸道黏膜有强烈的刺激作用。大量吸入可引起肺水肿、喉水肿、声带痉挛而致窒息
5	甲烷 CH_4（天然气）	无色、无味的气体。熔点：-182.5℃，沸点：161.5℃	浓度过高时，使空气中氧含量明显降低，使人窒息。当空气中甲烷达 25%～30%时，可引起头痛、头晕、乏力、注意力不集中、呼吸和心跳加速、共济失调

六、安全教育与培训

（1）对作业负责人的缺氧作业安全教育应包括如下内容：

1）与缺氧作业有关的法律法规。

2）产生缺氧危险的原因、缺氧症的症状、职业禁忌证、防止措施以及缺氧症的急救知识。

3）防护用品、呼吸保护器具及抢救装置的使用、检查和维护常识。

4）作业场所空气中氧气的浓度及有害物质的测定方法。

5）事故应急措施与事故应急预案。

（2）对作业人员和监护人员的安全教育应包括如下的内容：

1）缺氧场所的窒息危险性和安全作业的要求。

2）防护用品、呼吸保护器具及抢救装置的使用知识。

3）事故应急措施与事故应急预案。

七、事故应急救援

对缺氧危险作业场所应制定事故应急救援预案。当发现缺氧危险时，必须立即停止作业，让作业人员迅速离开作业现场，作业人员和抢救人员必须立即使用隔离式呼吸保护器具。在存在缺氧危险的作业场所，必须配备抢救器具。如：呼吸器、梯子、绳缆以及其他必要的器具和设备。以便在非常情况下抢救作业人员。对已患缺氧症的作业人员应立即给予急救和医疗处理。

八、事故案例

案例 1：2021 年 9 月 11 日，山西省太原市小店区汾东大街坞城南路以西 350m 处，太原市普利华电力工程有限公司在“太原经济技术开发区地块 2016-4 唐槐园住宅小区（二期、三期）供电工程”进行电缆井排水作业过程中发生一起较大中毒事故，造成 3 人遇难，直接经济损失 296 万余元。

事故原因为事故电缆井内存有较深的雨、污水混合水体，经过长时间厌氧发酵，生成较高浓度的硫化氢气体，作业人员未采取通风、检测措施，未佩戴个体防护用品进入井内，1 人吸入硫化氢气体中毒并倒入水中后，其他 2 人先后盲目施救，最终导致 2 人中毒死亡、1 人中毒合并淹溺死亡。

案例 2：某年 7 月 22 日上午，某涂装施工队（外包施工单位）杨某在某船舶修造厂在建的船底舱甲板下压载舱内进行喷漆涂装作业，相邻舱室为左舷边舱，两舱仅以钢板隔开，钢板留有缝隙。同时，管道施工队在左舷边舱内对钢板缝隙进行焊接，作业现场没有采取防火隔离措施。6 时 15 分左右，压载舱内油漆苯蒸气与空气混合达到一定的浓度，遇到电焊产生的火星发生爆炸，爆炸产生的强大冲击波把杨某抛出压载舱，造成杨某当场死亡。

案例 3：某公司检修人员，准备进行地下污水池清淤工作（有限空间作业），作业前工作人员对有毒有害气体进行了测试，各项指标符合要求。作业中由于前池清淤工作中造成有毒有害气体释放条件改变（硫化氢溶于水，污水池中存留的污水被搅动后硫化氢气体析出），且工作人员未按规定佩戴有毒有害气体专用防护用品，引发 1 名施工人员暂时性窒息，被送往医院救治。

任务五　检修作业安全

一、检修作业管理

检修工作中的安全管理是比较复杂的，做好作业前预先分析、作业中监督、作业后复查，不给后续作业留隐患，现场检修作业是有安全保障的。

（一）检修管理的基本原则

（1）检修工作要严格执行工作票制度，严禁无票作业。

（2）工作票签发人、工作负责人和工作许可人要各负其责，保证检修工作中安全措施的有效落实、人员行为和状态有效管控、危险点深入分析和交底、防范设备和系统试运行中可能发生的问题。

（3）对相关技术和工艺进行培训，保证设备检修的质量和进度。

（4）建立整体的检修管理体系，保证检修工作中人员、物资和资金的有效调度，发挥对检修工程中的违规行为的制止和惩戒作用。

（5）保持检修过程中工器具和施工设备的管理，做到合格有效和定置定位管理。

（二）检修工作相关人员安全职责

（1）工作许可人的安全职责。

1）确认工作票所列安全措施正确完备，符合现场条件，检修设备与运行设备确已隔断。

2）确认检修设备无突然来电的危险，其安全措施确已完善和正确地执行。

3）对工作票所列内容有疑问，应向工作票负责人、签发人询问清楚，必要时应要求补充。

4）对工作负责人正确说明哪些设备有压力、高温、有爆炸危险、指明工作地点带电部位等。

（2）工作负责人的安全职责。

1）正确和安全地组织工作。

2）检修工作开始以前，工作许可人和工作负责人应共同到现场检查安全措施确已正确地执行，然后在工作票上签字，才允许开始工作。

3）工作前对班组成员进行危险点告知，交代安全措施和技术措施，并确认每一个工作班成员都已知晓；检查工作班成员精神状态是否良好。

4）对工作人员给予必要指导。

5）随时检查工作人员在工作过程中是否遵守安全工作规程和安全措施。

6）督促、监护工作班成员遵守规程，正确使用劳动防护用品和执行现场安全措施。

（3）工作签发人的安全职责。

1）工作是否必要和可能。

2）工作票上所填写的安全措施是否正确和完善。

3）经常到现场检查工作是否安全地进行。

（4）值班负责人（运行班长、单元长）的安全职责。对工作票的许可至终结程序执行负责；对工作票所列安全措施的完备、正确执行负责；对工作结束后的安全措施拆除与保留情况的准确填写和执行情况负责。

（5）工作班成员的安全职责。工作前认真学习安全工作规程、运行和检修工艺规程中与本作业项目有关规定、要求；参加危险点分析；提出控制措施，并严格落实；遵守安全规程和规章制度，规范作业行为，确保自身、他人和设备安全。

（三）设备检修类别

（1）日常维护。对设备进行巡检和点检，随时发现运行中出现的问题，消除设备故障隐患。

（2）事故检修。设备在正常运行中发生故障，必须立即停止运行进行恢复性检修。

（3）停车检修。设备按照计划停止运行，对设备进行全面的检查、清扫、测量和修理，消除系统的缺陷。

（4）临时检修。不在计划安排之内，设备在运行中出现了故障隐患，经申请同意，设备停车进行检修。

二、操作票管理

操作票是指导和规范从事电气、热力、水力系统设备的启停、调整、切换、隔断及电气设备的停、送倒换操作、在运行中的热控工程师站改变逻辑状态操作等操作的标准化的执行文件。

（一）操作票的种类

操作票按其使用对象的不同分为电气操作票和热机、热控操作票、水力机械操作票；按操作的频率和稳定性分为典型操作票和常用操作票。

（二）操作票的执行流程

电气、热力操作票由操作人创建或填写，监护人审核，运行机组长（班长）值班负责人审查批准，值长下令后执行。操作票的执行流程如图 9-9 所示。

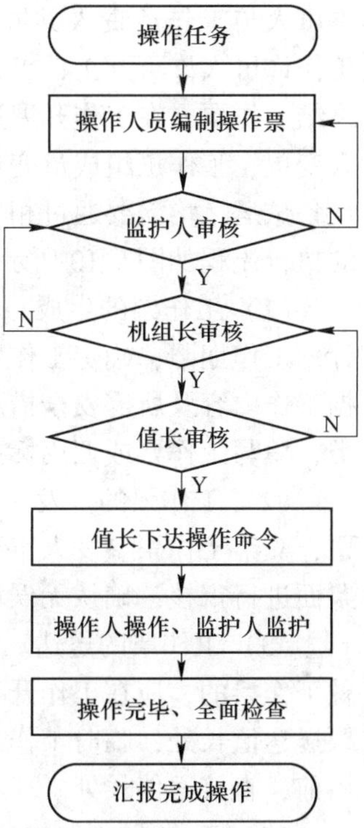

图 9-9　操作票的执行流程

（三）操作票的执行要求

（1）操作人员必须由经考试合格有操作权的运行值班人员担任。监护人由有操作权的技术水平较高的人员担任。重要设备、系统的操作应由机组长、班长以上人员监护。

（2）每张操作票只允许填写一项操作任务，杜绝错别字的同时使用标准用语，打印出的操作票不得随意涂改。

（3）填写、创建操作票时，应以规程规定、现场实际和热控系统规定为依据，按操作顺序逐项填写。

（4）操作票要分别经操作人、监护人、值班负责人（机组长）审核无误、值长签字发令后执行。

（5）操作票执行中必须认真执行操作复诵制。监护人根据操作内容对照实际设备名称唱读，操作人应手指操作设备复诵一遍，监护人认为复诵无误后发执行令，操作人方可操作。

（6）操作中必须按操作票顺序逐项执行，操作人执行完一项，监护人在该项栏中划“√”。不准颠倒操作顺序，不准多项操作任务交叉进行。操作开始时间和结束时间以及各关键项目的操作时间应填写在操作票上。

（7）操作票的发令人应对发布命令的正确性负责。值班负责人（机组长）、监护人、操作人应对操作的全过程负责。

案例：某年 11 月 17 日，某发电厂值长下令 1 号发电机解列转备用。20 时 40 分，1 号机断路器切开，发电机与系统解列。进行发电机解列后操作，由于操作人、监护人思想不集中，未按操作票进行操作，走到 2 号机小间，在没有核对设备名称、编号，也没有进行唱票和复诵的情况下，将 2 号机 02 甲、02 乙电压互感器开关拉开，造成 2 号发电机保护动作机组跳闸事故。

三、工作票管理

指为保证生产企业设备的检修工作顺利进行，保护和保障人身及设备的安全而使用的一种具有严格执行流程和规范的、必须经过一定的审核和批准手续的针对从事生产检修工作的安全措施文件。

（一）工作票执行流程

工作执行的流程是确定检修工作，由工作负责人填写工作票，工作票签发人审核签发工作票，工作许可人接受审核工作票、值长审核工作票并批准工期、工作许可人布置安全措施，工作许可人与工作负责人共同检查安全措施无误后，工作许可人许可开工，工作结束后恢复安全措施终结工作票，在工作开展过程也会存在工作负责人变更、工作班组成员变更、工作票延期和检修设备试运，均需要通过相应的审批程序。工作票的执行流程如图 9-10 所示。

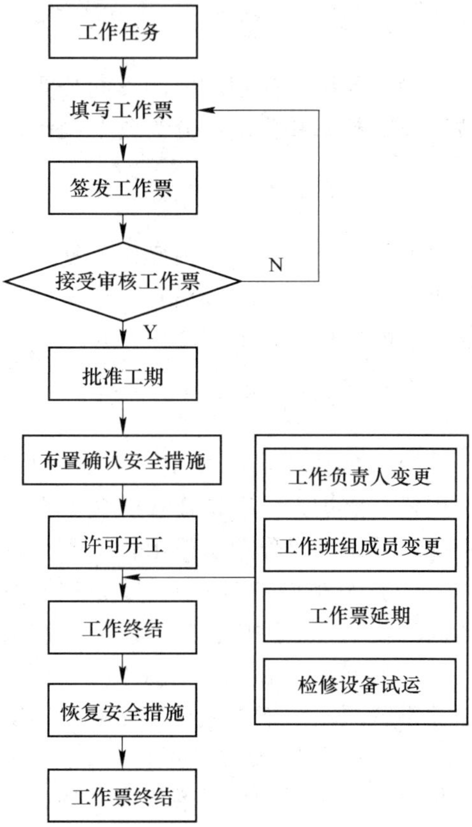

图 9-10　工作票的执行流程

（1）工作票的生成。根据工作任务的需要和计划工作期限，确定工作负责人。工作负责人根据工作内容及所需安全措施选择使用工作票的种类，填写工作票或调用标准工作票。

（2）工作票的签发。工作负责人填写好工作票，交给工作票签发人审核，由工作票签发人对票面进行审核，确认无误后签发。

（3）工作票的送达。计划工作需要办理第一种工作票的，应在工作开始前，提前一日将工作票送达值长处，临时工作或消缺工作可在工作开始前，直接送值长处。

（4）工作票的接收。值班人员接到工作票后，单元长（或值班负责人）应及时审查工作票全部内容。必要时填好补充安全措施，确认无问题后，填写收到工作票时间，并在接票人处签名。

（5）安全措施的执行。根据工作票计划开工时间、安全措施内容、机组启停计划和值长（或单元长）意见，由运行班长（或单元长）安排运行人员执行工作票所列安全措施。

（6）安全措施中如需由（电气）运行人员执行断开电源措施时，（热机）运行人员应填写停、送电联系单，（电气）运行人员应根据联系单内容布置和执行断开电源措施。措施执行完毕，填好措施完成时间，执行人签名后，通知热机运行人员，并在联系单上记录受话的热机运行人员姓名，停电联系单保存在电气运行人员处备查，热机运行人员接到通知后，应做好记录。对于集控运行的单元机组，运行人员填写电气倒闸操作票并经审查后即可执行。严禁口头联系或临时停、送电。

（7）现场措施执行完毕后，登记在工作票记录本中。

（8）工作许可。检修工作开始前，工作许可人会同工作负责人共同到现场对照工作票逐项检查，确认所列安全措施完善和正确执行。工作许可人向工作负责人详细说明哪些设备带电、有压力、高温、爆炸和触电危险等，双方共同签字完成工作票许可手续。开工后，严禁运行或检修人员单方面变动安全措施。

（9）工作监护。开工后，工作负责人应在工作现场认真履行自己的安全职责，认真监护工作全过程，工作负责人因故暂时离开工作地点时，应指定能胜任的人员临时代替并将工作票交其执有，交代注意事项并告知全体工作班人员，原工作负责人返回工作地点时也应履行同样交接手续；离开工作地点超过2h者，必须办理工作负责人变更手续。

（10）工作人员变更。工作班成员变更，新加入人员必须进行工作地点和工作任务、安全措施学习，由工作负责人在两张工作票的“备注”栏分别注明变更原因、变更人员姓名、时间并签名。工作负责人变更，应经工作票签发人同意并通知工作许可人，在工作票上办理变更手续。工作负责人的变更情况应记入运行值班日志。

（11）工作间断。工作间断时，工作班人员应从现场撤出，所有安全措施保持不动，工作票仍由工作负责人执存。间断后继续工作前，工作负责人应重新认真检查安全措施应符合工作票的要求，方可工作。当无工作负责人带领时，工作人员不得进入工作地点。

（12）工作延期。工作票的有效期，以值长批准的工作期限为准。工作若不能按批准工期完成时，工作负责人必须提前2h向工作许可人申明理由，办理申请延期手续。延期手续只能办理一次，如需再延期，应重新签发新的工作票。

（13）设备试运。检修后的设备应进行试运。检修设备试运工作应由工作负责人提出申请，经工作许可人同意并收回工作票，全体工作班成员撤离工作地点，由运行人员进行试运的相关工作。严禁不收回工作票，以口头方式联系试运设备。试运结束后仍然需要工作时，工作许可人和工作负责人应按“安全措施”执行栏重新履行工作许可手续后，方可恢复工作。如需要改变原工作票安全措施，应重新签发工作票。

（14）工作终结。工作结束后，工作负责人应全面检查并组织清扫整理工作现场，确认无问题后，带领工作人员撤离现场。工作许可人和工作负责人共同到现场验收，检查设备状况，有无遗留物件，是否清洁等，然后在工作票上填写工作结束时间，双方签名，工作方告终结。

（15）工作票终结。运行值班人员拆除临时围栏，取下标示牌，恢复安全措施，汇报值长（班长、机组长）。对未恢复的安全措施，汇报值长（班长、机组长）并做好记录，在工作票右上角加盖“已执行”章，工作票方告终结。

（二）工作票类型

日常工作中主要的工作票包括电气一种工作票、电气二种工作票、电气一种工作票（高压试验）、继电保护一种工作票、继电保护二种工作票、热力机械一种工作票、热力机械二种工作票、热控一种工作票、热控二种工作票、厂区施工作业工作票、特种设备检修工作票、一级动火工作票和二级动火工作票。具体使用规定如下。

（1）在热力、机械和热控设备、系统上进行安装、检修、维护、试验工作，需要对设备、系统采取安全措施或需要运行人员在运行方式、操作调整上采取保障人身、设备安全措施的工作时，必须使用热力机械工作票。

（2）火力发电厂在生产设备、系统上工作，需要将设备、系统停止运行或退出备用，由运行值班人员采取断开电源、隔断与运行设备联系的热力系统时，对检修设备进行消压、吹扫等任何一项安全措施的检修工作，应使用热力机械工作票。

（3）火力发电厂在热控电源、通信、测量、监视、调节、保护等涉及 DCS，联锁系统及设备上的工作，需要将生产设备、系统停止运行或退出备用的，使用热控工作票。

（4）水力发电厂在水力机械、设备、系统上进行安装、检修、维护、试验工作，需要对设备、系统采取安全措施的或需要运行人员在运行方式、操作调整上采取保障人身、设备安全措施的，使用水力机械工作票。

（5）水力发电厂在水力机械设备的控制电源、通讯、测量、监视、控制、调节、保护等系统的工作，使用水力自控工作票。

（6）工作票的安全措施栏可以使用附页。

（7）非集控运行发电厂，热机与电气联系进行停送电，应使用停、送电联系单。现场进行动火作业的，应根据消防规程的相关规定，同时使用动火工作票。

（三）工作票相关规定

《电业安全工作规程》（GB 26164.1—2010）第 4.2.3 条规定："各单位应每年对工作负责人、工作许可人、工作票签发人进行安全规程、运行和检修规程的培训和考试，考试合格的，经厂（公司）领导批准，予以公布。"

《电业安全工作规程》（GB 26164.1—2010）第 4.2.6 条规定："一份工作票中，工作票签发人、工作负责人和工作许可人三者不得相互兼任。1 个工作负责人不得在同一现场作业期间内担任 2 个及以上工作任务的工作负责人或工作组成员。"

《电业安全工作规程》（GB 26164.1—2010）第 4.2.10 条规定："在危及人身和设备安全的紧急情况下，经值长许可后，可以没有工作票即进行处置，但必须由运行班长（或值长）将采取的安全措施和没有工作票而必须进行工作的原因记在运行日志内。"

（四）工作票的使用

（1）工作票应使用统一格式，各单位可以根据实际情况进行补充，但不得删减。

（2）工作票一式两份，检修人员手执一份，运行人员留存一份。

（3）各单位应每年对工作负责人，工作许可人，工作票签发人进行安全规程、运行和检修规程的培训和考试，考试合格的，经厂（公司）领导批准，予以公布。

（4）工作票应用钢笔或圆珠笔填写与签发。由计算机生成的工作票可采用电子签名。

（5）工作票由工作负责人填写，工作签发人审核、签发。

（6）机组大、小修或临检时，可按设备、系统、专业工作情况使用一张工作票。

（7）一个班组在同一个设备系统上依次进行同类型的设备检修工作时，如全部安全措施不能在工作开始前一次完成，应分别办理工作票。

（8）工作票必须编号。要确保每份工作票在本厂内的编号唯一，且便于查阅、统计、分析。

（9）许可进行工作的事项（包括工作票号码、工作任务、许可工作时间及完工时间）必须记在运行班长（或值长）的操作记录簿内。

（五）填写工作票

（1）工作票的填写必须使用标准的术语，设备应注明名称及编号。

（2）票面需要填写数字的，应使用阿拉伯数字（母线可以使用罗马数字）；时间按24h计算，年度填写4位数字，月、日、时、分填写2位数字。

（3）“工作负责人”栏。工作负责人即为工作监护人，单一工作负责人或多项工作的总负责人填入此栏。

（4）“班组”栏。一个班组检修，班组栏填写工作班组全称；几个班组进行综合检修，则班组栏填写检修单位。

（5）“工作班成员”栏。应将每个工作人员的姓名填入“工作班成员”栏，超过10人的，只填写10人姓名，并写明工作班成员人数（如＊ ＊等共~人），其他人员姓名写入附页。“共~人”的总人数包括工作负责人。有监护人的应明确监护人。

（6）“工作地点”栏。写明被检修设备所在的具体地点。

（7）“工作内容”栏。描述工作内容，要求准确、清楚和完整。

（8）“计划工作时间”栏。根据工作内容和工作量，填写预计完成该项工作所需时间。

（9）“必须采取的安全措施”栏。填写检修工作应具备的安全措施，安全措施应周密、细致，不错项、不漏项。检修工作需要运行人员在运行方式、操作调整上采取的措施，以及采取隔断的安全措施，必须写入安全措施栏。不需要做安全措施则在相应栏内填写“无”，不应空白。

（10）工作票安全措施“执行情况”栏。根据“必须采取的安全措施”栏中的要求，需要运行值班人员执行的，由工作许可人完成安全措施后，在相应栏内做“√”记号，如不需要做安全措施的，工作许可人在对应的“执行情况”栏中填写“无”；需要检修作业人员执行的安全措施，由工作票填写人在相应的措施后注明“检修自理”，工作负责人完成该项安全措施后，在对应的“执行情况”栏内填写“检修自理”。

（11）“运行值班人员补充的安全措施”栏的内容包括：由于运行方式或设备缺陷需要扩大隔断范围的措施；运行人员需要采取的保障检修现场人身安全和运行设备安全的措施；补充工作票签发人（或工作负责人）提出的安全措施；提示检修人员的安全注意事项；如无补充措施，应在该栏中填写“无补充”不得空白。

（12）“批准工作结束时间”栏。由值长根据机组运行需要填写该项工作结束时间。

（13）工作许可人和工作负责人在检查核对安全措施执行无误后，由工作许可人填写“许可工作开始时间”并签名，然后工作负责人确认签名。

（14）“工作票延期”栏。工作负责人填写，当班值长（单元长）或值班负责人确认签名。

（15）“允许试运时间”及“允许恢复工作时间”栏。当班工作许可人填写并签名，工作负责人确认签名。

（16）“工作终结时间”栏。工作负责人填写并签名，工作许可人签名确认。

（17）使用热控工作票和水力自控工作票时，“需要退出热工保护或自动装置名称”栏由工作负责人填写，同时填写主保护退、投申请单，履行审批手续，并将审批单附在工作票后。

（18）“备注”栏填写内容。需要特殊注明以及仍需说明的交代事项，如该份工作票因故未执行，电气第一种工作票中接地线未拆除等情况的原因等；中途增加工作成员的情况；其他需要说明的事项。

（19）每份工作票签发人和许可人修改不得超过两处。其中设备名称、编号、接地线位置、日期、时间、动词以及人员姓名不得改动。工作票票面修改处应有修改人员签名或盖章。

（六）工作票的管理

（1）工作票实施分级管理、逐级负责的管理原则。运行、检修主管部门应是确保工作票正确实施的最终责任部门。安全监督部门是工作票的监督考核部门，对执行全过程进行监督，并对责任部门进行考核。

（2）发电企业领导应定期组织综合分析执行工作票过程中存在的问题，提出改进措施。

（3）已执行的工作票应由各单位指定部门按编号顺序收存，至少保存 3 个月。

四、检修工作中安全问题防范

检修工作中的安全问题防范主要有以下几方面：

（1）人员思想状态不稳。工作负责人要对言行、情绪表现非正常状况的成员进行沟通、谈心，帮助消除或平息思想上的不正常波动，保持良好的工作心态，否则不能进入生产现场进行作业。

（2）人员精神状态不佳。对参加检修工作的人员，工作负责人要观察、了解成员精神状态，对酒后上班、睡眠不足、过度劳累、健康欠佳等成员严禁进入工作现场。

（3）防止高空坠落。人员站在 1. 5m 及以上设备本体上工作时应使用安全带，安全带在使用前应进行检查合格，并将安全带挂在腰部以上牢固的物体上。需要在高空改变作业位置时，安全带不能解除或采用双绳安全带。

多人作业时，应避免多条安全带挂于同一地点，安全带不能低挂高用。在脚手架上工作，脚手架要验收合格，防止搭设不牢固倒架。工作人员不应有妨碍高处作业的病症，遇精神异常和身体异常应立即禁止作业。

（4）人身触电。湿手严禁触碰任何电气设备；工作前检查电动工器具电源线绝缘良好，电源线无破损，并配用漏电保护器；临时用电严格执行相关规定，严禁私自乱接；检修工作暂时停止时，必须关掉电动工器具开关；接引电源中，应由专业人员接引，不得私自接引并使用漏电保护器，电源线无破损；从事相关电气作业，应穿绝缘鞋、戴绝缘皮手套；在特别潮湿或周围均属金属导体的地方工作时，如在汽包、凝汽器、加热器、蒸发器、除氧器以及其他金属容器或水箱等内部，行灯的电压不准超过 12V，行灯变压器的外壳应可靠地接地，不准使用自耦变压器；电气设备检修时应做好验电工作，验电时，应使用相应电压等级且合格的验电器。当验明设备无电压后，应立即将检修设备接地并三相短路；使用兆欧表测量设备绝缘时，应有两人进行，验明无电后，方可进行工作。在测量绝缘前后，必须将被测设备对地放电；在带电设备附近测量绝缘时，测量人员和兆欧表须保持安全距离；高压电气设备附近检修时，要保持人和设备与带电高压设备的距离；金属容器内进行电焊时焊工应避免与铁件接触，要站立在橡胶绝缘垫上或穿橡胶绝缘鞋，并穿干燥的工作服；行灯用的变压器及电焊变压器均不得携入锅炉及金属容器内。

（5）落物伤人。禁止在起吊物下行走，检查检修区域上方和周围无高空落物的危险；工作地点下方应设围栏或警告标示或专人监护及其他防范措施；随时将设备上工具或杂物清理，以免掉落伤人；高处作业工具应妥善保管，较大的工具应用绳拴在牢固的构件上，常规工器具必须拴有手绳，不准随便乱放，以防止从高空坠落发生事故；检修设备和工器具等严禁上下抛掷。

（6）机械伤害。使用磨光机前应检查磨光机片完好无裂纹，使用时应戴防护面罩，换片时应断开电源或将插头拔掉，严禁戴手套在砂轮机上工作，电动工具应设安全防护罩；设备试转工作中，作业人员应检查各部防护装置，保证其牢固，否则不准启动；运行启动时，作业人应先远离站在机械的轴向位置，防止飞出伤人；检修相关系统或设备时，确认系统内无压力；拧松螺丝时，先松远离身体侧螺丝，再松近离身体侧螺丝，以防流水伤人。

（7）滑倒、跌倒。寒冷地区，卸煤车内冻煤时应有防止卸煤工人滑倒的措施；在冬季应注意扫雪和砸冰，易滑跌处可撒上炉灰以防滑倒；生产区域的积油、积水、积雪和结冰等容易使人滑倒的物质应及时清理干净；生产区域地面放置的防滑垫、防磨垫等应牢固；工作现场照明充足并有应急照明；特殊工作场所的作业人员应穿防滑的工作鞋。

（8）梯上坠落。在梯子上只能进行短时不繁重的焊接工作，禁止登在梯子的最高梯阶上进行焊接工作；脚手架应装有牢固的梯子，以便工作人员上下和运送材料；在梯子上工作时，梯与地面的斜角度为60°左右，工作人员必须登在距梯顶不少于1m的梯蹬上工作；如梯子长度不够而需将两个梯子连接使用时，须用金属卡子接紧，或用铁丝绑接牢固，靠在管子上使用的梯子，其上端须有挂钩或用绳索缚住；软梯必须每半年进行一次荷重试验，试验时以500kg的质量挂在绳索上，经过5min，若无变形或损伤即认为合格，然后才准继续使用。试验结果应作记录，由试验负责人签章。过期未做试验的软梯，不准继续使用；人在梯子上时，禁止移动梯子；在软梯上只准一个人工作。在软梯上工作的人员，衣着必须灵便，并应使用安全带，戴安全帽，带工具袋。

（9）手脚趾压伤、挤伤。严禁用手指伸入法兰内对螺孔；吊装设备时禁止将手伸入组合面内；人工抬重物时，手脚应置于不会被压住的位置；在重物滚动搬运中，放置管子应在重物移动的前方，并应有一定距离；禁止用手去拿受压的管子，以防压伤手指。

（10）有限空间作业。须先对作业的有限空间进行通风，检测氧气含量合格，且无有害气体，工作人员方可进内工作；工作人员不得少于2人，其中1人在外面监护。在有可能发生有害气体中毒的情况下，则工作人员不得少于3人，其中2人在外面监护。监护人应站在能看到或听到有限空间内工作人员的地方，以便随时进行监护。监护人不准同时担任其他工作（即专职监护），工作人员应轮换工作和休息；在管道内部或不易救护的地方工作，应使用安全带，安全带绳子的一端紧握在监护人的手中，监护人随时与管道内部工作人员保持联系；严格按要求穿戴整齐各种劳动保护用品，在可能发生有害气体的地下维护室或沟道内进行工作的人员必须戴防毒面具；工作人员应熟知气体中毒、窒息急救法；在开始工作以前，工作负责人必须检查这些地点是否安全，通风是否良好，并检查有无瓦斯存在（应用小动物、仪器或矿灯检查，不准用明火检查）；进入有限空间进行检修工作前，必须采取措施，防止气、汽、风、粉、煤、水、油等对威胁人身安全的物质进入正在作业的检修空间，有关的阀门应关严、上锁并挂警告牌；有限空间内的温度超过50℃时，不准进行工作。温度在40~50℃时，应根据身体条件轮流工作和休息。若有必要在50℃以上进行短时间的工作时，应制定出具体的安全措施并经主管生产的领导批准；进入有有害气体或温度高的地下维护室之前，应至少打开维护室的两个人孔，并在每个人孔上面放置通风筒或导风板，其中一个正对来风方向，另一个正对去风方向，以加强通风；工作人员感到不适时，应立即离开工作地点，到空气流通的地方休息；进入有限空间内的工作人员须戴安全帽，使用安全带，安全带的绳子应绑在地面牢固物体上，由监护人经常监视；在关闭有限空间前，工作负责人必须清点人员和工具，检查确认没有人员或工具、材料等遗留在内，才可关闭。

（11）中毒、窒息。需要在管母内进行作业时，必须加强通风，保持空气新鲜；在可能存在有毒物质的地点检修过程中，工作人员需佩戴防毒面具或空气呼吸器；在可能存在有毒物质的地点检修时，不准单人进行检修工作，设备解体检修前时，检修人员需穿着防护服并根据需要佩戴防毒面具或正压式空气呼吸器；受氯气轻微中毒仍能行动者，应立即离开现场，口服复方樟脑酊解毒，并在胸部用冷湿敷法救护；中毒较重者应吸氧气；如已昏迷者，应立即施行人工呼吸法，并通知医务人员急救；工作区空气中的SF6气体含量不得超过0.1%。

（12）防止着火、爆炸。使用可燃物品（如乙炔、氢气、油类、瓦斯等）的人员，必须熟悉这些材料的特性及防火防爆规则；使用中的氧气瓶和乙炔气瓶应垂直放置并固定起来，氧气瓶和乙炔气瓶的距离不得小于8m；测量现场可燃气体浓度合格后方可动火；进行使用砂轮打磨、电焊机电焊等产生火花或高温颗粒的工作时，应在易着火的部位铺设防火毯，防止火灾的发生；工作进行中和结束后要彻底消除残留火种、火源，防止火灾发生；禁止在油管道上进行焊接工作，在拆下的油管上进行焊接时，必须事先将管子冲洗干净；氢气储氢设备（包括管道系统）和发电机氢冷系统进行检修前，必须将检修部分与连接的部分隔断，加装密封的堵板，并将氢气装置置换为空气，方可进行工作，系统检修应使用防爆工具；对于存有残余油脂或可燃液体的容器，必须打开盖子，清理干净；对存有残余易燃易爆物品的容器，应先用水蒸气吹洗，或用热碱水冲洗干净，并将其盖口打开，方才准许焊接；工作场所应备有泡沫灭火器和干砂等消防工具，严禁明火；乙炔发生器距离明火及焊接工作场所至少10m，发生器附近严禁吸烟，以免发生爆炸；禁止在装有易燃物品的容器上或在油漆未干的结构或其他物体上进行焊接；禁止在储有易燃易爆物品的房间内进行焊接。在易燃易爆材料附近进行焊接时，其最小水平距离不得小于5m，并根据现场情况，采取安全可靠措施（用围屏或石棉布遮盖）；在可能引起火灾的场所附近进行焊接工作时，必须备有必要的消防器材；在密闭容器内，不准同时进行电焊及气焊工作；焊枪点火时，应先开氧气门，再开乙炔气门，立即点火，然后再调整火焰。熄火时与此操作相反，即先关乙炔气门，后关氧气门，以免回火；焊工不准将正在燃烧中的焊枪放下，如有必要时，应先将火焰熄灭；油脂和油类不准和氧气接触，以防油剧烈氧化而燃烧；进行制氢设备的维护工作时，手和衣服不应沾有油脂。

(13) 防止工器具伤人。使用工具前应进行检查，不完整的工具不准使用，认真学习各工具的正确使用方法并具备相应操作资质；大锤和手锤的锤头须完整，其表面须光滑微凸，不得有歪斜、缺口、凹入及裂纹等情形。大锤及手锤的柄须用整根的硬木制成，不准用大木料劈开制作，应装得十分牢固，并将头部用楔栓固定。锤把上不可有油污。不准戴手套或用单手抡大锤，周围不准有人靠近；用凿子凿坚硬或脆性物体时（如生铁、生铜、水泥等），须戴防护眼镜，必要时装设安全遮栏，以防碎片打伤旁人。凿子被锤击部分有伤痕不平整、沾有油污等，不准使用；砂轮必须进行定期检查。砂轮应无裂纹及其他不良情况。砂轮必须装有用钢板制成的防护罩，其强度应保证当砂轮碎裂时挡住碎块。防护罩至少要把砂轮的上半部罩住。禁止使用没有防护罩的砂轮（特殊工作需要的手提式小型砂轮除外）；使用砂轮研磨时，应戴防护眼镜或装设防护玻璃。用砂轮磨工具时应使火星向下。不准用砂轮的侧面研磨；使用时操作人员应站在锯片的侧面，锯片应缓慢地靠近被锯物件，不准用力过猛；使用钻床时，须把钻眼的物体安设牢固后，才可开始工作。清除钻孔内金属碎屑时，必须先停止钻头的转动。不准用手直接清除铁屑。使用钻床不准戴手套；使用锯床时，工件必须夹牢，长的工件两头应垫牢，并防止工件锯断时伤人；不熟悉电气工具和用具使用方法的工作人员，不准擅自使用；电气工具和用具应由专人保管，每6个月须由电气试验单位进行定期检查；使用前必须检查电线是否完好，有无接地线；坏的或绝缘不良的不准使用；使用时应按有关规定接好漏电保护器和接地线；使用中发生故障，须立即找电工修理；使用电气工具时，不准提着电气工具导线或转动部分，做好防感电坠落安全措施，因故离开工作场所或暂时停工以及临时停电，须立即切断电源。

(14) 防止起吊重物伤人。严禁特种作业人员无证上岗；起重机械只限于熟悉使用方法并经考试合格、取得起重特种作业操作证的人员使用；起吊前认真检查起吊设备（导链、钢丝绳）完好可用，确认无事后，方可工作；起吊重物必须捆牢，防止滑落吊点与重心重压，检查专用工器具无损伤；操作人员看不见信号不准操作；不可随意开动或使用起重机械和工具；起吊重物缓慢进行，以免摇晃；重物放在稳妥位置，防止倾倒流动；对临时打开的坑、孔、洞及围栏，应设明显的标志；起吊时应与带电设备保持安全距离，起吊臂不得触碰周围设备，起吊时必须有专人指挥监护。

(15) 防止烧伤烫伤。在检修以前，为避免高温介质进入容器内，应将风源、水源、气源、汽源等高温介质可靠隔断，并将被隔断的阀门上锁，挂上警告牌，检修工作负责人应检查上述措施；检修前须将容器内的汽水放掉，在松开法兰螺丝时，应小心避免正对法兰站立，以防烫伤；在锅炉运行中，不准带压对承压部件进行焊接、捻缝、紧螺丝等工作；工作服禁止使用尼龙、化纤或棉、化纤混纺的衣料制作，以防工作服遇火燃烧加重烧伤程度；燃烧室及烟道内的温度在60℃以上时，不准入内进行检修及清扫工作。

(16) 防止脚手架事故。按标准搭设脚手架，经验收合格方可使用；脚手架牢固，能够承受其上人和物的重量；脚手架所用材料符合要求，无虫蛀和机械损伤。

五、工作票中的隔离措施

隔离措施应包括须隔绝的一切气源、汽源、水源、煤源、风源、油源、电源，应加的锁和堵板，应拉开的开关、刀闸、开关控制和动力保险，应停用的继电保护压板和保险，应停用的重要保护、自动等装置；也就是要求运行值班人员在运行方式、操作调整上采取的措施以及防止检修人员中毒、窒息、气体爆燃等特殊安全措施。

任务六　安全防护用品

一、防护用品的分类

（1）头部防护用品。包括安全帽、防护口罩、焊接面罩、防护眼镜、防护耳塞、防毒面具、空气呼吸器等。

（2）身体防护用品。包括工作服、专业防护服（包括避火隔热、防尘、防腐、防静电等）、绝缘服等。

（3）手足防护用品。包括防滑、防冻、防静电、耐油、耐酸、耐高温、绝缘等手套及鞋（靴）。

（4）个人防坠落用品。包括安全带、速差自控器、缓冲器、安全自锁器、高空防坠器等。

二、防护用品的相关要求

（一）头部防护用品

（1）安全帽佩戴时必须按头围的大小调整帽箍并系紧下颚带。

（2）安全帽的使用期，从产品制造完成之日起算，玻璃钢（维纶钢）橡胶帽不超过3年。

（3）护目镜不能因镜框受热而造成镜片脱落；接触面部的部分不能有棱角；接触皮肤的部分，不能用有害的材料制作。

（4）焊接护目镜面罩观察窗滤光片、保护片的尺寸要吻合，要有很好的固定装置，不能从缝隙中漏入辐射光；铆钉及其他部件要牢固，没有松动和脱落现象，金属部件不能与人体面部接触；前挂眼镜上下掀动要方便。

（5）耳塞的结构设计应考虑到在佩戴时容易放进和取出，使用时不容易滑脱失落。耳塞的造型应考虑到不能插入外耳道太深，与外耳道各壁应轻柔贴合密封。耳塞的结构要使多数人可以佩戴，携带方便。为防失散，可以将两只耳塞用一条细绳连接。

（6）正压式消防空气呼吸器在气密性能试验后，其压力表的压力指示值在1min内的下降不应大于2MPa，当气瓶内压力下降至（5.5±0.5）MPa时，警报器应发出连续声响报警或间歇声响报警，且连续声响时间不应少于15s，间歇声响时间不应少于60s，发声声级不应小于90dB(A)。

（二）身体防护用品

（1）作业人员的着装不应有可能被转动的机器绞住的部分和可能卡住的部分，进入生产现场必须穿着材质合格的工作服，衣服和袖口必须扣好；禁止戴围巾，穿着长衣服、裙子。工作服禁止使用尼龙、化纤或棉、化纤混纺的衣料制作，以防遇火燃烧加重烧伤程度。工作人员进入生产现场，禁止穿拖鞋、凉鞋、高跟鞋；辫子、长发必须盘在工作帽内。作业接触高温物体，从事酸、碱作业，在易爆场所作业，必须穿着专用的手套、防护工作服。接触带电设备工作，必须穿绝缘鞋。

（2）防尘服开襟处使用拉链或纽扣时，不得外露。连体式或分体式防尘服应局部结构与整体结构比例协调，各部位线条流畅，造型自然；无破损、残洞、斑点、污物及其他影响服装穿用的缺损。

（3）防静电工作服外观要求无破损、斑点、污物以及其他影响服装性能上的缺陷；服装的缝合部位，缝合要仔细、紧密，其断裂强力不得小于98N。防静电工作服禁止在易燃易爆场所穿脱，禁止在防静电服上附加或佩戴任何物体。

（4）静电工作服应全部使用防静电织物，不得使用衬里。必须使用衬里（衣袋、加固布等）时，衬里的露出面积占全部防静电服内面露出面积的20%以下；超过20%（如防寒服或特殊服装）时，应做成面罩与衬里为可拆式。

（三）手足防护用品

绝缘手套、绝缘靴应每半年试验1次。

（四）防坠落防护用品

（1）安全带不应出现织带撕裂、开线、金属件碎裂、连接器开启、绳断、金属件塑性变形、缓冲器（绳）断等现象。

（2）安全带在使用前应进行检查，并应定期（每隔6个月）按批次进行静荷重试验。不合格的安全带应及时处理。使用频繁的绳，应经常做外观检查，发现异常时应立即更换新绳，带子使用期为3~5年，发现异常应提前报废。

（3）坠落自锁器导轨应保证自锁器可以上下顺畅地运动，并防止自锁器意外脱落；当自锁器使用打开装置时，导轨两端应安装挡板或类似装置防止自锁器意外脱落；自锁器应具有自动锁止功能，而不应仅靠惯性锁止；无论柔性导轨绷紧或松弛，自锁器均应能正常工作；与钢丝绳等制成的柔性导轨连接的连接绳长度不应超过0.3m，与织带、纤维绳制成的柔性导轨连接的连接绳长度不应超过1m。

（4）速差器应能自锁且冲击作用力不大于6kN，坠落距离不大于2m，应无任何元件破裂和断裂，连接器不允许打开，不应出现运动机构卡死等使速差器失效的情况。

（5）高处作业人员在从事活动范围较大（水平活动在以垂直线为中心的1.5m半径范围内）的作业时，必须使用速差自控器。高处作业人员使用绳梯或钢筋爬梯上下攀登时必须使用攀登自锁器。

任务七　职业病防护

职业病是指企业、事业单位和个体经营组织等用人单位的劳动者在职业活动中，因接触粉尘、放射性物质和其他有毒、有害因素而引起的疾病。职业病防治工作坚持预防为主、防治结合的方针，建立用人单位负责、行政机关监管、行业自律、职工参与和社会监督的机制，实行分类管理、综合治理。

一、用人单位职责

2021 年 2 月 1 日施行的《工作场所职业卫生管理规定》对用人单位在职业病防护方面做了明确规定。

职业病危害严重的用人单位，应当设置或者指定职业卫生管理机构或者组织，配备专职职业卫生管理人员。

其他存在职业病危害的用人单位，劳动者超过 100 人的，应当设置或者指定职业卫生管理机构或者组织，配备专职职业卫生管理人员；劳动者在 100 人以下的，应当配备专职或者兼职的职业卫生管理人员，负责本单位的职业病防治工作。

用人单位的主要负责人和职业卫生管理人员应当具备与本单位所从事的生产经营活动相适应的职业卫生知识和管理能力，并接受职业卫生培训。

对用人单位主要负责人、职业卫生管理人员的职业卫生培训，应当包括下列主要内容：职业卫生相关法律、法规、规章和国家职业卫生标准；职业病危害预防和控制的基本知识；职业卫生管理相关知识；国家卫生健康委规定的其他内容。

用人单位应当对劳动者进行上岗前的职业卫生培训和在岗期间的定期职业卫生培训，普及职业卫生知识，督促劳动者遵守职业病防治的法律、法规、规章、国家职业卫生标准和操作规程。

用人单位应当对职业病危害严重的岗位的劳动者，进行专门的职业卫生培训，经培训合格后方可上岗作业。

存在职业病危害的用人单位应当制定职业病危害防治计划和实施方案，建立、健全职业卫生管理制度和操作规程。

产生职业病危害的用人单位的工作场所应当符合下列基本要求：生产布局合理，有害作业与无害作业分开；工作场所与生活场所分开，工作场所不得住人；有与职业病防治工作相适应的有效防护设施；职业病危害因素的强度或者浓度符合国家职业卫生标准；有配套的更衣间、洗浴间、孕妇休息间等卫生设施；设备、工具、用具等设施符合保护劳动者生理、心理健康的要求；法律、法规、规章和国家职业卫生标准的其他规定。

用人单位工作场所存在职业病目录所列职业病的危害因素的，应当按照《职业病危害项目申报办法》的规定，及时、如实向所在地卫生健康主管部门申报职业病危害项目，并接受卫生健康主管部门的监督检查。

产生职业病危害的用人单位，应当在醒目位置设置公告栏，公布有关职业病防治的规章制度、操作规程、职业病危害事故应急救援措施和工作场所职业病危害因素检测结果。

存在或者产生职业病危害的工作场所、作业岗位、设备、设施，应当按照《工作场所职业病危害警示标识》（GBZ 158）的规定，在醒目位置设置图形、警示线、警示语句等警示标识和中文警示说明。警示说明应当载明产生职业病危害的种类、后果、预防和应急处置措施等内容。

存在或者产生高毒物品的作业岗位，应当按照《高毒物品作业岗位职业病危害告知规范》（GBZ/T 203）的规定，在醒目位置设置高毒物品告知卡，告知卡应当载明高毒物品的名称、理化特性、健康危害、防护措施及应急处理等告知内容与警示标识。

用人单位应当为劳动者提供符合国家职业卫生标准的职业病防护用品，并督促、指导劳动者按照使用规则正确佩戴、使用，不得发放钱物替代发放职业病防护用品。

用人单位应当对职业病防护用品进行经常性的维护、保养，确保防护用品有效，不得使用不符合国家职业卫生标准或者已经失效的职业病防护用品。

在可能发生急性职业损伤的有毒、有害工作场所，用人单位应当设置报警装置，配置现场急救用品、冲洗设备、应急撤离通道和必要的泄险区。

现场急救用品、冲洗设备等应当设在可能发生急性职业损伤的工作场所或者邻近地点，并在醒目位置设置清晰的标识。

在可能突然泄漏或者逸出大量有害物质的密闭或者半密闭工作场所，用人单位应当安装事故通风装置以及与事故排风系统相连锁的泄漏报警装置。

生产、销售、使用、贮存放射性同位素和射线装置的场所，应当按照国家有关规定设置明显的放射性标志，其入口处应当按照国家有关安全和防护标准的要求，设置安全和防护设施以及必要的防护安全联锁、报警装置或者工作信号。放射性装置的生产调试和使用场所，应当具有防止误操作、防止工作人员受到意外照射的安全措施。用人单位必须配备与辐射类型和辐射水平相适应的防护用品和监测仪器，包括个人剂量测量报警、固定式和便携式辐射监测、表面污染监测、流出物监测等设备，并保证可能接触放射线的工作人员佩戴个人剂量计。

用人单位应当对职业病防护设备、应急救援设施进行经常性的维护、检修和保养，定期检测其性能和效果，确保其处于正常状态，不得擅自拆除或者停止使用。

存在职业病危害的用人单位，应当实施由专人负责的工作场所职业病危害因素日常监测，确保监测系统处于正常工作状态。

职业病危害严重的用人单位，应当委托具有相应资质的职业卫生技术服务机构，每年至少进行 1 次职业病危害因素检测，每 3 年至少进行 1 次职业病危害现状评价。

职业病危害一般的用人单位，应当委托具有相应资质的职业卫生技术服务机构，每 3 年至少进行 1 次职业病危害因素检测。

用人单位在日常的职业病危害监测或者定期检测、现状评价过程中，发现工作场所职业病危害因素不符合国家职业卫生标准和卫生要求时，应当立即采取相应治理措施，确保其符合职业卫生环境和条件的要求；仍然达不到国家职业卫生标准和卫生要求的，必须停止存在职业病危害因素的作业；职业病危害因素经治理后，符合国家职业卫生标准和卫生要求的，方可重新作业。

向用人单位提供可能产生职业病危害的设备的，应当提供中文说明书，并在设备的醒目位置设置警示标识和中文警示说明。警示说明应当载明设备性能、可能产生的职业病危害、安全操作和维护注意事项、职业病防护措施等内容。

向用人单位提供可能产生职业病危害的化学品、放射性同位素和含有放射性物质的材料的，应当提供中文说明书。说明书应当载明产品特性、主要成分、存在的有害因素、可能产生的危害后果、安全使用注意事项、职业病防护和应急救治措施等内容。产品包装应当有醒目的警示标识和中文警示说明。贮存上述材料的场所应当在规定的部位设置危险物品标识或者放射性警示标识。

任何用人单位不得使用国家明令禁止使用的可能产生职业病危害的设备或者材料。

用人单位对采用的技术、工艺、材料、设备，应当知悉其可能产生的职业病危害，并采取相应的防护措施。对有职业病危害的技术、工艺、设备、材料，故意隐瞒其危害而采用的，用人单位对其所造成的职业病危害后果承担责任。

用人单位与劳动者订立劳动合同时，应当将工作过程中可能产生的职业病危害及其后果、职业病防护措施和待遇等如实告知劳动者，并在劳动合同中写明，不得隐瞒或者欺骗。

对从事接触职业病危害因素作业的劳动者，用人单位应当按照《用人单位职业健康监护监督管理办法》等有关规定组织上岗前、在岗期间、离岗时的职业健康检查，并将检查结果书面如实告知劳动者。

职业健康检查费用由用人单位承担。

用人单位应当按照《用人单位职业健康监护监督管理办法》的规定，为劳动者建立职业健康监护档案，并按照规定的期限妥善保存。

劳动者健康出现损害需要进行职业病诊断、鉴定的，用人单位应当如实提供职业病诊断、鉴定所需的劳动者职业史和职业病危害接触史、工作场所职业病危害因素检测结果和放射工作人员个人剂量监测结果等资料。

用人单位不得安排未成年工从事接触职业病危害的作业，不得安排有职业禁忌的劳动者从事其所禁忌的作业，不得安排孕期、哺乳期女职工从事对本人和胎儿、婴儿有危害的作业。

用人单位应当建立健全下列职业卫生档案资料：职业病防治责任制文件；职业卫生管理规章制度、操作规程；工作场所职业病危害因素种类清单、岗位分布以及作业人员接触情况等资料；职业病防护设施、应急救援设施基本信息，以及其配置、使用、维护、检修与更换等记录；工作场所职业病危害因素检测、评价报告与记录；职业病防护用品配备、发放、维护与更换等记录；主要负责人、职业卫生管理人员和职业病危害严重工作岗位的劳动者等相关人员职业卫生培训资料；职业病危害事故报告与应急处置记录；劳动者职业健康检查结果汇总资料，存在职业禁忌证、职业健康损害或者职业病的劳动者处理和安置情况记录；建设项目职业病防护设施“三同时”有关资料；职业病危害项目申报等有关回执或者批复文件；其他有关职业卫生管理的资料或者文件。

用人单位不得故意破坏事故现场、毁灭有关证据，不得迟报、漏报、谎报或者瞒报职业病危害事故。

二、职业危害因素

（一）职业危害的种类

（1）生产过程中的有害因素。生产过程是指按生产工艺要求的各项生产设备进行的连续生产作业，随着生产技术、机器设备、使用材料和工艺流程的变化不同而发生变化，与生产过程有关的原材料、工业毒物、粉尘、噪声、震动、高温、辐射及生物性因素有关。

1）化学因素。生产过程中使用和接触到的原料、中间产品、成品以及在生产过程中产生的废气、废水和废渣等，都可能对作业人员产生危害。主要包括工业毒物、粉尘等。

2）物理因素。物理因素是生产过程中的主要危害因素，不良的物理因素都可能对作业人员造成职业危害。主要包括高温、低温、潮湿、气压过高或过低等异常的气象条件，噪声、振动、辐射等。

3）生物因素。生产过程中使用的原料、辅料以及在作业环境中可能存在某些致病微生物和寄生虫，如炭杆菌、霉菌、布氏杆菌、森林脑炎病毒和真菌等。

（2）劳动过程中的有害因素。劳动过程是指从业人员在物质资料生产中从事的有价值的活动过程，它涉及劳动力、劳动对象、生产工具三个要素，主要与生产工艺的劳动组织情况、生产设备工具、生产制度、作业人员体位和方式以及智能化程度有关。

1）劳动组织和劳动制度的不合理，如劳动时间过长，劳动休息制度不健全或不合理等。

2）劳动中紧张度过高。如精神过度紧张，长期固定姿势造成个别器官与系统的过度紧张、单调或较长时间的重复操作，光线不足引起的视力紧张等。

3）劳动强度过大或劳动安排不当。如安排的作业与从业人员的生理状况不适应，生产定额过高，超负荷地加班加点，妇女经期、孕期、哺乳期安排不适宜的工作等。

4）不良工作体位。长时间处于某种不良的体位，如可以坐姿工作但安排站立，或使用不合理的工具、设备等，如微机操作台与座椅的高低比例不合适，低煤层挖煤工人的匍匐式作业等。

（3）生产环境中的有害因素。生产环境主要指作业环境，包括生产场地的厂房建筑结构、气流动情况、通风条件以及采光、照明等，这些环境因素都会对作业人员产生影响。

1）生产场所设计或安装不符合卫生要求或卫生标准。如厂房矮小、狭窄，门窗设计不合理等。

2）车间布局不合理。如噪声较大工序安排在办公、住宿区域，有毒工序同无毒工序安排在同一车间内，有毒、粉尘工序安排在低洼处等。

3）通风。通风条件不符合卫生要求，或缺乏必要的通风换气设备。

4）照明。车间照明、采光不符合卫生要求。

5）防尘、防毒、防暑降温。车间内缺乏必要的防尘、防毒、防暑降温措施、设备，或已经安装但不能正常使用等。

6）安全防护。安全防护措施或个人防护用品有缺陷或配备不足，造成操作者长期处于有毒有害环境中。

（二）职业危害因素的危害

职业性有害因素可能对人体造成有害影响。有害影响的产生及其大小，根据其强度（剂量）、人体与其接触机会及程度、从业人员个体因素、环境因素以及几种有害因素相互作用等条件的不同而有所不同。当有害作用不大时，人体的反应仍处于生理变化范围以内。若职业性有害因素对人体的作用超过一定的限度，并持续较长时间，则可能产生由轻到重的两种不同后果。

（1）出现职业特征。有害因素引起身体的外表改变，称为职业特征，如皮肤色素沉着、起老茧子等。这在一定程度上可以看作是机体对环境因素的代偿性反应。

（2）抗病能力下降。有害因素极可能引起人体内发生暂时性的机能改变或者出现人体抵抗力下降，较一般人群更容易患某些疾病，表现为患病率增高和病情加重。

（3）引发职业病。有害因素的作用如果达到一定程度，持续一定时间，在防护不好的情况下，将造成特定功能和器质性病理改变，引发职业病，并且可能在不同程度上影响人的劳动能力。

（三）职业病的种类

职业病是指企业、事业单位和个体经营组织的从业人员在职业活动中，因接触粉尘、放射性物质和其他有毒、有害物质等因素而引起的疾病。具体包括：

（1）尘肺。包括硅肺、煤工尘肺、石墨尘肺、炭黑尘肺、石棉肺、滑石尘肺、水泥尘肺、云母尘肺、陶工尘肺、铝尘肺、电焊工尘肺、铸工尘肺等 13 种。

（2）职业性放射性疾病。包括外照射急性放射病、外照射亚急性放射病、外照射慢性放射病、内照射放射病、放射性皮肤疾病、放射性肿瘤、放射性骨损伤、放射性甲状腺疾病、放射性性腺疾病、放射复合伤等 11 种。

（3）职业中毒。包括铅及其化合物中毒（不包括四乙基铅），汞及其化合物中毒，锰及其化合物中毒，镉及其化合物中毒，铍病，铊及其化合物中毒，钒及其化合物中毒，磷及其化合物中毒，砷及其化合物中毒，铀中毒，砷化氢中毒，氯气中毒，二氧化硫中毒，光气中毒，氨中毒，偏二甲基肼中毒，氮氧化合物中毒，一氧化碳中毒，二硫化碳中毒，硫化氢中毒，磷化氢，磷化锌、磷化铝，工业性氟病，氰及腈类化合物中毒，四乙基铅中毒，有机锡中毒，羰基镍中毒，苯中毒，甲苯中毒，二甲苯中毒，正已烷中毒，汽油中毒，一甲胺中毒，有机氟聚合物单体及其热裂解物中毒，氯乙烯中毒，四氯化碳中毒，氯乙烯中毒，三氯乙烯中毒。

（4）物理因素所致职业病。包括中暑、减压病、高原病、航空病、手臂振动病 5 种。

（5）生物因素所致职业病。包括炭疽、森林脑炎、布氏杆菌病 3 种。

（6）职业性皮肤病。包括接触性皮炎、光敏性皮炎、电光性皮炎、黑变病、痤疮、溃疡、化学性皮肤灼伤等 8 种。

（7）职业性眼病。包括化学性眼部灼伤、电光性眼炎、职业性白内障（含放射性白内障、三硝基甲苯白内障）3 种。

（8）职业性耳鼻喉口腔疾病。包括噪声聋、铬鼻病、牙酸蚀病 3 种。

（9）职业性肿瘤。包括石棉所致肺癌、间皮瘤，联苯胺所致膀胱癌，苯所致白血病，氯甲醚所致肺癌，砷所致肺癌、皮肤癌，氯乙烯所致肝血管肉瘤、焦炉工人肺癌、铬酸盐制造业工人肺癌 8 种。

（10）其他职业病。包括金属烟热、职业性哮喘、职业性变态反应性肺泡炎、棉尘病、煤矿井下工人滑囊炎 5 种。

职业病病人依法享受国家规定的职业病待遇。用人单位应当按照国家有关规定，安排职业重病病人进行治疗、康复和定期检查。用人单位对不适宜继续从事原工作的职业病病人，应当调离原岗位，并妥善安置。用人单位对从事接触职业病危害的作业的从业人员，应当给予适当的岗位津贴。

三、常见职业危害的防护

（一）生产性粉尘的危害与防治

（1）生产性粉尘对人体的危害。生产性粉尘进入人体后，根据其性质、沉积的部位和数量的不同，可引起不同的病变。

1）尘肺。长期吸入一定量的某些粉尘可引起尘肺，这是生产性粉尘引起的最严重的危害。

2）粉尘沉着症。吸入某些金属粉尘，如铁、锑、锡、钡等，达到一定量时，对人体会造成危害。

3）有机粉尘可引起变态性病变。某些有机粉尘，如发霉的稻草、羽毛等可引起间质肺炎或外源性过敏性肺泡炎以及过敏性鼻炎、皮炎、湿疹或支气管哮喘。

4）呼吸系统肿瘤。有些粉尘已被确定为致癌物，如放射性粉尘、石棉、镍、铬、砷等金属或非金属。

5）局部作用。积尘作用可使呼吸道黏膜受损，经常接触粉尘还可引起皮肤、耳、眼的疾病。粉尘堵塞皮脂腺，可使皮肤干燥，引起毛囊炎、脓皮病等。金属和磨料粉尘可引起角膜损伤，导致角膜浑浊。沥青在日光下可引起光感性皮炎。

6）中毒作用。吸入的铅、砷、锰等有毒粉尘，能在支气管和肺泡壁上溶解后被吸收，引起中毒。

（2）粉尘综合治理的八字方针。综合防尘措施可概括为八个字，即“革、水、密、风、管、教、护、检”。

1）“革”：工艺改革。以低粉尘、无粉尘物料代替高粉尘物料。以不产尘设备、低产尘设备代替高产尘设备，这是减少或消除粉尘污染的根本措施。

2）“水”：湿式作业可以有效地防止粉尘飞扬。例如，矿山开采的湿式凿岩、铸造业的湿砂造型等。

3）“密”：密闭尘源。使用密闭的生产设备或者将敞口设备改成密闭设备。这是防止和减少粉尘外逸，治理作业场所空气污染的重要措施。

4）“风”：通风排尘。受生产条件限制，设备无法密闭或密闭后仍有粉尘外逸时，要采取通风措施，将产尘点的含尘气体直接抽走，确保作业场所空气中的粉尘浓度符合国家卫生标准。

5）“管”：领导要重视防尘工作，防尘设施要改善，维护管理要加强，确保设备的良好、高效运行。

6）“教”：加强防尘工作的宣传教育，普及防尘知识，使接尘者对粉尘危害有充分的了解和认识。

7）“护”：受生产条件限制，在粉尘无法控制或高浓度粉尘条件下作业，必须合理、正确地使用防尘口罩、防尘服等个人防护用品。

8）“检”：定期对接尘人员进行体检；对从事特殊作业的人员应发放保健津贴；有作业禁忌证的人员，不得从事接尘作业。

（二）生产性毒物的危害

由于接触生产性毒物引起的中毒，称为职业中毒，生产性毒物可作用于人体的多个系统，表现在：

（1）神经系统。溶解后的铅、锰中毒可损伤运动神经、感觉神经，引起周围神经炎。震颤常见于锰中毒或急性一氧化碳中毒后遗症。重症中毒时可发生脑水肿。

（2）呼吸系统。一次吸入某些气体可引起窒息，长期吸入刺激性气体能引起慢性呼吸道炎症，可出现鼻炎、鼻中隔穿孔、咽炎、支气管炎等上呼吸道炎症。吸入大量刺激性气体可引起严重的呼吸道病变，如化学性肺水肿和肺炎。

（3）血液系统。许多毒物对血液系统能够造成损害，根据不同的毒性作用，常表现为贫血、出血、溶血、高铁血红蛋白以及白血病等。铅可引起低血色素贫血，苯及三硝基甲苯等毒物可抑制骨髓的造血功能，表现为白细胞和血小板减少，严重者发展为再生障碍性贫血。一氧化碳与血液中的血红蛋白结合形成碳氧血红蛋白，使组织缺氧。

（4）消化系统。汞盐、砷等毒物大量经口进入时，可出现腹痛、恶心、呕吐与出血性肠胃炎。铅及铊中毒时，可出现剧烈的持续性的腹绞痛，并有口腔溃疡、牙龈肿胀、牙齿松动等症状。长期吸入酸雾，牙釉质破坏、脱落，称为酸蚀症。吸入大量氟气，牙齿上出现棕色斑点，牙质脆弱，称为氟斑牙。许多损害肝脏的毒物，如四氯化碳、溴苯、三硝基甲苯等，引起急性或慢性肝病。

（5）泌尿系统。汞、铀、砷化氢、乙二醇等可引起中毒性肾病。如急性肾功能衰竭、肾病综合征和肾小管综合征等。

（6）其他。生产性毒物还可引起皮肤、眼睛、骨骼病变。许多化学物质可引起接触性皮炎、毛囊炎。接触铬、铍的工人皮肤易发生溃疡，如长期接触焦油、沥青、砷等可引起皮肤黑变病，甚至诱发皮肤癌。酸、碱等腐蚀性化学物质可引起刺激性眼炎，严重者可引起化学性灼伤，溴甲烷、有机汞、甲醇等中毒，可发生视神经萎缩，以至失明。有些工业毒物还可诱发白内障。

（三）综合防毒措施

预防职业中毒必须采取综合性的防治措施：

（1）消除毒物。从生产工艺流程中消除有毒物质，用无毒物或低毒物代替有毒或高毒物，改革能产生有害因素的工艺过程，改造技术设备，实现生产的密闭化、连续化、机械化和自动化，使作业人员脱离或减少直接接触有害物质的机会。

（2）密闭、隔离有害物质污染源，控制有害物质逸散。对逸散到作业场所的有害物质要采取通风措施，控制有害物质的飞扬、扩散。

（3）加强对有害物质的监测，控制有害物质的浓度，使其低于国家有关标准规定的最高容许浓度。

（4）加强对毒物及预防措施的宣传教育。建立健全安全生产责任制、卫生责任制和岗位责任制。

（5）加强个人防护。在存在毒物的作业场所作业，应使用防护服、防护面具、防护面罩、防尘口罩等个人防护用品。

（6）提高机体免疫力。因地制宜地开展体育锻炼，注意休息，加强营养，做好季节性多发病的预防。

（7）接触毒物作业的人员要定期进行健康检查。必要时实行转岗、换岗作业。

四、生产性噪声的危害与防治

（一）噪声对健康的危害

（1）听觉系统长期接触强烈噪声后，听觉器官首先受害，主要表现为听力下降。噪声引起的听力损伤主要与噪声的强度和接触的时间有关。听力损伤的发展过程首先是生理性反应，后出现病理改变。生理性听力下降的特点为脱离噪声环境一段时间后即可恢复，病理性的听力下降则不能完全恢复或完全不能恢复。

（2）神经系统表现出有头痛、头晕、耳鸣、心悸、易疲倦、易怒及睡眠障碍等神经衰弱综合征。

（3）心血管系统表现出心率加快或减缓，血压不稳（趋向增高），心电图呈缺血型变化的趋势。

（4）消化系统出现胃肠功能紊乱、食欲减退、消瘦、胃液分泌减少、胃肠蠕动减慢。

（二）防止噪声危害的措施

（1）噪声标准。声环境质量标准（GB 3096—2008）规定了5类声环境功能区的环境噪声限值及测量方法。按区域的使用功能特点和环境质量要求，声环境功能区分为以下5种类型。

0类声环境功能区：指康复疗养区等特别需要安静的区域。

1类声环境功能区：指以居民住宅、医疗卫生、文化教育、科研设计、行政办公为主要功能，需要保持安静的区域。

2类声环境功能区：指以商业金融、集市贸易为主要功能，或者居住、商业、工业混杂，需要维护住宅安静的区域。

3类声环境功能区：指以工业生产、仓储物流为主要功能，需要防止工业噪声对周围环境产生严重影响的区域。

4类声环境功能区：指交通干线两侧一定距离之内，需要防止交通噪声对周围环境产生严重影响的区域，包括4a类和4b类两种类型。4a类为高速公路、一级公路、二级公路、城市快速路、城市主干路、城市次干路、城市轨道交通（地面段）、内河航道两侧区域；4b类为铁路两侧区域。

（2）环境噪声限值。环境噪声限值见表9-11。

表9-11　环境噪声限值　　单位：dB(A)

声环境功能区类别		时段	
		昼间	夜间
0类		50	40
1类		55	45
2类		60	50
3类		65	55
4类	4a类	70	55
	4b类	70	60

（3）控制和消除噪声源。这是防止噪声危害的根本措施。应根据具体情况采取不同的方式解决，对鼓风机、电动机可采取隔离或移出室外；如织机、风动工具可采用改进工艺等技术措施解决，以无梭织机代替有梭织机，以焊接代替铆接，以压铸代替锻造；此外，

加强维修降低不必要的附件或松动的附件的撞击噪声。

（4）合理规划和设计厂区与厂房。产生强烈噪声的工厂与居民区以及噪声车间和非噪声车间之间应有一定距离（防护带）。

（5）控制噪声传播和反射的技术措施。

1）吸声。用多孔材料贴敷在墙壁及屋顶表面，或制成尖劈形式悬挂于屋顶或装设在墙壁上，以吸收声能达到的降低噪声强度的目的；或利用共振原理采用多孔作为吸声的墙壁结构，均能取得较好的吸声效果。

2）消声。消声是防止动力性噪声的主要措施，用于风道和排气道，常用的有阻性消声器、抗性消声器及抗阻复合消声器，消声效果较好。

3）隔声。一定的材料、结构和将声源封闭，以达到控制噪声传播的目的。常见的有隔声室、隔声罩等。

4）隔振。为了防止通过固体传播的振动性噪声，必须在机器或振动体的基础和地板、墙壁连接处设隔振或减震装置。

5）个体防护。主要保护听觉器官，在作业环境噪声强度比较高或在特殊高噪声条件下工作，佩戴个人防护用品是一项有效的防护措施。

6）定期对接触噪声的工人进行健康检查，特别是听力检查，观察听力变化情况，以便早期发现听力损伤，及时采取有效的防护措施。应进行就业前的体检，取得听力的基础材料，并对患有明显听觉器官、心血管及神经系统疾病者，禁止其参加强噪声工作。就业后半年内进行听力检查，发现有明显听力下降者应及早调离噪声作业，以后每年进行一次体检。

7）合理安排劳动和休息时间，实行工间休息制度。

五、辐射的危害与防治

（一）作业场所内的放射源对人体的危害

在一些特殊的工作场所，职工有可能接触到放射性物质（放射源），放射源发出的放射线，可作用于人体的细胞、组织和体液，直接破坏机体结构或使人体神经内分泌系统调节发生障碍。当人体受到超过一定剂量的放射线照射时，便可产生一系列的病变（放射病），严重的可造成死亡。

（二）在有放射源的工作场所工作应采取的防护措施

在有放射源的工作场所中，应采取严格的防护措施：

（1）严格遵守执行放射源使用和保管的安全操作规程与制度。

（2）严格控制辐射剂量。工作时随时检查辐射剂量，建立个人接受辐射剂量卡，保证在容许的辐射剂量下工作。

（3）缩短受照射时间，工作时可实行轮换操作制度。

（4）尽量增大与放射源的操作距离，距离越远，受辐射危害越小，如使用机械手远距离操作。

（5）采用屏蔽材料（如混凝土、铅）遮挡放射源发出的射线。

（6）操作中严格遵守个人卫生防护措施，穿戴工作服、工作帽，防止放射性物质污染皮肤或经口进入体内。

（7）加强宣传教育。学习辐射危害的卫生知识和防护措施。非相关操作人员不要盲目进入有放射源警示标志的作业场所。

（8）定期体检。对接触放射源的工作人员实行就业前健康检查和定期健康检查制度。

六、高温作业的危害和防治

（一）高温作业概念

工业生产中，常可遇到异常的气象条件，如高气温（35~38℃以上）伴有强辐射热，或高气温伴有高气湿（相对湿度超过80%）。这种条件下从事的工作，称为高温作业。

主要的高温作业有：冶金工业中炼焦、炼铁、炼钢及轧钢等；机械制造业的铸造热处理等；玻璃、搪瓷、砖瓦工业中烧制、出窑、烘房等车间，以及造纸、印染、纺织工业中的蒸煮及锅炉作业等。南方夏季的露天作业，如建筑、搬运、露天采矿及各种农田劳动等也可受到高气温和热辐射的影响，因此，也属于高温作业。

（二）高温作业对健康的危害

在高温环境下劳动时，如果高温和热辐射超过一定限度，能使人体产生不良的影响，严重者可发生中暑。中暑分为3级。

（1）先兆中暑。在高温作业场所劳动一定时间后，出现大量出汗、口渴、头昏、耳鸣、胸闷、心悸、恶心、全身疲乏、四肢无力、注意力不集中等症状，体温正常或略有升高。如能及时离开高温环境，经休息后短时间内症状即可消失。

（2）轻症中暑。除上述先兆中暑症状外，尚有下列综合征之一，并被迫不得不停止劳动者：体温在38℃以上，有面呈潮色、皮肤灼热等现象；有呼吸、循环衰竭的早期症状，如面色苍白、恶心、呕吐、大量出汗、皮肤湿冷、血压下降、脉搏细弱而快等情况。轻症中暑在4~5h内可恢复。

（3）重症中暑。除上述症状外，出现突然昏倒或痉挛；或皮肤干燥无汗，体温在40℃以上者。

（三）防暑降温措施

（1）厂矿企业应结合技术革新，改进生产工艺过程和操作过程、改善工具设备，减少高温部件、产品暴露的时间和面积，避免高温和热辐射对工人的影响。

（2）合理安排高温车间的热源。首先是疏散热源，在不影响生产工艺操作的情况下，应尽可能将各种炉子移到车间外面（主导风向的下风侧）；温度很高的生产品和半成品（如红钢锭、红热的铸件、锻件等），要尽快移运到室外主导风向下风侧；一些不能尽快运出车间的红热部件，在不影响生产工艺过程的情况下，可应用喷雾降温。新建和扩建的厂矿在合理布置热源方面，对于应用穿堂风的单跨或双跨厂房，应当把热源尽可能布置在主导风向的下风侧面，靠着背风面外墙处；室外空气进入车间时，尽可能先通过工人操作地带，然后再通过热源排出，同时，在设计厂房总体布置时，应将员工热加工车间设在夏季主导风的下风侧，对热加工车间，尽可能不设计多跨厂房；热源比较集中的三跨厂房，应当把热跨布置在中间。

（3）当各种热源发热表面的辐射热和对流热显著影响操作工人时，应尽量采取隔热措施。采取隔热措施后，其外表面温度要求不超过60℃，最好在40℃以下。

（4）高温车间的防暑降温，应当首先采用自然通风。

（5）新建、扩建厂矿高温车间的厂房建筑，为使自然通风畅通，首先应考虑建筑方位与自然通风的关系，使厂房的纵轴与夏季主导风向垂直，并防止阳光直射到工作地点。

（6）除工艺过程的要求或其他特殊需要的车间，应装设全面的机械通风，一般高温车间可利用自然通风外，还应根据温度、辐射热、气流速度的情况，在局部工作地点使用送风风扇、喷雾风扇等局部送风装置。

（7）高温、高湿及放散有害气体的车间，如铬电解、印染、缫丝车间等，应根据工艺特点，采用隔热、自然通风、机械送风及机械排风装置（隔热排雾罩等）。

（8）对于特殊高温作业场所，如高温车间的天车，应采用隔热、送风或小型空气调节器等设备（在使用空气调节器时，驾驶室内温度一般不应超过30℃，风速不应超过0.5m/s），并注意补充新鲜空气。

（9）烧砖的轮窑，不要过早出热窑，应尽量提前打开窑门和火眼盖通风，并淋水以加速砖瓦的冷却，再用风扇或喷雾风扇送风及隔热，以降低工作地点的温度和减少辐射热。

（10）要采用一些技术要求较高、投资较大的设备时，必须先经过详细的了解和设计，才能施工和安装；交工时应有验收制度，以防止效果不良，造成浪费。

（四）防暑降温保健措施

（1）对高温作业工人应进行就业前（包括新工人、临时工）和入暑前的健康检查。凡有心、肺、血管器质性疾病，持久性高血压，胃及十二指肠溃疡，活动性肺结核，肝脏病，肾脏病，肥胖病，贫血及急性传染病后身体虚弱，中枢神经系统器质性疾病者，不宜从事高温作业。

（2）炎热时期应组织医务人员深入车间、工地巡回医疗和防治观察。

（3）对高温作业和夏季露天作业者，应供给足够的合乎卫生要求的饮料、含盐饮料，其含盐浓度一般为0.1%~0.3%。清凉饮料的供应量，可根据气温、辐射强度大小和劳动强度的不同，分别供应。轻体力劳动一般每日每人供应量不宜少于2~3L，中等或重体力劳动不宜少于3~5L，但应防止暴饮。

（4）对辐射强度较大的高温作业工人，应供给耐燃、坚固、热导率较小的白色工作服，其他高温作业可根据实际需要供给工人手套、鞋、靴罩、护腿、眼镜和隔热面罩等，并加强对防护服装的清洗、修补和管理工作。

（五）防暑降温组织措施

（1）高温作业和夏季露天作业，应有合理的劳动休息制度，各地区可根据具体情况，在气温较高的情况下，适当调整作息时间。早晚工作，中午休息，尽可能白天做“凉活”，晚间做“热活”，并适当安排休息时间。

（2）在炎热季节，为保证工人的休息，减少疲劳，应注意以下几项：

1）调整工人集体宿舍，将同一班次的工人调在一起，避免互相干扰而影响睡眠。

2）开展家属的宣传教育工作，保证工人下班回家后能吃好、睡好、休息好。

3）为保证工人充分休息，尽量精简会议，做到有劳有逸，避免加班、加点。

（3）在暑季应根据生产的工艺过程，尽可能调整劳动组织，采取勤倒班的方法，缩短一次连续作业时间，加强工作中的轮换休息。

（4）高温作业车间应设工作休息室，并要求做到：

1）休息室设在工作区域内或距工作地点不远的地方，应隔绝高温和辐射热的影响。

2）休息室应有良好的通风，室内温度一般以30℃以下为宜。

3）休息室内要求设有靠椅、饮料，如有条件可增设风扇或喷雾风扇及半身淋浴等。

（5）结合"除害灭病讲卫生"，应对高温作业工人、农民加强防暑和中暑急救的宣传教育。

七、劳动防护用品的配用和维护

劳动防护用品又称"个体防护用品"。劳动防护用品是用人单位为员工个人配备的保护用品，使用后可以对个人起到保护作用，达到避免或减轻职业危害或意外事故伤害的目的，保护员工生命和健康。在某些特定作业条件下，使用个人防护用品甚至是最主要的防护措施。

（一）概述

（1）劳动防护用品。为使职工在职业活动过程中免遭或减轻事故和职业危害因素的伤害而提供的个人穿戴用品称为劳动防护用品。

（2）特种劳动防护用品。劳动防护用品分为一般劳动防护用品和特种劳动防护用品两种。1991年我国开始对部分劳动防护用品实施生产许可证制度，列入许可证目录的劳动防护用品称为特种劳动防护用品。其范围有以下几类：

1）头部护具类：安全帽。

2）呼吸护具类：防尘口罩、过滤式防毒面具、自给式空气呼吸器、长管面具等。

3）眼（面）护具类：焊接眼面防护具、防冲击眼护具等。

4）防护服类：阻燃防护服、防酸工作服、防静电工作服等。

5）防护鞋类：保护足趾安全鞋、防静电鞋和导电鞋、防刺穿鞋、胶面防砸安全靴、电绝缘鞋、耐酸碱皮鞋、耐酸碱胶靴、耐酸碱塑料模压靴。

6）防坠落护具类：安全带、安全网、密目式安全立网等。

（二）分类

（1）按防护性能分类。

1）安全帽类。是用于保护头部、防撞击、挤压伤害的护具，主要有塑料、橡胶、玻璃、胶纸、防寒和竹、藤等材料制作的安全帽。

2）呼吸护具类。是预防尘肺病等职业病的重要护品。按用途可分为防尘、防毒、供氧3类；按作用原理可分为过滤式、隔绝式2类。

3）眼防护具。用以保护作业人员的眼、面部，防止外来伤害。分为焊接用眼防护具、炉窑用眼护具、防冲击眼护具、微波防护具、激光防护镜以及防X射线、防化学、防尘等眼护具。

4）听力护具。长期在90dB(A)以上或短时在115dB(A)以上的环境中工作时必须使用听力护具。听力护具有耳塞、耳罩和帽盔三类。

5）防护鞋。用于保护足部免受伤害。目前主要产品有防砸、绝缘、防静电、耐酸碱、耐油和防滑鞋等。

6）防护手套。用于手部保护，主要有耐酸碱手套、电工绝缘手套、电焊手套、防X射线手套、石棉手套等。

7）防护服。用于保护职工免受劳动环境中物理、化学因素的伤害。防护服分为特殊防护服和一般作业服2类。

8）防坠落护具。用于防坠落事故发生，主要有安全带、安全绳和安全网等。

9）护肤用品。用于外露皮肤的保护，分为护肤膏和洗涤剂等。

（2）按防护的部位分类。依据防护的部位分，防护用品大致分为以下8类：

1）头部防护用品：防护帽、防尘帽、防寒帽、防水帽等。

2）呼吸器官防护用品：防毒面具、防尘面具等。

3）眼、面部防护用品：护目罩、护目镜等。

4）听觉器官防护用品：耳塞、耳罩、防噪头盔等。

5）手部防护用品：防酸碱手套、防静电手套、防震手套等。

6）足部防护用品：防寒鞋、防水鞋、防酸鞋、绝缘鞋等。

7）躯干部防护用品：防寒服、防水服、防静电服等。

8）皮肤防护用品：防晒膏、防冻膏、防腐膏等。

（3）按用途分类。

1）预防事故伤害防护用品：防坠落用品、防触电用品等。

2）预防职业病防护用品：防尘用品、防毒用品、防酸用品等。

（三）防护用品的配备和使用

（1）原则要求。

1）使用劳动防护用品的单位（以下简称使用单位）应为劳动者免费提供符合国家规定的劳动防护用品。

2）使用单位不得以货币或其他物品替代应当配备的劳动防护用品。

3）使用单位应教育本单位劳动者按照劳动防护用品使用规则和防护要求正确使用劳动防护用品。

4）使用单位应建立健全劳动防护用品的购买、验收、保管、发放、使用、更换、报废等管理制度；并应按照劳动防护用品的使用要求，在使用前对使用者进行使用方法的培训，以及对防护用品的防护功能进行必要的检查。

5）使用单位应到定点经营单位或生产企业购买特种劳动防护用品。购买的劳动防护用品须经本单位的安全技术部门验收。

（2）配备标准。生产企业依照《用人单位劳动防护用品管理规范》（安监总厅安健〔2015〕124号）配备劳动防护用品，也可参照地方标准配备。

（3）采购。

1）采购要求。选择有资质的供方和合格的商品，应符合以下要求：生产单位应具备国家生产许可资质；用品规格、性能符合国家标准；产品经过国家检验，有说明书和合格证；特种劳动防护用品有安全鉴定证、安全标志。

2）验收、采购的防护用品须经本单位的安全技术部门验收，确认合格后方可登记入库。

（4）劳动防护用品的配发。配发应把握好以下环节：

1）按相关规定足额配发。

2）发放的特种劳动防护用品应具有“三证”即生产许可证、合格证、安全鉴定证，以及“一标志”即安全标志。

3）禁止配发不合格、有缺陷的、过期、报废与失效的劳动防护用品。

4）按规定时间间隔发放新的替换劳动防护用品。但若发现防护用品已不适用应随时更换，不受时限限制。

5）培训。新上岗或转岗员工上岗前应接受劳动防护用品使用的培训并记录。培训内容有：①岗位劳动防护用品的配备标准。②识别劳动防护用品合格与否的标准。③正确使用的方法和要求。④保洁和清洁的方法和要求。⑤使用的必要性和不用的后果严重性等意识教育。

6）使用。使用劳动防护用品，应遵循以下步骤：①验证配发的劳动防护用品是否符合岗位配备标准。②检查劳动防护用品性能、有无外观缺陷、失效、过期。③按说明书或培训要求正确使用。④使用过程中发现劳动防护用品有异常应及时报告。⑤按期更新防护用品，及时更换不适用防护用品。

7）维护保养。妥善维护、保养，可延长防护用品的使用期限，更重要的是能保证用品的防护效果。维护保养防护用品时须注意以下事项：①定期对自己的劳动防护用品进行维护和保养。②按照说明书或培训要求去清洁保养，以免意外将其损坏。③在作业场所个人防护用品的存放应有固定的地点和位置，避免混乱和相互误用。④发现破损、过期、失效、丢失应及时报告与更换。

8）检查和监督。要重点注意以下事项：①建立防护用品检查和监督制度。②安全部门负责检查和监督管理。③开展自检、互检、定期检查和巡视检查等活动。④发现违章行为及时纠正并教育。

习　　题

9-1　机械伤害的类型有哪些？

9-2　机械工器具的使用要求有哪些？

9-3　电气伤害的类型有哪些？

9-4　发生电气事故的主要原因有哪些？

9-5　危化品有哪些分类？

9-6　危化品的储存有哪些要求？

9-7　发生危险化学品事故采取的应急处置措施有哪些？

9-8　灭火的基本方法是什么？

9-9　一般缺氧危险作业要求与安全防护措施是什么？

项目十　安 全 管 理

任务一　安全法律法规

一、安全生产法律

安全生产法律特指由全国人民代表大会及其常务委员会依照一定的立法程序制定和颁布的规范性文件。我国有关安全生产的法律包括基础法律、专门法律和相关法律等。

（一）基础法

《中华人民共和国安全生产法》是综合安全生产法律制度的法律，属于基础法，它适用于与生产经营活动安全有关的所有行为、单位、部门，是我国安全生产法律体系的核心。

（二）专门法

专门的安全生产法律是规范某一专业领域生产法律制度的法律，我国在专业领域的法律有《中华人民共和国矿山安全法》《中华人民共和国消防法》《中华人民共和国特种设备安全法》《中华人民共和国道路交通安全法》等。

（三）相关法

与安全生产相关的法律是指安全生产专门法律以外的其他法律中涵盖有安全生产内容的法律，如《中华人民共和国劳动法》《中华人民共和国煤炭法》《中华人民共和国矿产资源法》等。还有一些与安全生产监督执法工作有关的法律，如《中华人民共和国刑法》《中华人民共和国行政处罚法》《中华人民共和国行政复议法》和《中华人民共和国标准化法》等。

（四）相关法律

1.《中华人民共和国安全生产法》

本法于 2002 年 6 月 29 日第九届全国人民代表大会常务委员会第二十八次会议通过，根据 2009 年 8 月 27 日第十一届全国人民代表大会常务委员会第十次会议《关于修改部分法律的决定》第一次修正，根据 2014 年 8 月 31 日第十二届全国人民代表大会常务委员会第十次会议《关于修改〈中华人民共和国安全生产法〉的决定》第二次修正，根据 2021 年 6 月 10 日第十三届全国人民代表大会常务委员会第二十九次会议《关于修改〈中华人民共和国安全生产法〉的决定》第三次修正。安全生产法共包括 7 章 114 条，包括总则、生产经营单位的安全生产保障、从业人员的安全生产权利义务、安全生产的监督管理、生产安全事故的应急救援与调查处理、法律责任和附则。

（1）立法目的。为了加强安全生产工作，防止和减少生产安全事故，保障人民群众生命和财产安全，促进经济社会持续健康发展。

（2）适用范围。在中华人民共和国领域内从事生产经营活动的单位（以下统称生产经营单位）的安全生产，适用本法；有关法律、行政法规对消防安全和道路交通安全、铁路交通安全、水上交通安全、民用航空安全以及核与辐射安全、特种设备安全另有规定的，适用其规定。

（3）总体宗旨。安全生产工作坚持中国共产党的领导。

（4）总体方针。安全生产工作应当以人为本坚持人民至上、生命至上，坚持安全第一、预防为主、综合治理。

（5）总体机制。管行业必须管安全，管业务必须管安全，管生产经营必须管安全。

（6）生产经营单位的主要负责人对本单位安全生产工作负有下列职责：

1）建立、健全本单位安全生产责任制。

2）组织制定本单位安全生产规章制度和操作规程。

3）组织制定并实施本单位安全生产教育和培训计划。

4）保证本单位安全生产投入的有效实施。

5）督促、检查本单位的安全生产工作，及时消除生产安全事故隐患。

6）组织制定并实施本单位的生产安全事故应急救援预案。

7）及时、如实报告生产安全事故。

（7）生产经营单位的安全生产管理机构以及安全生产管理人员履行下列职责：

1）组织或者参与拟定本单位安全生产规章制度、操作规程和生产安全事故应急救援预案。

2）组织或者参与本单位安全生产教育和培训，如实记录安全生产教育和培训情况。

3）督促落实本单位重大危险源的安全管理措施。

4）组织或者参与本单位应急救援演练。

5）检查本单位的安全生产状况，及时排查生产安全事故隐患，提出改进安全生产管理的建议。

6）制止和纠正违章指挥、强令冒险作业、违反操作规程的行为。

7）督促落实本单位安全生产整改措施。

2.《中华人民共和国劳动法》

本法于1994年7月5日第八届全国人民代表大会常务委员会第八次会议通过，根据2009年8月27日第十一届全国人民代表大会常务委员会第十次会议《关于修改部分法律的决定》第一次修正，根据2018年12月29日第十三届全国人民代表大会常务委员会第七次会议《关于修改〈中华人民共和国劳动法〉等七部法律的决定》第二次修正。包括9章107条，包括总则、促进就业、劳动合同和集体合同、时间和休息休假、工资、劳动安全卫生、女职工和未成年工特殊保护、职业培训、社会保险和福利。

（1）立法目的。为了保护劳动者的合法权益，调整劳动关系，建立和维护适应社会主义市场经济的劳动制度，促进经济发展和社会进步。

（2）适用范围。在中华人民共和国境内的企业、个体经济组织（以下统称用人单位）和与之形成劳动关系的劳动者，适用本法。国家机关、事业组织、社会团体和与之建立劳动合同关系的劳动者，依照本法执行。

（3）劳动者的权利与义务。劳动者享有平等就业和选择职业的权利、取得劳动报酬的权利、休息休假的权利、获得劳动安全卫生保护的权利、接受职业技能培训的权利、享受社会保险和福利的权利、提请劳动争议处理的权利以及法律规定的其他劳动权利。劳动者应当完成劳动任务，提高职业技能，执行劳动安全卫生规程，遵守劳动纪律和职业道德。

（4）鼓励方向。国家提倡劳动者参加社会义务劳动，开展劳动竞赛和合理化建议活动，鼓励和保护劳动者进行科学研究、技术革新和发明创造，表彰和奖励劳动模范和先进工作者。

3.《中华人民共和国消防法》

本法于1998年4月29日第九届全国人民代表大会常务委员会第二次会议通过，2008年10月28日第十一届全国人民代表大会常务委员会第五次会议修订。包含7章74条，分别为总则、火灾预防、消防组织、灭火救援、监督检查、法律责任和附则。

（1）立法目的。为了预防火灾和减少火灾危害，加强应急救援工作，保护人身、财产安全，维护公共安全。

（2）工作方针。消防工作贯彻“预防为主、防消结合”的方针，按照政府统一领导、部门依法监管、单位全面负责、公民积极参与的原则，实行消防安全责任制，建立健全社会化的消防工作网络。

二、安全生产法规

（一）行政法规

安全生产行政法规是由国务院组织制定并批准公布的，是为实施安全生产法律或规范安全生产监督管理制度而制定并颁布的一系列具体规定，是实施安全生产监督管理和监察工作的重要依据。安全生产的行政法规有《国务院关于预防煤矿生产安全事故的特别规定》《煤矿安全监察条例》《危险化学品安全管理条例》《烟花爆竹安全管理条例》《生产安全事故报告和调查处理条例》和《安全生产许可证条例》等。

（二）地方法规

安全生产地方性法规是指由有立法权的地方权力机关人民代表大会及其常务委员会依照法定职权和程序制定和颁布的、施行于本行政区域的规范性文件。各省人大及其常委会通过的安全生产条例等有关国家法律法规的实施办法、条例等均属安全生产的地方法规。

（三）相关行政法规

1.《安全生产许可条例》

2004年1月13日中华人民共和国国务院令第397号公布，根据2013年7月18日《国务院关于废止和修改部分行政法规的决定》第一次修订，根据2014年7月29日《国务院关于修改部分行政法规的决定》第二次修订。

第一条　为了严格规范安全生产条件，进一步加强安全生产监督管理，防止和减少生产安全事故，根据《中华人民共和国安全生产法》的有关规定，制定本条例。

第二条　国家对矿山企业、建筑施工企业和危险化学品、烟花爆竹、民用爆炸物品生产企业（以下统称企业）实行安全生产许可制度。企业未取得安全生产许可证的，不得从事生产活动。

第三条　国务院安全生产监督管理部门负责中央管理的非煤矿矿山企业和危险化学品、烟花爆竹生产企业安全生产许可证的颁发和管理。

省、自治区、直辖市人民政府安全生产监督管理部门负责前款规定以外的非煤矿矿山企业和危险化学品、烟花爆竹生产企业安全生产许可证的颁发和管理，并接受国务院安全生产监督管理部门的指导和监督。

国家煤矿安全监察机构负责中央管理的煤矿企业安全生产许可证的颁发和管理。

在省、自治区、直辖市设立的煤矿安全监察机构负责前款规定以外的其他煤矿企业安全生产许可证的颁发和管理，并接受国家煤矿安全监察机构的指导和监督。

第四条　省、自治区、直辖市人民政府建设主管部门负责建筑施工企业安全生产许可证的颁发和管理，并接受国务院建设主管部门的指导和监督。

第五条　省、自治区、直辖市人民政府民用爆炸物品行业主管部门负责民用爆炸物品生产企业安全生产许可证的颁发和管理，并接受国务院民用爆炸物品行业主管部门的指导和监督。

第六条　企业取得安全生产许可证，应当具备下列安全生产条件：

（1）建立、健全安全生产责任制，制定完备的安全生产规章制度和操作规程；

（2）安全投入符合安全生产要求；

（3）设置安全生产管理机构，配备专职安全生产管理人员；

（4）主要负责人和安全生产管理人员经考核合格；

（5）特种作业人员经有关业务主管部门考核合格，取得特种作业操作资格证书；

（6）从业人员经安全生产教育和培训合格；

（7）依法参加工伤保险，为从业人员缴纳保险费；

（8）厂房、作业场所和安全设施、设备、工艺符合有关安全生产法律、法规、标准和规程的要求；

（9）有职业危害防治措施，并为从业人员配备符合国家标准或者行业标准的劳动防护用品；

（10）依法进行安全评价；

（11）有重大危险源检测、评估、监控措施和应急预案；

（12）有生产安全事故应急救援预案、应急救援组织或者应急救援人员，配备必要的应急救援器材、设备；

（13）法律、法规规定的其他条件。

第七条　企业进行生产前，应当依照本条例的规定向安全生产许可证颁发管理机关申请领取安全生产许可证，并提供本条例第六条规定的相关文件、资料。安全生产许可证颁发管理机关应当自收到申请之日起 45 日内审查完毕，经审查符合本条例规定的安全生产条件的，颁发安全生产许可证；不符合本条例规定的安全生产条件的，不予颁发安全生产许可证，书面通知企业并说明理由。

煤矿企业应当以矿（井）为单位，依照本条例的规定取得安全生产许可证。

第八条　安全生产许可证由国务院安全生产监督管理部门规定统一的式样。

第九条　安全生产许可证的有效期为 3 年。安全生产许可证有效期满需要延期的，企业应当于期满前 3 个月向原安全生产许可证颁发管理机关办理延期手续。

企业在安全生产许可证有效期内，严格遵守有关安全生产的法律法规，未发生死亡事故的，安全生产许可证有效期届满时，经原安全生产许可证颁发管理机关同意，不再审查，安全生产许可证有效期延期 3 年。

第十条　安全生产许可证颁发管理机关应当建立、健全安全生产许可证档案管理制度，并定期向社会公布企业取得安全生产许可证的情况。

第十一条　煤矿企业安全生产许可证颁发管理机关、建筑施工企业安全生产许可证颁发管理机关、民用爆炸物品生产企业安全生产许可证颁发管理机关，应当每年向同级安全生产监督管理部门通报其安全生产许可证颁发和管理情况。

第十二条　国务院安全生产监督管理部门和省、自治区、直辖市人民政府安全生产监督管理部门对建筑施工企业、民用爆炸物品生产企业、煤矿企业取得安全生产许可证的情况进行监督。

第十三条　企业不得转让、冒用安全生产许可证或者使用伪造的安全生产许可证。

第十四条　企业取得安全生产许可证后，不得降低安全生产条件，并应当加强日常安全生产管理，接受安全生产许可证颁发管理机关的监督检查。

安全生产许可证颁发管理机关应当加强对取得安全生产许可证的企业的监督检查，发现其不再具备本条例规定的安全生产条件的，应当暂扣或者吊销安全生产许可证。

第十五条　安全生产许可证颁发管理机关工作人员在安全生产许可证颁发、管理和监督检查工作中，不得索取或者接受企业的财物，不得谋取其他利益。

第十六条　监察机关依照《中华人民共和国行政监察法》的规定，对安全生产许可证颁发管理机关及其工作人员履行本条例规定的职责实施监察。

第十七条　任何单位或者个人对违反本条例规定的行为，有权向安全生产许可证颁发管理机关或者监察机关等有关部门举报。

第十八条　安全生产许可证颁发管理机关工作人员有下列行为之一的，给予降级或者撤职的行政处分；构成犯罪的，依法追究刑事责任：

（1）向不符合本条例规定的安全生产条件的企业颁发安全生产许可证的；

（2）发现企业未依法取得安全生产许可证擅自从事生产活动，不依法处理的；

（3）发现取得安全生产许可证的企业不再具备本条例规定的安全生产条件，不依法处理的；

（4）接到对违反本条例规定行为的举报后，不及时处理的；

（5）在安全生产许可证颁发、管理和监督检查工作中，索取或者接受企业的财物，或者谋取其他利益的。

第十九条　违反本条例规定，未取得安全生产许可证擅自进行生产的，责令停止生产，没收违法所得，并处 10 万元以上 50 万元以下的罚款；造成重大事故或者其他严重后果，构成犯罪的，依法追究刑事责任。

第二十条　违反本条例规定，安全生产许可证有效期满未办理延期手续，继续进行生产的，责令停止生产，限期补办延期手续，没收违法所得，并处 5 万元以上 10 万元以下的罚款；逾期仍不办理延期手续，继续进行生产的，依照本条例第十九条的规定处罚。

第二十一条　违反本条例规定，转让安全生产许可证的，没收违法所得，处10万元以上50万元以下的罚款，并吊销其安全生产许可证；构成犯罪的，依法追究刑事责任；接受转让的，依照本条例第十九条的规定处罚。

冒用安全生产许可证或者使用伪造的安全生产许可证的，依照本条例第十九条的规定处罚。

第二十二条　本条例施行前已经进行生产的企业，应当自本条例施行之日起1年内，依照本条例的规定向安全生产许可证颁发管理机关申请办理安全生产许可证；逾期不办理安全生产许可证，或者经审查不符合本条例规定的安全生产条件，未取得安全生产许可证，继续进行生产的，依照本条例第十九条的规定处罚。

2.《工伤保险条例》

2003年4月27日中华人民共和国国务院令第375号公布，根据2010年12月20日《国务院关于修改〈工伤保险条例〉的决定》修订。共8章67条，分别为总则、工伤保险基金、工伤认定、劳动能力鉴定、工伤保险待遇、监督管理、法律责任和附件。

（1）条例目的。为了保障因工作遭受事故伤害或者患职业病的职工获得医疗救治和经济补偿，促进工伤预防和职业康复，分散用人单位的工伤风险。

（2）适用范围。中华人民共和国境内的企业、事业单位、社会团体、民办非企业单位、基金会、律师事务所、会计师事务所等组织和有雇工的个体工商户（以下称用人单位）应当依照本条例规定参加工伤保险，为本单位全部职工或者雇工（以下称职工）缴纳工伤保险费。

中华人民共和国境内的企业、事业单位、社会团体、民办非企业单位、基金会、律师事务所、会计师事务所等组织的职工和个体工商户的雇工，均有依照本条例的规定享受工伤保险待遇的权利。

3.《危险化学品安全管理条例》

2002年1月26日中华人民共和国国务院令第344号公布，2011年2月16日国务院第144次常务会议修订通过，根据2013年12月7日《国务院关于修改部分行政法规的决定》修订。共包含8章102条，分别为总则、生产和储存安全、使用安全、经营安全、运输安全、危险化学品登记与事故应急救援、法律责任和附则。

（1）条例目的。为了加强危险化学品的安全管理，预防和减少危险化学品事故，保障人民群众生命财产安全，保护环境。

（2）适用范围。危险化学品生产、储存、使用、经营和运输的安全管理，适用本条例。废弃危险化学品的处置，依照有关环境保护的法律、行政法规和国家有关规定执行。

（3）工作方针。危险化学品安全管理，应当坚持安全第一、预防为主、综合治理的方针，强化和落实企业的主体责任。

三、安全生产规章

（一）规章的制定和实施

安全生产部门规章是指国务院的部、委员会和直属机构依照法律、行政法规或者国务院授权制定的在全国范围内实施安全生产行政管理的规范性文件，如《防治煤与瓦斯突出规定》《煤矿防治水规定》《煤矿安全规程》《安全生产监管监察职责和行政执法责任追究的暂行规定》《工作场所职业卫生监督管理规定》《职业病危害项目申报办法》《生产安全事故信息报告和处置办法》《生产安全事故应急预案管理办法》《安全生产违法行为行政处罚办法》和《安全生产事故隐患排查治理暂行规定》等。

（二）相关部门规章

1.《生产安全事故信息报告和处置办法》

《生产安全事故信息报告和处置办法》经 2009 年 5 月 27 日国家安全生产监督管理总局局长办公会议审议通过，自 2009 年 7 月 1 日起施行。包含 5 章 28 条，分别为总则、事故信息的报告、事故信息的处置、罚则和附则。

（1）为了规范生产安全事故信息的报告和处置工作，根据《安全生产法》《生产安全事故报告和调查处理条例》等有关法律、行政法规，制定本办法。

（2）生产经营单位报告生产安全事故信息和安全生产监督管理部门、煤矿安全监察机构对生产安全事故信息的报告和处置工作，适用本办法。

（3）本办法规定的应当报告和处置的生产安全事故信息，是指已经发生的生产安全事故和较大涉险事故的信息。

（4）事故信息的报告应当及时、准确和完整，信息的处置应当遵循快速高效、协同配合、分级负责的原则。

（5）安全生产监督管理部门负责各类生产经营单位的事故信息报告和处置工作。煤矿安全监察机构负责煤矿的事故信息报告和处置工作。

（6）安全生产监督管理部门、煤矿安全监察机构应当建立事故信息报告和处置制度，设立事故信息调度机构，实行 24h 不间断调度值班，并向社会公布值班电话，受理事故信息报告和举报。

2.《安全生产违法行为行政处罚办法》

新修订的《安全生产违法行为行政处罚办法》经 2007 年 11 月 9 日国家安全生产监督管理总局局长办公会议审议通过，自 2008 年 1 月 1 日起施行。原国家安全生产监督管理局（国家煤矿安全监察局）2003 年 5 月 19 日公布的《安全生产违法行为行政处罚办法》、2001 年 4 月 27 日公布的《煤矿安全监察程序暂行规定》同时废止。包含 6 章 68 条，分别为总则、行政处罚的种类和管辖、行政处罚的程序、行政处罚的适用、行政处罚的执行和备案、附则。

（1）为了制裁安全生产违法行为，规范安全生产行政处罚工作，依照行政处罚法、安全生产法及其他有关法律、行政法规的规定，制定本办法。

（2）县级以上人民政府安全生产监督管理部门对生产经营单位及其有关人员在生产经营活动中违反有关安全生产的法律、行政法规、部门规章、国家标准、行业标准和规程的违法行为实施行政处罚，适用本办法。

煤矿安全监察机构依照本办法和煤矿安全监察行政处罚办法，对煤矿、煤矿安全生产中介机构等生产经营单位及其有关人员的安全生产违法行为实施行政处罚。

有关法律、行政法规对安全生产违法行为行政处罚的种类、幅度或者决定机关另有规定的，依照其规定。

（3）对安全生产违法行为实施行政处罚，应当遵循公平、公正、公开的原则。安全生产监督管理部门或者煤矿安全监察机构（以下统称安全监管监察部门）及其行政执法人员实施行政处罚，必须以事实为依据。行政处罚应当与安全生产违法行为的事实、性质、情节以及社会危害程度相当。

（4）生产经营单位及其有关人员对安全监管监察部门给予的行政处罚，依法享有陈述权、申辩权和听证权；对行政处罚不服的，有权依法申请行政复议或者提起行政诉讼；因违法给予行政处罚受到损害的，有权依法申请国家赔偿。

3.《防治煤与瓦斯突出规定》

《防治煤与瓦斯突出规定》经2009年4月30日国家安全生产监督管理总局局长办公会议审议通过，自2009年8月1日起施行，原煤炭工业部1995年1月25日发布的《防治煤与瓦斯突出细则》同时废止。包含7章124条，分别为总则、一般规定、区域综合防突措施、局部综合防突措施、防治岩石与二氧化碳（瓦斯）突出措施、罚则、附则。

（1）为了加强煤与瓦斯突出的防治工作，有效预防煤矿突出事故，保障煤矿职工生命安全，根据《安全生产法》《矿山安全法》《国务院关于预防煤矿生产安全事故的特别规定》等法律、行政法规，制定本规定。

（2）煤矿企业（矿井）、有关单位的煤（岩）与瓦斯（二氧化碳）突出的防治工作，适用本规定。

（3）现行煤矿安全规程、规范、标准、规定等有关突出防治的内容与本规定不一致的，依照本规定执行。

（4）有突出矿井的煤矿企业主要负责人及突出矿井的矿长是本单位防突工作的第一责任人。

有突出矿井的煤矿企业、突出矿井应当设置防突机构，建立健全防突管理制度和各级岗位责任制。

（5）突出矿井发生突出的必须立即停产，并立即分析、查找突出原因。在强化实施综合防突措施消除突出隐患后，方可恢复生产。

非突出矿井首次发生突出的必须立即停产，按本规定的要求建立防突机构和管理制度，编制矿井防突设计，配备安全装备，完善安全设施和安全生产系统，补充实施区域防突措施，达到本规定要求后，方可恢复生产。

四、安全生产标准

安全生产标准是围绕如何消除、限制或预防劳动过程中的危险和有害因素，保护职工安全与健康，保障设备、生产正常运行而制定的统一规定。

标准包括国家标准、行业标准、地方标准和团体标准、企业标准。国家标准分为强制性标准、推荐性标准，行业标准、地方标准是推荐性标准。强制性标准必须执行。国家鼓励采用推荐性标准。强制性国家标准由国务院批准发布或者授权批准发布。推荐性国家标准由国务院标准化行政主管部门制定。行业标准由国务院有关行政主管部门制定，报国务院标准化行政主管部门备案。地方标准由省、自治区、直辖市人民政府标准化行政主管部门制定，地方标准由省、自治区、直辖市人民政府标准化行政主管部门制定。

安全方面的国家强制标准有《国家电气设备安全技术规范》《头部防护安全帽》《坠落防护安全带》和《爆破安全规程》等。

安全方面的国家推荐标准有《在用电梯安全评估规范》《道路运输术语》《在用电梯安全评估规范》《氢系统安全的基本要求》和《冲击式打桩机 安全操作规程》等。

任务二　事故分类及调查

一、企业职工伤亡事故经济损失统计标准

根据 GB 6721—1986《企业职工伤亡事故经济损失统计标准》有以下内容。

（1）伤亡事故经济损失。指企业职工在劳动生产过程中发生伤亡事故所引起的一切经济损失，包括直接经济损失和间接经济损失。

（2）直接经济损失。指因事故造成人身伤亡及善后处理支出的费用和毁坏财产的价值，直接经济损失的统计范围包括以下内容。

1）人身伤亡后所支出的费用，医疗费用（含护理费用），丧葬及抚恤费用，补助及救济费用，歇工工资。

2）善后处理费用。处理事故的事务性费用，现场抢救费用，清理现场费用，事故罚款和赔偿费用。

3）财产损失价值。固定资产损失价值，流动资产损失价值。

（3）间接经济损失。指因事故导致产值减少、资源破坏和受事故影响而造成其他损失的价值。间接经济损失的统计范围：停产、减产损失价值，工作损失价值，资源损失价值，处理环境污染的费用，补充新职工的培训费用，其他损失费用。

（4）经济损失程度分级。

1）一般损失事故。经济损失小于 1 万元的事故。

2）较大损失事故。经济损失大于 1 万元（含 1 万元）小于 10 万元的事故。

3）重大损失事故。经济损失大于 10 万元（含 10 万元）但小于 100 万元的事故。

4）特大损失事故。经济损失大于 100 万元（含 100 万元）的事故。

二、企业职工伤亡事故分类

根据 GB 6441—1986《企业职工伤亡事故分类》有以下内容。

（1）名词、术语。

1）伤亡事故。指企业职工在生产劳动过程中，发生的人身伤害（以下简称伤害）、急性中毒（以下简称中毒）。

2）损失工作日。指被伤害者失能的工作时间。

3）暂时性失能伤害。指伤害及中毒者暂时不能从事原岗位工作的伤害。

4）永久性部分失能伤害。指伤害及中毒者肢体或某些器官部分功能不可逆地丧失的伤害。

5）永久性全失能伤害。指除死亡外，1 次事故中，受伤者造成完全残废的伤害。

（2）伤害程度分类。

1）轻伤。指损失工作日低于 105 日的失能伤害。

2）重伤。指损失工作日大于等于 105 日的失能伤害。

3）死亡。

（3）事故严重程度分类。

1）轻伤事故。指只有轻伤的事故。

2）重伤事故。指有重伤无死亡的事故。

3）死亡事故。①重大伤亡事故。指 1 次事故死亡 1～2 人的事故。②特大伤亡事故。指 1 次事故死亡 3 人以上的事故（含 3 人）。

（4）损失工作日计算表。

死亡或永久性全失能伤害定 6000 日。未规定数值的暂时失能伤害按歇工天数计算。对于永久性失能伤害不管其歇工天数多少，损失工作日均按表 10-1、表 10-2、表 10-3 中规定的数值计算。各伤害部位累计数值超过 6000 日者，仍按 6000 日计算。

表 10-1　截肢或完全失去机能部位损失工作日换算表

手					
	拇指	食指	中指	无名指	小指
远端指骨	300	100	75	60	50
中端指骨	—	200	150	120	105
近端指骨	600	400	300	240	200
手掌	900	600	500	450	400
腕部截肢	1300				
脚					
	拇趾	二趾	中趾	无名趾	小趾
远端趾骨	150	35	35	35	35
中端趾骨	—	75	75	75	75
近端趾骨	300	150	150	150	150
骨（包括舟骨、距骨）	600	350	350	350	350
踝部	2400				
上　肢					
肘部以上任一部位（包括肩关节）					4500
腕以上任一部位，且在肘关节或低于肘关节					3600
下　肢					
膝关节以上任一部位（包括髋关节）					4500
踝部以上，且在膝关节或低于膝关节					3000

表 10-2　骨折损失工作换算表

骨折部位	损失工作日	骨折部位	损失工作日	骨折部位	损失工作日
掌、指骨	60	肱骨外科	70	胫、腓	90
桡骨下端	80	颈	70	股骨干	105

续表 10-2

骨折部位	损失工作日	骨折部位	损失工作日	骨折部位	损失工作日
尺、桡骨干	90	锁 骨	105	股粗隆	100
肱骨髁上	60	胸 骨	70	间	160
肱骨干	80	跖、趾	—	股骨颈	—

表 10-3　功能损伤损失工作日换算表

功 能 损 害 部 位	损失工作日
包括重要器官的单纯性骨损伤（头颅骨、胸骨、脊椎骨）	105
包括重要器官的复杂性骨损伤，内部器官轻度受损，骨损伤治愈后，不遗功能障碍者	500
包括重要器官的复杂性骨损伤，伴有内部器官损伤，骨损伤治愈后，遗有轻度功能障碍者	900
接触有害气体或毒物，急性中毒症状消失后，不遗有临床症状及后遗症者	200
重度失血，经抢救后，未遗有造血功能障碍者	200
包括重要器官的复杂性骨折，包括器官受损，骨损伤治愈后，伴有严重的功能障碍者	
脑神经损伤导致癫痫者	3000
脑神经损伤导致痴呆者	5000
脑挫裂伤，颅内严重血肿，脑干损伤造成无法医治的低能	5000
脑外伤致使运动系统严重障碍或失语，且不易恢复者	4000
脊柱骨损伤，脊髓离断形成截瘫者	6000
脊柱骨损伤，脊髓半离断，影响饮食起居者	6000
脊柱骨损伤合并脊髓伤，有功能障碍不影响饮食起居者	4000
单纯脊柱骨损伤，包括残留慢性腰背痛者	1000
脊柱损伤，遗有脊髓压迫症双下肢功能障碍，二便失禁者	4000
脊柱韧带损伤，局部血行障碍影响脊柱活动者	1500
胸部骨损伤，伤及心脏，引起明显的节律不正者	4000
胸部骨损伤，伤及心脏，遗有代谢功能失调者	4000
胸部骨损伤，胸廓成形术后，明显影响一侧呼吸功能者	2000
一侧肺功能丧失者	4000
一侧肺并有另侧一个肺叶术后伤残者	5000
骨盆骨损伤累及神经，导致下肢运动障碍者	4000
骨盆不稳定骨折，并遗留有尿道狭窄和尿路感染	3000
腰、背部软组织严重损伤；脊柱活动明显受限者	2000
四肢软组织损伤治愈后，遗有周围神经损伤，感觉运动机能障碍，影响工作及生活者	1500
四肢软组织损伤治愈后，遗有周围神经损伤，运动机能障碍，但生活能自理者	2000
四肢软组织损伤，治愈后由于疤颜瘢弯缩，严重影响运动功能，但生活能自理者	2000
手肌腱受损，伸屈功能严重影响障碍，影响工作、生活者	1400
脚肌腱受损，引起机能障碍，不能自由行走者	1400
眼睑断裂导致闭合不全	200

续表 10-3

功能损害部位	损失工作日
眼睑损伤导致泪小管、泪腺损伤，导致泪溢，影响工作	200
双目失明	6000
一目失明，但另一目视力正常	1800
两目视力均有障碍，不易恢复者	1800
一目失明，另一目视物不清，或双目视物不清者（仅能见前2m以内的物体，且短期内，不易恢复者）	3000
两眼角膜受损，并有眼底出血或溷浊，视力高度障碍者（仅能见1m之内的物体）且根本不能恢复者	4000
眼球突出不能复位，引起视障碍者	700
眼肌麻痹，造成斜视、复视者	600
一耳丧失听力，另一耳听觉正常者	600
听力有重大障碍者	300
两耳听力丧失	3000
鼻损伤，嗅觉功能严重丧失	1000
鼻脱落者	1300
口腔受损，致使牙齿脱落，不能安装假牙，致使咀嚼发生困难者	1800
口腔严重受损，咀嚼机能全废	3000
喉损伤，引起喉狭窄，影响发音及呼吸者	1000
语言障碍，说话不清	300
语言全废	3000
伤及腹膜，并有单独性的腹腔出血及腹膜炎症者	1000
由于损伤进行胃次全切除，或肠管切除三分之一以上者	3000
由于损伤进行胃全切，或食管全切，腔肠代替食管，或肠管切除三分之一以上者	6000
一叶肝脏切除者	3000
一侧肾脏切除者	3000
生殖器官损伤，失去生殖机能者	1800
伤及神经、膀胱及直肠，遗有大便、小便失禁，漏尿、漏屎等	2000
关节结构损伤，关节活动受限，影响运动功能者	1400
伤筋伤骨，动作受限，其功能损伤严重于上表者	2000
接触高浓度有害气体，急性中毒症状消失后，遗有脑实质病变临床症状者	4000
各种急性中毒严重损伤呼吸道、食管黏膜，遗有功能障碍者	2000
国家规定的工业毒物轻度中毒患者	150
国家规定的工业毒物中度中毒患者	700
国家规定的工业毒物重度中毒患者	2000

三、事故报告

根据 2007 年 6 月 1 日起施行的《生产安全事故报告和调查处理条例》。事故发生后，事故现场有关人员应当立即向本单位负责人报告；单位负责人接到报告后，应当于 1h 内向事故发生地县级以上人民政府安全生产监督管理部门和负有安全生产监督管理职责的有关部门报告。情况紧急时，事故现场有关人员可以直接向事故发生地县级以上人民政府安全生产监督管理部门和负有安全生产监督管理职责的有关部门报告。安全生产监督管理部门和负有安全生产监督管理职责的有关部门接到事故报告后，应当依照下列规定上报事故情况，并通知公安机关、劳动保障行政部门、工会和人民检察院：

（1）特别重大事故、重大事故逐级上报至国务院安全生产监督管理部门和负有安全生产监督管理职责的有关部门。

（2）较大事故逐级上报至省、自治区、直辖市人民政府安全生产监督管理部门和负有安全生产监督管理职责的有关部门。

（3）一般事故上报至设区的市级人民政府安全生产监督管理部门和负有安全生产监督管理职责的有关部门。

安全生产监督管理部门和负有安全生产监督管理职责的有关部门依照前款规定上报事故情况，应当同时报告本级人民政府。国务院安全生产监督管理部门和负有安全生产监督管理职责的有关部门以及省级人民政府接到发生特别重大事故、重大事故的报告后，应当立即报告国务院。

必要时，安全生产监督管理部门和负有安全生产监督管理职责的有关部门可以越级上报事故情况。

安全生产监督管理部门和负有安全生产监督管理职责的有关部门逐级上报事故情况，每级上报的时间不得超过 2h。

（4）报告事故应当包括下列内容：

1）事故发生单位概况。

2）事故发生的时间、地点以及事故现场情况。

3）事故的简要经过。

4）事故已经造成或者可能造成的伤亡人数（包括下落不明的人数）和初步估计的直接经济损失。

5）已经采取的措施。

6）其他应当报告的情况。

（5）事故报告后出现新情况的，应当及时补报。

自事故发生之日起 30 日内，事故造成的伤亡人数发生变化的，应当及时补报。道路交通事故、火灾事故自发生之日起 7 日内，事故造成的伤亡人数发生变化的，应当及时补报。

事故发生单位负责人接到事故报告后，应当立即启动事故相应应急预案，或者采取有效措施，组织抢救，防止事故扩大，减少人员伤亡和财产损失。

事故发生地有关地方人民政府、安全生产监督管理部门和负有安全生产监督管理职责的有关部门接到事故报告后，其负责人应当立即赶赴事故现场，组织事故救援。

事故发生后，有关单位和人员应当妥善保护事故现场以及相关证据，任何单位和个人不得破坏事故现场、毁灭相关证据。

因抢救人员、防止事故扩大以及疏通交通等原因，需要移动事故现场物件的，应当做出标志，绘制现场简图并做出书面记录，妥善保存现场重要痕迹、物证。

事故发生地公安机关根据事故的情况，对涉嫌犯罪的，应当依法立案侦查，采取强制措施和侦查措施。犯罪嫌疑人逃匿的，公安机关应当迅速追捕归案。

安全生产监督管理部门和负有安全生产监督管理职责的有关部门应当建立值班制度，并向社会公布值班电话，受理事故报告和举报。

四、事故调查

（一）《中华人民共和国安全生产法》事故调查相关规定

生产安全事故调查的目的是查清事故发生的原因、过程和人员伤亡、经济损失情况，确定事故等级，认定事故责任，提出对事故责任者的处理建议，总结事故教训，加强安全生产管理，防范类似事故再次发生。根据《中华人民共和国安全生产法》，有以下规定和要求。

（1）事故调查处理应当按照科学严谨、依法依规、实事求是、注重实效的原则，及时、准确地查清事故原因，查明事故性质和责任，总结事故教训，提出整改措施，并对事故责任者提出处理意见。事故调查报告应当依法及时向社会公布。

（2）事故发生单位应当及时全面落实整改措施，负有安全生产监督管理职责的部门应当加强监督检查。

（3）负有安全生产监督管理职责的部门接到事故报告后，应当立即按照国家有关规定上报事故情况。负有安全生产监督管理职责的部门和有关地方人民政府对事故情况不得隐瞒不报、谎报或者迟报。

（4）任何单位和个人不得阻挠和干涉对事故的依法调查处理。

（二）《生产安全事故报告和调查处理条例》事故调查相关规定

特别重大事故由国务院或者国务院授权有关部门组织事故调查组进行调查。

重大事故、较大事故、一般事故分别由事故发生地省级人民政府、设区的市级人民政府、县级人民政府负责调查。省级人民政府、设区的市级人民政府、县级人民政府可以直接组织事故调查组进行调查，也可以授权或者委托有关部门组织事故调查组进行调查。

未造成人员伤亡的一般事故，县级人民政府也可以委托事故发生单位组织事故调查组进行调查。

上级人民政府认为必要时，可以调查由下级人民政府负责调查的事故。

自事故发生之日起 30 日内（道路交通事故、火灾事故自发生之日起 7 日内），因事故伤亡人数变化导致事故等级发生变化，依照本条例规定应当由上级人民政府负责调查的，上级人民政府可以另行组织事故调查组进行调查。

特别重大事故以下等级事故，事故发生地与事故发生单位不在同一个县级以上行政区域的，由事故发生地人民政府负责调查，事故发生单位所在地人民政府应当派人参加。

事故调查组的组成应当遵循精简、效能的原则。根据事故的具体情况，事故调查组由有关人民政府、安全生产监督管理部门、负有安全生产监督管理职责的有关部门、监察机关、公安机关以及工会派人组成，并应当邀请人民检察院派人参加。事故调查组可以聘请有关专家参与调查。事故调查组成员应当具有事故调查所需要的知识和专长，并与所调查的事故没有直接利害关系。事故调查组组长由负责事故调查的人民政府指定。事故调查组组长主持事故调查组的工作。

（1）事故调查组履行下列职责：

1）查明事故发生的经过、原因、人员伤亡情况及直接经济损失。

2）认定事故的性质和事故责任。

3）提出对事故责任者的处理建议。

4）总结事故教训，提出防范和整改措施。

5）提交事故调查报告。

（2）事故调查组有权向有关单位和个人了解与事故有关的情况，并要求其提供相关文件、资料，有关单位和个人不得拒绝。

事故发生单位的负责人和有关人员在事故调查期间不得擅离职守，并应当随时接受事故调查组的询问，如实提供有关情况。

事故调查中发现涉嫌犯罪的，事故调查组应当及时将有关材料或者其复印件移交司法机关处理。

事故调查中需要进行技术鉴定的，事故调查组应当委托具有国家规定资质的单位进行技术鉴定。必要时，事故调查组可以直接组织专家进行技术鉴定。技术鉴定所需时间不计入事故调查期限。

事故调查组成员在事故调查工作中应当诚信公正、恪尽职守，遵守事故调查组的纪律，保守事故调查的秘密。

未经事故调查组组长允许，事故调查组成员不得擅自发布有关事故的信息。

事故调查组应当自事故发生之日起60日内提交事故调查报告；特殊情况下，经负责事故调查的人民政府批准，提交事故调查报告的期限可以适当延长，但延长的期限最长不超过60日。

（3）事故调查报告应当包括下列内容：

1）事故发生单位概况；

2）事故发生经过和事故救援情况；

3）事故造成的人员伤亡和直接经济损失；

4）事故发生的原因和事故性质；

5）事故责任的认定以及对事故责任者的处理建议；

6）事故防范和整改措施。

事故调查报告应当附具有关证据材料。事故调查组成员应当在事故调查报告上签名。事故调查报告报送负责事故调查的人民政府后，事故调查工作即告结束。事故调查的有关资料应当归档保存。

五、事故处理

重大事故、较大事故、一般事故，负责事故调查的人民政府应当自收到事故调查报告之日起15日内做出批复；特别重大事故，30日内做出批复，特殊情况下，批复时间可以适当延长，但延长的时间最长不超过30日。

有关机关应当按照人民政府的批复，依照法律、行政法规规定的权限和程序，对事故发生单位和有关人员进行行政处罚，对负有事故责任的国家工作人员进行处分。

事故发生单位应当按照负责事故调查的人民政府的批复，对本单位负有事故责任的人员进行处理。

负有事故责任的人员涉嫌犯罪的，依法追究刑事责任。

事故发生单位应当认真吸取事故教训，落实防范和整改措施，防止事故再次发生。防范和整改措施的落实情况应当接受工会和职工的监督。

安全生产监督管理部门和负有安全生产监督管理职责的有关部门应当对事故发生单位落实防范和整改措施的情况进行监督检查。

事故处理的情况由负责事故调查的人民政府或者其授权的有关部门、机构向社会公布，依法应当保密的除外。

六、法律责任

（一）事故等级的确定

根据2007年6月1日起施行的《生产安全事故报告和调查处理条例》，生产安全事故（以下简称事故）造成的人员伤亡或者直接经济损失，事故一般分为以下等级：

（1）特别重大事故。是指造成30人以上死亡，或者100人以上重伤（包括急性工业中毒，下同），或者1亿元以上直接经济损失的事故。

（2）重大事故。是指造成10人以上30人以下死亡，或者50人以上100人以下重伤，或者5000万元以上1亿元以下直接经济损失的事故。

（3）较大事故。是指造成3人以上10人以下死亡，或者10人以上50人以下重伤，或者1000万元以上5000万元以下直接经济损失的事故。

（4）一般事故。是指造成3人以下死亡，或者10人以下重伤，或者1000万元以下直接经济损失的事故。

国务院安全生产监督管理部门可以会同国务院有关部门，制定事故等级划分的补充性规定。

本条第一款所称的“以上”包括本数，所称的“以下”不包括本数。

（二）生产事故处罚

根据2021年9月1日实施《中华人民共和国安全生产法》，关于安全生产事故处罚有以下条款。

（1）事故发生单位主要负责人有下列行为之一的，处上一年年收入40%~80%的罚款；属于国家工作人员的，并依法给予处分；构成犯罪的，依法追究刑事责任：

1）不立即组织事故抢救的；

2）迟报或者漏报事故的；

3）在事故调查处理期间擅离职守的。

（2）事故发生单位及其有关人员有下列行为之一的，对事故发生单位处 100 万元以上 500 万元以下的罚款；对主要负责人、直接负责的主管人员和其他直接责任人员处上一年年收入 60%~100%的罚款；属于国家工作人员的，并依法给予处分；构成违反治安管理行为的，由公安机关依法给予治安管理处罚；构成犯罪的，依法追究刑事责任：

1）谎报或者瞒报事故的；

2）伪造或者故意破坏事故现场的；

3）转移、隐匿资金、财产，或者销毁有关证据、资料的；

4）拒绝接受调查或者拒绝提供有关情况和资料的；

5）在事故调查中作伪证或者指使他人作伪证的；

6）事故发生后逃匿的。

（3）事故发生单位对事故发生负有责任的，依照下列规定处以罚款：

1）发生一般事故的，处 10 万元以上 20 万元以下的罚款；

2）发生较大事故的，处 20 万元以上 50 万元以下的罚款；

3）发生重大事故的，处 50 万元以上 200 万元以下的罚款；

4）发生特别重大事故的，处 200 万元以上 500 万元以下的罚款。

（4）事故发生单位主要负责人未依法履行安全生产管理职责，导致事故发生的，依照下列规定处以罚款；属于国家工作人员的，并依法给予处分；构成犯罪的，依法追究刑事责任：

1）发生一般事故的，处上一年年收入 30%的罚款；

2）发生较大事故的，处上一年年收入 40%的罚款；

3）发生重大事故的，处上一年年收入 60%的罚款；

4）发生特别重大事故的，处上一年年收入 80%的罚款。

（5）有关地方人民政府、安全生产监督管理部门和负有安全生产监督管理职责的有关部门有下列行为之一的，对直接负责的主管人员和其他直接责任人员依法给予处分；构成犯罪的，依法追究刑事责任：

1）不立即组织事故抢救的；

2）迟报、漏报、谎报或者瞒报事故的；

3）阻碍、干涉事故调查工作的；

4）在事故调查中作伪证或者指使他人作伪证的。

事故发生单位对事故发生负有责任的，由有关部门依法暂扣或者吊销其有关证照；对事故发生单位负有事故责任的有关人员，依法暂停或者撤销其与安全生产有关的执业资格、岗位证书；事故发生单位主要负责人受到刑事处罚或者撤职处分的，自刑罚执行完毕或者受处分之日起，5 年内不得担任任何生产经营单位的主要负责人。

为发生事故的单位提供虚假证明的中介机构，由有关部门依法暂扣或者吊销其有关证照及其相关人员的执业资格；构成犯罪的，依法追究刑事责任。

（6）参与事故调查的人员在事故调查中有下列行为之一的，依法给予处分；构成犯罪的，依法追究刑事责任：

1）对事故调查工作不负责任，致使事故调查工作有重大疏漏的；

2）包庇、袒护负有事故责任的人员或者借机打击报复的。

违反本条例规定，有关地方人民政府或者有关部门故意拖延或者拒绝落实经批复的对事故责任人的处理意见的，由监察机关对有关责任人员依法给予处分。

任务三　生产安全事故应急及救援

一、安全应急的总体要求

生产经营单位应当加强生产安全事故应急工作，建立、健全生产安全事故应急工作责任制，其主要负责人对本单位的生产安全事故应急工作全面负责。

二、应急准备

生产经营单位应当加强生产安全事故应急工作，建立、健全生产安全事故应急工作责任制，其主要负责人对本单位的生产安全事故应急工作全面负责。

（一）应急预案的编制与修订

（1）应急预案的编制原则。应急预案编制应当遵循以人为本、依法依规、符合实际、注重实效的原则，以应急处置为核心，体现自救互救和先期处置的特点，做到职责明确、程序规范、措施科学，尽可能简明化、图表化、流程化。

应急预案编制工作包括但不限于下列工作：

1）依据事故风险评估及应急资源调查结果，结合本单位组织管理体系、生产规模及处置特点，合理确立本单位应急预案体系。

2）结合组织管理体系及部门业务职能划分，科学设定本单位应急组织机构及职责分工。

3）依据事故可能的危害程度和区域范围，结合应急处置权限及能力，清晰界定本单位的响应分级标准，制定相应层级的应急处置措施。

4）按照有关规定和要求，确定事故信息报告、响应分级与启动、指挥权移交、警戒疏散方面的内容，落实与相关部门和单位应急预案的衔接。

（2）应急预案体系。生产经营单位应急预案分为综合应急预案、专项应急预案和现场处置方案。生产经营单位应根据有关法律、法规和相关标准，结合本单位组织管理体系、生产规模和可能发生的事故特点，科学合理确立本单位的应急预案体系，并注意与其他类别应急预案相衔接。

1）综合应急预案。综合应急预案是生产经营单位为应对各种生产安全事故而制定的综合性工作方案，是本单位应对生产安全事故的总体工作程序、措施和应急预案体系的总纲。

2）专项应急预案。专项应急预案是生产经营单位为应对某一种或者多种类型生产安全事故，或者针对重要生产设施、重大危险源、重大活动防止生产安全事故而制定的专项工作方案。专项应急预案与综合应急预案中的应急组织机构、应急响应程序相近时，可不编写专项应急预案，相应的应急处置措施并入综合应急预案。

3）现场处置方案。现场处置方案是生产经营单位根据不同生产安全事故类型，针对具体场所、装置或者设施所制定的应急处置措施。现场处置方案重点规范事故风险描述、应急工作职责、应急处置措施和注意事项，应体现自救互救、信息报告和先期处置的特点。事故风险单一、危险性小的生产经营单位，可只编制现场处置方案。

（3）需要编制或修订应急预案的情况。有下列情形之一的，生产安全事故应急救援预案制定单位应当及时修订相关预案：制定预案所依据的法律、法规、规章、标准发生重大变化；应急指挥机构及其职责发生调整；安全生产面临的风险发生重大变化；重要应急资源发生重大变化；在预案演练或者应急救援中发现需要修订预案的重大问题；其他应当修订的情形。

（二）应急救援预案报送

县级以上人民政府负有安全生产监督管理职责的部门应当将其制定的生产安全事故应急救援预案报送本级人民政府备案；易燃易爆物品、危险化学品等危险物品的生产、经营、储存、运输单位，矿山、金属冶炼、城市轨道交通运营、建筑施工单位，以及宾馆、商场、娱乐场所、旅游景区等人员密集场所经营单位，应当将其制定的生产安全事故应急救援预案按照国家有关规定报送县级以上人民政府负有安全生产监督管理职责的部门备案，并依法向社会公布。

（三）生产安全事故应急救援预案演练

易燃易爆物品、危险化学品等危险物品的生产、经营、储存、运输单位，矿山、金属冶炼、城市轨道交通运营、建筑施工单位，以及宾馆、商场、娱乐场所、旅游景区等人员密集场所经营单位，应当至少每半年组织1次生产安全事故应急救援预案演练，并将演练情况报送所在地县级以上地方人民政府负有安全生产监督管理职责的部门。

（四）应急救援队伍的建设

（1）建设范围。易燃易爆物品、危险化学品等危险物品的生产、经营、储存、运输单位，矿山、金属冶炼、城市轨道交通运营、建筑施工单位，以及宾馆、商场、娱乐场所、旅游景区等人员密集场所经营单位，应当建立应急救援队伍；其中，小型企业或者微型企业等规模较小的生产经营单位，可以不建立应急救援队伍，但应当指定兼职的应急救援人员，并且可以与邻近的应急救援队伍签订应急救援协议。

工业园区、开发区等产业聚集区域内的生产经营单位，可以联合建立应急救援队伍。

（2）建设要求。应急救援队伍的应急救援人员应当具备必要的专业知识、技能、身体素质和心理素质。

应急救援队伍建立单位或者兼职应急救援人员所在单位应当按照国家有关规定对应急救援人员进行培训；应急救援人员经培训合格后，方可参加应急救援工作。

应急救援队伍应当配备必要的应急救援装备和物资，并定期组织训练。

（五）应急物资

易燃易爆物品、危险化学品等危险物品的生产、经营、储存、运输单位，矿山、金属冶炼、城市轨道交通运营、建筑施工单位，以及宾馆、商场、娱乐场所、旅游景区等人员密集场所经营单位，应当根据本单位可能发生的生产安全事故的特点和危害，配备必要的灭火、排水、通风以及危险物品稀释、掩埋、收集等应急救援器材、设备和物资，并进行经常性维护、保养，保证正常运转。

三、应急救援

（一）应急预案的启动和报告

发生生产安全事故后，生产经营单位应当立即启动生产安全事故应急救援预案，采取下列一项或者多项应急救援措施，并按照国家有关规定报告事故情况：

迅速控制危险源，组织抢救遇险人员；根据事故危害程度，组织现场人员撤离或者采取可能的应急措施后撤离；及时通知可能受到事故影响的单位和人员；采取必要措施，防止事故危害扩大和次生、衍生灾害发生；根据需要请求邻近的应急救援队伍参加救援，并向参加救援的应急救援队伍提供相关技术资料、信息和处置方法；维护事故现场秩序，保护事故现场和相关证据；法律、法规规定的其他应急救援措施。

（二）现场指挥

现场指挥部实行总指挥负责制，按照本级人民政府的授权组织制定并实施生产安全事故现场应急救援方案，协调、指挥有关单位和个人参加现场应急救援。

参加生产安全事故现场应急救援的单位和个人应当服从现场指挥部的统一指挥。

（三）危险货物运输应急救援

（1）应急总体目标。通过有效的应急救援行动，尽可能降低事故后果，包括人员伤亡、财产损失和环境破坏等。

（2）应急基本任务。及时组织营救受害人员，组织撤离、疏散或者采取其他措施保护危害影响区域内所有人员。在撤离或疏散过程中，应积极组织相关人员开展自救和互救工作。迅速控制事态，并对事故造成的危害进行侦查、检测或监测，确定事故的危害波及区域、危害性质及程度，及时控制造成事故的危险源。消除危害后果，做好现场恢复。在应急处置过程中谨慎处理泄漏物和消防用水排放，防止发生次生危害和污染，将事故现场恢复至相对稳定的基本状态。查清事故原因，评估危害程度。事故发生后应及时调查事故发生的原因和事故性质，评估事故危害范围和程度，查明人员伤亡情况，为后续工作打好基础。

（3）现场运行机制。事故应急处置现场实行应急指挥部统一领导，相关部门依法承担相应职责，各单位按预案设定要求积极响应联动。

（4）应急处置程序。

1）侦察检测。在事故现场，针对危险货物种类、性质、浓度、危害范围和事故状况进行侦察和检测。侦察、检测作业应遵循先识别、后检测、再定性、后定量的原则并贯彻应急处置行动始终。

2）警戒疏散。根据事故现场获得的信息和数据，分析、判断可能引发爆炸、燃烧的各种因素和危险源，确认现场周边污染情况，划定警戒区域。在事故现场周边及其入口处设置警戒标志。将处于事故现场周边生命安全受到威胁的公众转移至安全区域。

3）安全防护。根据事故的危险性和划定的危险区域以及《危险化学品泄漏事故处置行动要则》的要求，确定处置行动人员的安全防护等级，并采取相应的安全防护措施。

4）人员搜救。抢救受害人员是应急救援的首要任务。在应急处置行动中，快速、有序、有效地搜寻受害人员和实施伤员现场急救与安全转送是减少人员伤亡和事故损失的关键。

5）险情排除。为控制危险源和防止事故继续扩展，应尽快组织专业抢险队伍与消防应急人员制定抢险方案并安全、迅速和有效地排除险情。

6）现场清理。根据事故对人体、动植物、土壤、空气等造成或可能带来的危害，迅速采取封闭、隔离、洗消、监测等措施，及时清理现场，防止对人和环境造成进一步的危害和污染。

（5）安全预防措施。

1）谨慎近前。在未对事故状况进行全面评估之前，不应贸然进入事故现场。开展事故应急处置需要靠前行动，但应从上风向谨慎靠近事故现场。

2）确保安全。在直接进入事故现场前，应对现场进行隔离，保证处置行动人员处于危险范围之外，确保人群和周围环境安全，并有足够的空间来调动必需的设备。

3）掌控危害。包括但不限于：通过标志牌、外包装标签、运单、化学品安全技术说明书、火车和拖车的图标以及事故现场的专业人士直接获取事故相关信息；利用运单上的联合国危险货物编号（UN 编号）、危险货物分类号和危险货物名称等信息，快速了解、掌握并有效控制事故危害；根据所获信息，查找相应的应急指南卡；根据所获危险货物详细信息采取适合于事故现场实际情况的处置措施；货主或其他权威人士提供的额外信息可能会改变指南卡所提供的重点或细节。

4）现场评估。对事故现场进行评估，包括但不限于以下因素：是否有着火、泄漏等情况；天气；地形；人员、财产和周围环境是否处于危险当中；可采取的措施；应立即采取的行动。

5）应急人员自我保护。包括但不限于：进入危险区域前，救援人员应采取相应的防护措施；救援人员间应保持通信联系，并以合适的方式进行应急处置工作；应保持对险情的控制，并根据现场情况变化调整相应的救援措施；救援过程不应接触泄漏物品；保证危险区内应急人员的安全至关重要；当条件恶化并威胁到救援人员生命安全时，救援人员可采取紧急避险或紧急撤离等措施迅速离开相关区域。

四、应急救援相关规定

（一）安全生产法关于事故救援的规定

生产经营单位应当制定本单位生产安全事故应急救援预案，与所在地县级以上地方人民政府组织制定的生产安全事故应急救援预案相衔接，并定期组织演练。

危险物品的生产、经营、储存单位以及矿山、金属冶炼、城市轨道交通运营、建筑施工单位应当建立应急救援组织；生产经营规模较小的，可以不建立应急救援组织，但应当指定兼职的应急救援人员。

危险物品的生产、经营、储存、运输单位以及矿山、金属冶炼、城市轨道交通运营、建筑施工单位应当配备必要的应急救援器材、设备和物资，并进行经常性维护、保养，保证正常运转。负有安全生产监督管理职责的部门接到事故报告后，应当立即按照国家有关规定上报事故情况。

事故抢救过程中应当采取必要措施，避免或者减少对环境造成的危害。

任何单位和个人都应当支持、配合事故抢救，并提供一切便利条件。

生产经营单位发生生产安全事故后，事故现场有关人员应当立即报告本单位负责人。单位负责人接到事故报告后，应当迅速采取有效措施，组织抢救，防止事故扩大，减少人员伤亡和财产损失，并按照国家有关规定立即如实报告当地负有安全生产监督管理职责的部门，不得隐瞒不报、谎报或者迟报，不得故意破坏事故现场、毁灭有关证据。

（二）法律责任

生产经营单位未制定生产安全事故应急救援预案、未定期组织应急救援预案演练、未对从业人员进行应急教育和培训，生产经营单位的主要负责人在本单位发生生产安全事故时不立即组织抢救的，由县级以上人民政府负有安全生产监督管理职责的部门依照《中华人民共和国安全生产法》有关规定追究法律责任。

生产经营单位未对应急救援器材、设备和物资进行经常性维护、保养，导致发生严重生产安全事故或者生产安全事故危害扩大，或者在本单位发生生产安全事故后未立即采取相应的应急救援措施，造成严重后果的，由县级以上人民政府负有安全生产监督管理职责的部门依照《中华人民共和国突发事件应对法》有关规定追究法律责任。

生产经营单位未将生产安全事故应急救援预案报送备案、未建立应急值班制度或者配备应急值班人员的，由县级以上人民政府负有安全生产监督管理职责的部门责令限期改正；逾期未改正的，处 3 万元以上 5 万元以下的罚款，对直接负责的主管人员和其他直接责任人员处 1 万元以上 2 万元以下的罚款。

五、现场急救的一般原则

创伤程度各不相同，救护时要根据现场条件和伤情采取不同救护措施。尽管如此，创伤的现场救护又有其共同规律，需掌握以下原则：

（1）紧急呼救。当紧急灾害事故发生时，应尽快拨打电话 120、110 呼叫急救车，或拨打当地担负急救任务医疗部门的电话。

（2）先救命后治伤，先重伤后轻伤。在事故的抢救工作中不要因忙乱而受到干扰，被轻伤员喊叫所迷惑，使危重伤员落在最后抢出，处在奄奄一息状态，或者已经丧命，故一定要本着先救命后治伤的总原则。

（3）先抢后救，抢中有救，尽快脱离事故现场。在可能再次发生事故或引发其他事故的现场，如失火可能引起爆炸的现场，应先抢后救，抢中有救，尽快脱离事故现场，以免发生爆炸或有害气体中毒等，确保救护者与伤者的安全。

（4）先分类再运送。不管伤轻伤重，甚至对大出血、严重撕裂伤、内脏损伤、颅脑损伤伤者，如果未经检伤和任何医疗急救处置就急送医院，后果十分严重。因此，必须坚持先进行伤情分类，把伤员集中到标志相同的救护区，有的伤员需等待伤势稳定后方能运送。

（5）医护人员以救为主，其他人员以抢为主。救护人员应各负其责，相互配合，以免延误抢救时机。通常先到现场的医护人员应该担负现场抢救的组织指挥职责。

（6）消除伤员的精神创伤。一切有生命威胁的刺激对人都能引起强烈的心理效应，进而影响行为活动。灾害给伤员造成的精神创伤是明显的，对伤员的救护除现场救护及早期治疗外，要尽可能减轻其精神上的创伤。

（7）伤面的救护措施。为应对紧急情况，员工和公民都应学习和掌握采用止血、包扎、固定、搬运等技术，对伤员进行紧急处理。

（8）正确处理窒息性气体引起的急性中毒。存在窒息性气体的事故现场，引起危害的特点是突发性、快速性、高度致命性，救护人员应戴防护用具，正确施救，以降低死亡率，并防止救护人员中毒。

六、急救方法

（一）触电急救

（1）立即切断电源，若低压电则用不导电物体如干燥的木棍、竹棒或干布等物使伤员尽快脱离电源。急救者切勿直接接触触电伤员，防止自身触电而影响抢救工作的进行。

（2）当伤员脱离电源后，应立即检查伤员全身情况，特别是呼吸和心跳，发现呼吸、心跳停止时，应立即就地抢救。

（3）伤势辨别及处理方法。

1）轻症。即神志清醒，呼吸心跳均自主者，伤员就地平卧，严密观察，暂时不要站立或走动，防止继发休克或心衰。

2）呼吸停止，心搏存在者，就地平卧解松衣扣，通畅气道，立即口对口人工呼吸。

3）心跳停止，呼吸存在者，应立即作胸外心脏按压。

4）呼吸心跳均停止者，则应在人工呼吸的同时施行胸外心脏按压，以建立呼吸和循环，恢复全身器官的氧供应。

5）处理电击伤时，应注意有无其他损伤。如触电后弹离电源或自高空跌下，常并发颅脑外伤、血气胸、内脏破裂、四肢和骨盆骨折等。如有外伤、灼伤均需同时处理。

6）现场抢救中，不要随意移动伤员，若确需移动时，抢救中断时间不应超过 30s。移动伤员或将其送医院，除应使伤员平躺在担架上并在背部垫以平硬阔木板外，应继续抢救，心跳呼吸停止者要继续人工呼吸和胸外心脏按压，在医院医务人员未接替前救治不能中止。

（二）海姆立克窒息急救法

该法的原理是冲击腹部——膈肌下软组织，产生向上的压力，压迫两肺下部，从而驱使肺部残留空气形成一股气流。这股带有冲击性、方向性的长驱直入于气管的气流，能将堵住气管、喉部的食物、硬块等异物驱除，使人获救。

成年人和儿童发生呼吸道异物堵塞且意识清醒。救护员站在伤病员的背后，令伤病员弯腰，头部前倾，以双臂环绕其腰，一手握空心拳，拳眼顶住其腹部正中线脐上二横指处；另一手紧握此拳，快速有力向上、向内冲击。伤病员应低头张口，以便异物排出。如图 10-1 所示。

（三）人工呼吸

人工呼吸适用于触电休克，溺水，有害气体中毒、窒息或外伤窒息等引起的呼吸停止、假死状态者。如果呼吸停止不久大都能通过人工呼吸抢救过来。在施行人工呼吸前，先要将伤员运送到安全、通风良好的地点，将伤员领口解开，放松腰带，注意保持体温。腰背部要垫上软的衣服等。应先清除口中脏物，把舌头拉出或压住，防止堵住喉咙，妨碍呼吸。各种有效的人工呼吸必须在呼吸道畅通的前提下进行。常的方法有口对口吹气法、仰卧压胸法和俯卧压背法 3 种。

(1) 口对口吹气法（图 10-2）。它是效果最好、操作最简单的一种方法。操作前使伤员仰卧，护者在其头的一侧，一手托起伤员下颌，并尽量使其头部后仰，一手将其鼻孔捏住，以免吹气时，从鼻孔漏气；自己深吸一口气，对伤员的口将气吹入，使伤员吸气。然后，松开捏鼻手，并用一手压其胸部以帮助伤员呼气。如此有节律地、均匀地复进行，每分钟应吹气 14~16 次。注意吹气时切勿过猛、过短，不宜过长，以占一次呼吸周期的 1/3 为宜。

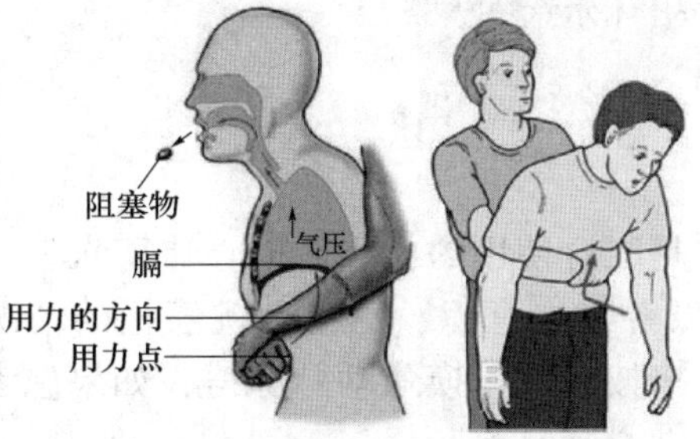

图 10-1 海姆立克窒息急救示意图

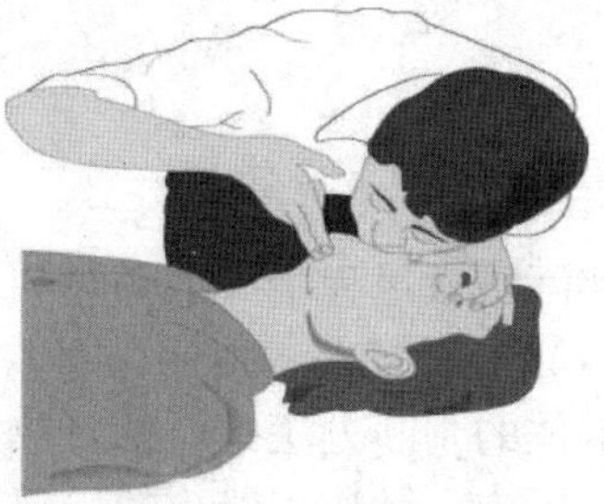

图 10-2 口对口吹气示意图

(2) 仰卧压胸法。让伤员仰卧，救护者跨跪在伤员大腿两侧，两手拇指向内，其余四指向外伸开，平放在其胸部两侧乳头之下，借半身重力压伤员胸部，挤出伤员肺内空气；然后，救护者身体后仰，除去压力，伤员胸部依其弹性自然扩张，使空气吸入肺内。如此有节律地进行，要求每分钟压胸 16~20 次。此法不适用于胸部外伤或 SO、NO_2 中毒者，也不能与胸外心脏按压法同时进行。

(3) 俯卧压背法。此法与仰卧压胸法操作大致相同，只是伤员俯卧，救护者跨跪在伤员大腿两侧，因此这种方法便于排出体内水分，因而此法对溺水急救较为适合。

（四）心脏复苏

心脏复苏操作主要有心前区叩击术和胸外心脏按压术两种方法。

(1) 心前区叩击术。心脏骤停后立即叩击心前区，叩击力中等，一般可连续叩击 3~5 次，并观察脉搏、心音。若恢复则表示复苏成功；反之，应立即放弃，改用胸外心脏按压术。操作时，使伤员头低脚高，施术者以左手掌置其心前区，右手握拳，在左手背上轻叩。

(2) 胸外心脏按压术（图 10-3）。此法适用于各种原因造成的心跳骤停者。在胸外心脏按压前，应先作心前区叩击术，如果叩击无效，应及时正确地进行胸外心脏按压。其操作方法是：首先将伤员仰卧木板上或地上，解开其上衣和腰带，脱掉其胶鞋。救护者位于伤员左侧，手掌面与前臂垂直，一手掌面压在另一手掌面上，使双手重叠，置于伤员胸骨 1/3 处（其下方为心脏）以双肘和臂肩之力有节奏地、冲击式地向脊柱方向用力按压，使胸骨压下 3~4cm（有胸骨下陷的感觉就可以了）；按压后，迅速抬手使胸骨复位，以利于心脏的舒张。按压次数，以每分钟 60~80 次为宜。按压过快，心脏舒张不够充分，心室内血液不能完全充盈；按压过慢，动脉压力低，效果也不好。如图 10-3 所示。

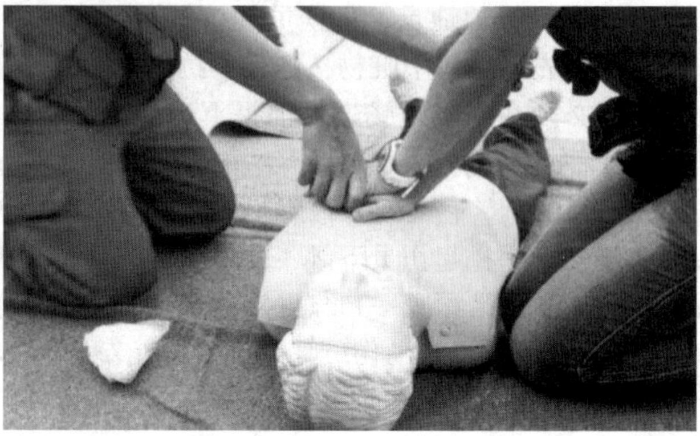

图 10-3　胸外心脏按压术示意图

（五）心肺复苏法

实际施救过程中人工呼吸和心脏复苏法往往是联合使用的，称之为心肺复苏法。

（1）心肺复苏法使用条件。心肺复苏是在患者丧失意识、呼吸心跳停止的情况下使用。具体的判断方法是：拍打双肩、大声呼唤、掐按穴位、摸颈动脉脉搏，如果患者都没有任何反应，脉搏也停止的情况下，才可以开始做心肺复苏。

（2）具体步骤。口对口吹气法和胸外心脏按压术同时进行，按照 OK 的手势进行救援，即每做完 30 次胸外按压后进行 2 次人工呼吸。

（3）注意事项。及时拨打 120 急救电话。当确认患者需要立即实施心肺复苏时，应该立刻就地实施，不应该搬动患者，以免对患者造成二次伤。应迅速给伤者实施心肺复苏法，4min 以内给患者做心肺复苏，成功率大大增加。在按压患者胸部时，手掌一定不要离开胸部，否则很容易发生位移，使按压位置由最能受力的胸部中心转移到侧面的肋骨，容易导致患者的肋骨骨折。在进行心肺复苏时，要注意力度，使用双臂甚至上身的重量来帮助按压，而不是单单使用手臂的力量。但不能用手捶打患者胸部，否则会对患者造成伤害。

（六）止血急救

1. 出血的分类及特点

（1）按破裂血管不同分类。1）动脉出血：由于动脉血管内压力较高，所以出血时呈泉涌、搏动性，尤其是大的动脉血管破裂，血液呈喷射状，颜色鲜红，常在短时内造成大量失血，易引起生命危险。2）静脉出血：出血时缓缓不断地外流，呈紫红色。3）毛细血管出血：出血时，血液呈水珠样流出，多能自动凝固止血。

（2）按失血量的多少分类。小量失血：<500mL；中等量失血：500～2000mL；大失血：>2000mL。

（3）按出血的流向分类。分为外出血、内出血、皮下出血。

一般成人血量为 4000mL 左右，如果短时间内失血总量超过 1000mL 就会发生休克，表现为脸色苍白、出冷汗、脉搏细弱、血压下降；失血 2000mL 就会导致死亡。

2. 止血方法

常用的急救止血方法一般包括普通止血法、指压止血法、加压包扎止血法、止血带止血法。

（1）普通止血。如果伤口比较小，并且出血量比较少，则可以采取包扎止血的方式，比如贴创可贴。

（2）指压止血。如果是属于动脉出血的情况，并且出血量比较大，则可以采取指压止血的方法，一般是用手指按压近心端的部位，能够阻断动脉血流，从而达到止血的目的。属于短暂应急措施，注意压迫时间不能过长。不同部位出血指压止血的按压方法如图 10-4 所示。

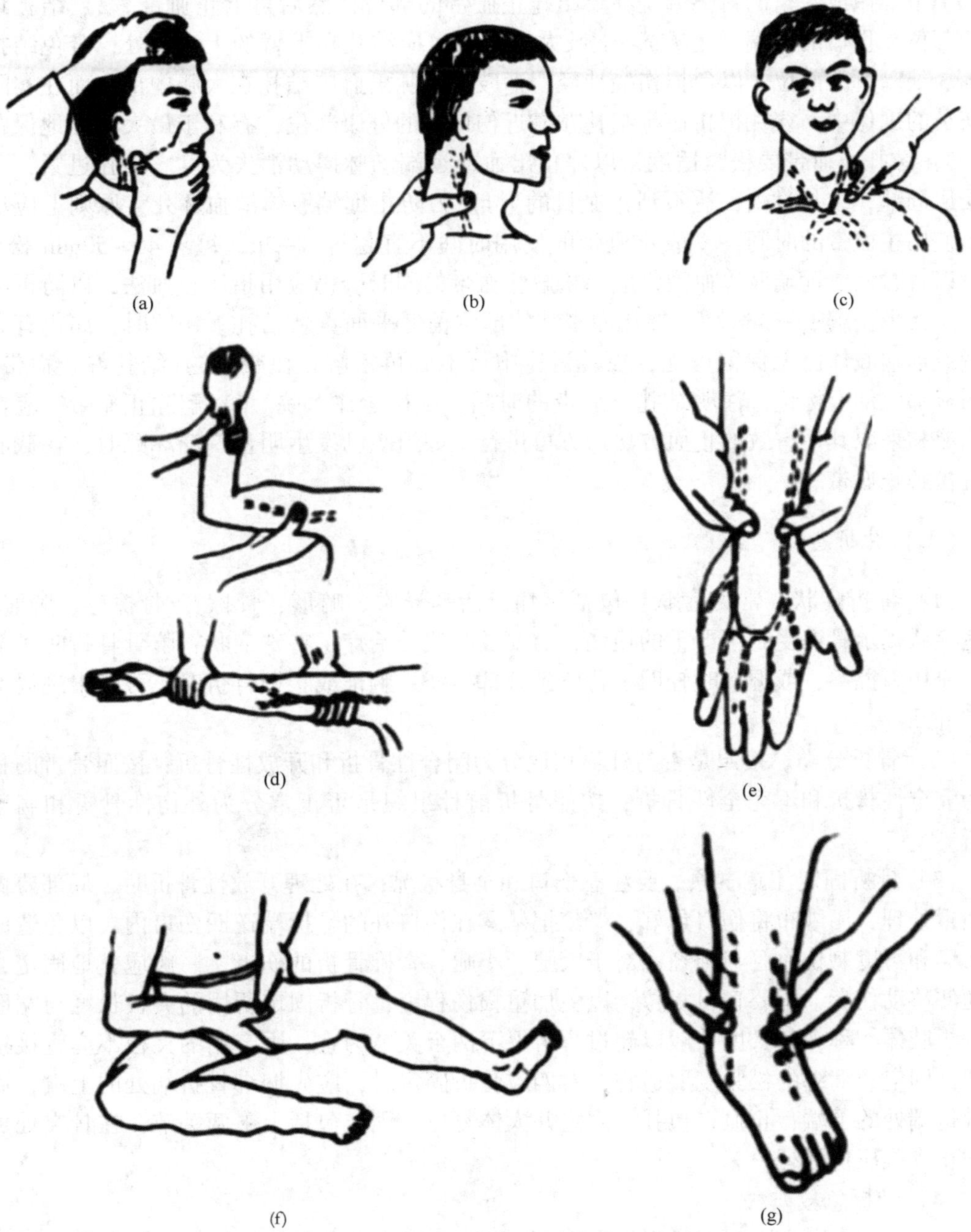

图 10-4　不同部位出血指压止血的按压方法

（a）颜面部出血；（b）头面部出血；（c）肩腋部出血；（d）前臂出血；（e）手部出血；（f）大腿以下出血；（g）足部出血

（3）加压包扎法。该方法是先将灭菌纱布或敷料置于伤口，外加纱布垫压，再用绷带加压包扎。包扎后抬高增加静脉回流和减少出血。

（4）绷带止血法。该方法适用于四肢大出血，常用的止血带是1m左右长的橡胶管，在紧急情况下可用布条、绷带代替。将止血带绑在患肢的根部，如上臂根部、大腿根部等部位。运用此种止血法要注意以下事项：1）止血带不宜直接结扎在皮肤上，应先用三角巾、毛巾等做成平整的衬垫缠绕在要结扎止血带的部位，然后再上止血带。2）结扎止血带的部位在伤口的近端（上方）。上肢大动脉出血应结扎在上臂的上1/3处，避免结扎在中1/3处以下的部位，以免损伤桡神经；下肢大动脉出血应结扎在大腿中部。而在实际抢救伤员的工作中，往往把止血带结扎在靠近伤口处的健康部位，有利于最大限度地保存肢体。3）结扎止血带要松紧适度，以停止出血或远端动脉搏动消失为度。结扎过紧，可损伤受压局部，结扎过松，达不到止血目的。4）为防止远端肢体缺血坏死，原则上应尽量缩短使用止血带的时间，一般止血带的使用时间不宜超过2～3h，每隔40～50min松解1次，以暂时恢复远端肢体血液供应。松解止血带的同时，仍应用指压止血法，以防再度出血。止血带松解1～3min后，在比原来结扎部位稍低平面重新结扎。松解时，如仍有大出血者或远端肢体已无保留可能，在转运途中可不必再松解止血带。5）结扎好止血带后，在明显部位加上标记，注明结扎止血带的时间，尽快运往医院。6）解除止血带，应在输血输液和采取其他有效的止血方法后方可进行。如组织已发生明显广泛坏死时，在截肢前不宜松解止血带。

（七）骨折急救

（1）骨折症状。常见症状：包括疼痛、活动异常、畸形、骨擦音/骨擦感、肿胀等，这些症状提示骨骼受到了严重的损伤，需要及时接受治疗。特殊症状：腕骨骨折时可能出现不愿用力握拳，或握拳时轻叩手背感到腕部疼痛。胸椎或腰椎骨折时，可能出现局部骨骼向外凸起。

（2）骨折分类。按照是否与外界相通分为闭合性骨折和开放性骨折；按照骨折的程度分为完全性骨折和不完全性骨折；按照骨折前骨组织是否正常分为外伤性骨折和病理性骨折。

（3）骨折固定注意事项。要注意伤口和全身状况；在处理开放性骨折时，局部要做清洁消毒处理，用纱布将伤口包好，严禁把暴露在伤口外的骨折端送回伤口内，以免造成伤口污染和再度刺伤血管与神经；对于大腿、小腿、脊椎骨折的伤者，一般应就地固定，不要随便移动伤者，不要盲目复位，以免加重损伤程度；骨折固定所用的夹板长度与宽度要与骨折肢体相称，其长度一般以超过骨折上下两个关节为宜；固定用的夹板不应直接接触皮肤；固定、捆绑的松紧度要适宜；对四肢骨折固定时，应先捆绑骨折端处的上端，后捆绑骨折端处的下端；止血、包扎、固定并大体复位，固定包括上下两关节，在骨突处加棉垫防止皮肤压迫坏死。

（4）骨折急救方法。

1）肱骨骨折固定。用长、短两块夹板，长夹板放于上臂的后外侧，短夹板置于前内侧，在骨折部位上下两端固定。将肘关节屈曲90°，使前臂呈中立位，再用三角巾将上肢悬吊，固定于胸前。

2）前臂骨折固定。协助患者屈肘90°，拇指向上。取两块合适的夹板，其长度超过肘关节至腕关节的长度，分别置于前臂的内、外侧，然后用绷带于两端固定牢、三角巾将前臂悬吊于胸前，呈功能位。

3）大腿骨折固定。取一长夹板放在伤腿的外侧，长度自足跟至腰部或腋窝部，另用一夹板置于伤腿内侧，长度自足跟至大腿根部，然后用绷带或三角巾分段将夹板固定。

4）小腿骨固定。取长短相等的夹板（从足跟至大腿）两块，分别放在伤腿的内、外侧，然后用绷带分段扎牢。紧急情况下无夹板时，可将伤员两下肢并紧，两脚对齐，然后将健侧肢体与伤肢分段绷扎固定一起，注意在关节和两小腿之间的空隙处垫以纱布或其他软织物以防包扎后骨折部弯曲。

5）脊柱骨折固定。脊柱骨折者搬运时，1人抬头，1人抬脚或用搂抱的搬运方法十分危险，因这些方法会增加脊柱的弯曲，可以将碎骨片向后挤入椎管内，加重了脊髓的损伤。

正确的方法是采用担架，木板运送。方法是用硬担架搬运，常用3人搬运法：先使伤员两下肢伸直，两上肢也伸直并放于身旁，木板放在伤员一侧，2~3人扶伤员躯干，使伤员保持平直状态，成一整体滚动至木板上，或3人在病人的右侧分别托住肩背部、腰臀部及双下肢，在统一指挥下，协同将病人搬上硬质担架。

疑有颈椎损伤的患者在搬运途中必须保持头部和躯干同一水平，防止颈椎过伸过屈和旋转，造成再次损伤，加重病情。在搬运颈椎损伤的伤员时，先用颈托外固定，要有专人托扶其头颈部，沿纵轴方向略加牵引，并使头颈部随躯干一同滚动。或由伤员自己双手托住头部后再缓慢搬移。或1人双手托住枕部、下颌部，维持颈部伤后位置，另2人分别托起腰背部、臀部及下肢，严禁随意强行搬动头部。伤员躺在木板上时应用沙袋或折好的衣物放在其颈部的两侧加以固定。

6）骨盆损伤固定。膝部屈曲，两膝下放软垫。用宽布带从臀后向前绕骨盆，捆扎紧。两膝间加垫，再用宽布带捆扎固定。

7）断肢（指）的现场处理。勿强行从挤压或机器内拉出，小心取出，冷藏保护离断部分。迅速送院，力争6h内再植。36h内指（趾）可再植。高位断肢常温下大于6h，不宜再植。

8）伤员转移。在骨折的急救中应尽量减少骨折病人的搬动，尤其是生命垂危的伤员。如果不知如何搬运，伤者一般情况较好者，尽量等待专业人员来搬运。具体如下：病人固定于担架上；病人的头部向后，足部向前，以便后面抬担架的救护人观察病人的变化；抬担架人的脚步、行动一致；向高处抬时，前面的人要将担架放低，后面人要抬高，以使病人保持水平状态，向低处抬则相反；一般情况下病人多采取平卧位，有昏迷时头部应偏向一侧，有脑脊液耳漏、鼻漏时头部应抬高30°，防止脑脊液逆流和窒息。

（八）烧伤

（1）烧伤的深度。Ⅰ度烧伤：称红斑性烧伤，仅伤及表皮浅层，3~5天内痊愈、脱细屑、不留瘢痕。Ⅱ度烧伤：又称水疱性烧伤。浅Ⅱ度：毁及部分生发层或真皮乳头层。如无感染，8~14天愈合。深Ⅱ度：除表皮、全部真皮乳头层烧毁外，真皮网状层部分受累，位于真皮深层的毛囊及汗腺尚有活力。一般需要18~24天愈合，可遗留瘢痕增生及挛缩畸形。Ⅲ度烧伤：又称焦痂性烧伤。皮肤表皮及真皮全层被毁，深达皮下组织，甚至肌肉、骨骼亦损伤。面积较大的多需植皮方可愈合。

（2）烧伤的面积。较常见的方法有两种，一种是九分法，烧伤面积指的是皮肤烧伤区域占人体表面积的百分比，目前我国常用的人体表面积测量方法为九分法，如果患者为成年人，躯干前面则占人体表面积的13%，躯干后面占人体表面积的13%，会阴部位占人体表面积的1%，整个躯干占人体表面积的27%，双臀为5%，双大腿为21%，双小腿为13%，双足为7%，以此进行计算，适用于烧伤面积较大的情况。另一种是手掌法，这种方法需要以患者本人的手掌面积为主，全身1%的面积为一个手掌的面积，将烧伤部位与手掌进行对比，就可以对烧伤的总面积进行判断和计算。

（3）烧伤的程度。

1）轻度烧伤：Ⅱ度烧伤面积在10%以下。

2）中度烧伤：Ⅱ度烧伤面积在10%~30%，或伴有Ⅲ度烧伤，面积在10%以下。

3）重度烧伤：烧伤总面积在30%~50%，或Ⅲ度烧伤面积在10%~20%，或Ⅱ、Ⅲ度烧伤面积虽不及上述百分比，但发生休克、吸入性损伤、复合伤等。

4）特重烧伤：烧伤总面积超过50%，或Ⅲ度烧伤超过20%。

（4）烧伤急救原则。

1）冲：被烧伤后应及时远离烧伤现场，去除烧伤原因，烧伤部位用清洁的流动冷水淋洗至少30min，水流不要过急，过急的水流水压比较大，容易损伤创面，加深创面深度。流动的冷水可以迅速带走局部热量，减少进一步损伤。

2）脱：在冷水中将覆盖伤口表面的衣服脱离，切记不要强行剥脱，必要时可以用剪刀剪开衣服，注意剪刀头向上，避免尖锐的剪刀头伤到患者，同时避免弄破水疱。

3）泡：将烧伤部位放在冷水中浸泡，可以缓解疼痛、散发热量，从而降低烧伤深度。

4）盖：用无菌纱布或干净的毛巾、布类覆盖伤口并固定，可以保持伤口清洁，减少感染。

5）送：将患者尽快送到附近正规医院，接受进一步专业的评估和治疗。

如果患者烧伤面积比较严重，则应缩短以上5个步骤的处理时间，同时尽快送到附近医院救治。

（5）严禁事项。不要让衣服使受伤肿大部位受到压迫；不要往伤口上涂任何药物；不要接触受伤部位；不要把附在受伤部位的东西取下；不要马上服药，可吸吮少量的凉水可以帮助受伤者补充失去的水分。

（九）溺水

（1）淹溺致死的原因。大量水、藻草类、泥沙进入口鼻、气管和肺阻塞呼吸道而窒息；惊恐、寒冷使喉头痉挛，呼吸道梗阻而窒息；淡水淹溺，大量水分入血，血被稀释，出现溶血，血钾升高导致心室颤动——心跳停止；海水淹溺，高钠引起血渗透压升高，造成严重肺水肿，导致心力衰竭而死亡；淹溺发生在水中，寻找伤员费时间，被救上岸已丧失抢救时机。

（2）溺水时的表现。轻者面色苍白，口唇青紫，恐惧，神志清楚，呼吸心跳存在；重者面部青紫、肿胀，口腔充满泡沫或带有血色，上腹部膨胀，四肢冰凉，昏迷不醒，抽搐，呼吸心跳先后停止。

（3）不会游泳者的自救。落水后不要心慌意乱，一定要保持头脑清醒；冷静地采取头顶向后，口向上方，将口鼻露出水面，此时就能进行呼吸；呼吸要浅，吸气宜深，尽可能使身体浮于水面，以等待他人抢救；千万不能将手上举或拼命挣扎，因为这样反而容易使人下沉。

（4）会游泳者的自救。一般是因小腿腓肠肌痉挛而致溺水，应心平静气，及时呼人援救；自己将身体抱成一团，浮上水面；深吸一口气，把脸浸入水中，将痉挛（抽筋）下肢的拇指用力向前上方拉，使拇指跷起来，持续用力，直到剧痛消失，抽筋自然也就停止；一次发作之后，同一部位可以再次抽筋，所以对疼痛处要充分按摩和慢慢向岸上游去，上岸后最好再按摩和热敷患处；如果手腕肌肉抽筋，自己可将手指上下屈伸，并采取仰面位，以两足游泳。

（5）互救。救护者应镇静，尽可能脱去衣裤，尤其要脱去鞋靴，迅速游到溺水者附近；对筋疲力尽的溺水者，救护者可从头部接近；对神志清醒的溺水者，救护者应从背后接近，用一只手从背后抱住溺水者的头颈，另一只手抓住溺水者的手臂游向岸边；如救护者游泳技术不熟练，则最好携带救生圈、木板或用小船进行救护，或投下绳索、竹竿等，使溺水者握住再拖带上岸；救援时要注意，防止被溺水者紧抱缠身而双双发生危险。如被抱住，不要相互拖拉，应放手自沉，使溺水者手松开，再进行救护。

（6）现场急救。溺水者清醒有呼吸、有脉搏，这个时候只要呼叫120，等待救援人员送医院观察；溺水者昏迷呼叫没有反应，不过有呼吸、脉搏，应呼叫120并清理口鼻异物，让溺水者采取侧卧位等待救援人员，密切关注呼吸脉搏情况，必要时才进行心肺复苏；溺水者昏迷，没呼吸不过有脉搏，类似假死状态，溺水者喉咙痉挛没有呼吸，呼吸脉搏濒临停止，这个时候需开放气道、人工呼吸，脉搏心跳就可能迅速恢复，恢复呼吸后再采取侧卧位等待救援人员；溺水者昏迷没有呼吸也没有脉搏，应立刻清理口鼻异物，开放气道，人工呼吸，胸外按压，采取传统心肺复苏抢救顺序，同时呼叫120，并持续复苏到患者呼吸脉搏恢复或急救人员到达为止。

（十）化学危险品伤害急救

（1）中毒。毒物进入人体后，损害人体某些组织和器官的生理功能或组织结构，从而引起一系列症状体征，称为中毒。危险化学品中毒现场急救主要是除毒，减轻毒物对中毒者的进一步伤害，现场急救可采取以下措施：

对有害气体吸入性中毒者，应立即将病人脱离染毒区域，搬至空气新鲜的地方，除去患者口鼻中的异物，解开衣物，同时注意保暖。严重者，进行输氧或者人工呼吸，对于CO和H_2S中毒者，可在纯氧中加入5%的CO_2以刺激呼吸中枢，增强肺的呼吸能力；SO_2和NO_2中毒者，进行人工呼吸时，避免刺激患者的肺部，并观察是否有肺水肿。

对皮肤接触性中毒者，马上离开毒源，卸下中毒者随身装备，脱去受污染的衣物，用清水冲洗体表。碱性物中毒，可用醋酸或1%~2%稀盐酸、酸性果汁冲洗；如为酸性物中毒，可用石灰水、小苏打水、肥皂水冲洗。

对食物中毒者，用催吐、洗胃、导泻等方法排除毒物，现场可用手指、羽毛、筷子、压舌板触摸患者咽部，使其将毒物呕吐出来。但强酸强碱中毒者或意识不清醒者忌用。

眼内含有毒物者，迅速用生理盐水或清水冲洗 5～10min。酸性毒物用 2%碳酸氢钠溶液冲洗，碱性中毒用 3%硼酸溶液冲洗。无药液时，用微温清水冲洗亦可。

（2）窒息。窒息是由于外伤、溺水、烟熏、火燎、土埋、密室缺氧以及异物吸入等原因，引起声门突然紧闭，气管及肺内空气不能外溢，使肺内压力急剧升高，氧气不能进入人体，造成重要器官及全身缺氧综合征。现场急救措施有：脱离不良环境，松开患者身上过紧的衣服，使呼吸道顺畅；轻拍患者背部或用手指清除患者口、鼻、呼吸道中的分泌物和异物；人工呼吸或者面罩吸氧；胸外心脏按摩，建立静脉通道。

（3）化学灼伤。危险化学品伤害化学性灼伤事故较多，常见的有化学性皮肤灼伤和化学性眼灼伤。其灼伤程度取决于化学物质的种类、浓度、剂量、接触面积和时间以及处理是否及时有效等因素。

1）酸灼伤。盐酸、硫酸、硝酸造成的小面积灼伤可立即用大量流水冲洗，大面积的灼伤用 5%碳酸氢钠溶液和清水冲洗，再用氧化镁、甘油糊剂外涂。氢氟酸所致的灼伤用大量清水冲洗或浸泡后，再用饱和氯化钙或 25%硫酸镁溶液浸泡，亦可用 10%氨水纱布包敷或浸泡，再用清水冲洗。

2）碱灼伤。碱、浓氨水灼伤用 2%醋酸溶液、清水依次冲洗至皂样物质消失为止，再用 3%硼酸溶液湿敷。

3）磷灼伤。先在水下清除磷粒，再用 1%硫酸铜溶液冲洗后，立即用大量生理盐水或清水冲洗。最后用 2%碳酸氢钠溶液湿敷，切忌暴露或用油脂敷料包扎。

4）酚灼伤。清水冲洗后用 30%～50%乙醇擦洗，再用饱和硫酸钠液湿敷。

5）焦油、沥青灼伤。用棉花蘸二甲苯清除沾染物质后涂羊毛脂。

6）生石灰、电石灼伤。使用清水冲洗之前，用软布或软刷将固体颗粒和粉末全部除去，溶解放出热量之前，用有压力的水流迅速冲洗掉剩余物。

7）化学性眼灼伤现场急救。当化学物质接触眼部或溅入眼内时，易造成眼部腐蚀性灼伤，轻者可造成结膜炎，重者可引起角膜浑浊，甚至失明。常见的强酸、强碱、醋酸、氨水、生石灰、碳化钙等都具有腐蚀性和渗透性，都可能造成伤害。急救措施可采用：①冲洗。立即拉开上眼睑，使毒物随泪水流出，用大量清水或生理盐水反复彻底冲洗眼部，翻转眼睑，转动眼球，将结膜内的化学物质彻底洗出。洗后立即就诊。②中和溶液的应用。强酸、有机磷及糜烂性毒物灼伤可用 2%碳酸氢钠溶液冲洗，再以生理盐水清洗。碱性灼伤可用 3%硼酸、0.5%～1%乙酸、1%乳酸、2%枸杞酸或 3%氯化氧溶液冲洗。③去除残留物。若眼部有固体毒物颗粒附着或有被腐蚀坏死的组织冲洗不能消除时，可用粘有眼膏的棉花取之。磷烧伤，先用 0.5%硫酸铜溶液洗眼后，除去黑色的磷化铜颗粒，再行冲洗，就近急诊。

（4）烧伤现场急救措施。烧伤是指热力、电流、化学物质、激光、放射线等作用于人体所造成的损伤。现场急救可以采取以下措施：

当人员发生烧伤时，应迅速将患者衣服脱去（顺衣缝剪开），行“创面冷却疗法”；不要任意弄破水泡，用清洁布覆盖创伤面，避免伤面污染；患者口渴时，可口服淡盐水或烧伤饮料。

（5）冻伤现场急救措施。冻伤是指人体在严寒条件下暴露时间过长，或突然遭受寒冷袭击，身体散热大于产热，致使肌体局部缺血，或体温下降，引起一系列的生理变化。现场急救可以采取下措施：

1）脱离低温环境。脱掉湿冷冻结的衣服，将患者安置在温暖的环境。动作要求轻柔缓慢，避免患者软组织损伤和骨折。

2）体外被动复温。面部进行温湿敷，受冻肢体及全身浸泡于38~43℃热水中，注意保持水温。严禁火烤、冷水浸泡或猛力拍打受冻部位。

习　题

10-1　企业职工伤亡事故经济损失统计标准是什么？

10-2　企业职工伤亡事故可以分成哪几类？

10-3　《中华人民共和国安全生产法》的总体方针是什么？

参考文献

[1] 李大光. 国家安全教育通识课［M］. 北京：北京时代华文书局，2021.
[2] 张效民. 大学生安全教育与应急处理训练［M］. 北京：商务印书馆，2013.
[3] 杨炜苗. 大学生安全教育导论［M］. 北京：清华大学出版社，2020.
[4] 樊富，王建中. 当代大学生心健康教程［M］. 武汉：武汉大学出版社，2010.
[5] 程刚，方婷. 大学生心理健康教育教程［M］. 北京：人民出版社，2012.
[6] 王焕斌. 高校安全警示教育教程［M］. 北京：科学技术文献出版社，2016.
[7] 杨军. 大学生安全知识读本［M］. 北京：北京师范大学出版社，2011.
[8] 刘东. 大学生安全教育［M］. 上海：上海交通大学出版社，2013.
[9] 曹金璇，赵翔宇. 电信网络诈骗安全教育指数读本（大学生版）［M］. 北京：中国书籍出版社，2018.
[10] 戴明月. 消防安全管理手册［M］. 北京：化学工业出版社，2016.
[11] 东方文慧. 消防安全知识宣传教育手册中国安全生产科学研究院［M］. 北京：中国劳动社会保障出版社，2012.
[12] 郑端文，刘振东. 消防安全技术［M］. 北京：化学工业出版社，2011.
[13] 中国标准出版社第三编辑室. 公共场所消防安全设施标准汇编（上）［M］. 北京：中国标准出版社，2010.
[14] 国家安全生产监督管理总局宣传教育中心. 人员密集场所安全培训通用教材［M］. 北京：团结出版社，2009.
[15] 李建华. 火灾事故应急预案编制与应用手册［M］. 北京：中国劳动社会保障出版社，2008.
[16] 黄郑华. 生产工艺防火［M］. 北京：化学工业出版社，2011.
[17] 李建华. 火灾扑救［M］. 北京：化学工业出版社，2012.
[18] 公安部消防局. 消防安全［M］. 北京：国家行政学院出版社，2015.
[19] 杨剑. 企业安全管理实用读本（第2版）［M］. 北京：中国纺织出版社，2018.
[20] 刘景良. 安全管理（第四版）［M］. 北京：化学工业出版社，2021.
[21] 大唐国际发电股份有限公司. GB 26264. 1—2010 电业安全工作规程 第1部分：热力和机械［S］. 北京：中国标准出版社，2020.
[22] 铁道部标准计量研究所. GB 190—2009 危险货物包装标志［S］. 北京：中国标准出版社，2014.
[23] 公安部天津消防研究所. GB/T 4968—2008 火灾分类［S］. 北京：中国标准出版社，2009.
[24] 北京市劳动保护科学研究所. GB 8958—2006 缺氧危险作业安全规程［S］. 北京：中国标准出版社，2006.